LGPD APLICADA

O GEN | Grupo Editorial Nacional – maior plataforma editorial brasileira no segmento científico, técnico e profissional – publica conteúdos nas áreas de concursos, ciências jurídicas, humanas, exatas, da saúde e sociais aplicadas, além de prover serviços direcionados à educação continuada.

As editoras que integram o GEN, das mais respeitadas no mercado editorial, construíram catálogos inigualáveis, com obras decisivas para a formação acadêmica e o aperfeiçoamento de várias gerações de profissionais e estudantes, tendo se tornado sinônimo de qualidade e seriedade.

A missão do GEN e dos núcleos de conteúdo que o compõem é prover a melhor informação científica e distribuí-la de maneira flexível e conveniente, a preços justos, gerando benefícios e servindo a autores, docentes, livreiros, funcionários, colaboradores e acionistas.

Nosso comportamento ético incondicional e nossa responsabilidade social e ambiental são reforçados pela natureza educacional de nossa atividade e dão sustentabilidade ao crescimento contínuo e à rentabilidade do grupo.

LGPD APLICADA

Ana Paula Moraes Canto de Lima
Marcelo Crespo
Patrícia Peck Pinheiro
Coordenação

Colaboradores

Andriei Gutierrez • Camila Maria de Moura Vilela • Carlos Reolon
• Cintia Maria Ramos Falcão • Cintia Ricco • Claudio Joel Brito Lóssio
• Cláudio Lucena • Coriolano Aurélio Almeida Camargo Santos
• Cristina Moraes Sleiman • Elaine Zordan Keller
• Fabiani Oliveira Borges da Silva • Felipe Palhares
• Gustavo Rabay Guerra • Juliana Targino Nóbrega
• Liana I. A. Cunha Crespo • Luiza Sato
• Maria Beatriz Saboya Barbosa • Oscar Valente Cardoso
• Philip Mario Derderian • Raíssa Cristina de Moura Ferreira
• Roberta Gomes • Valéria Reani Rodrigues Garcia

Prefácio
Denise Francoski
Arthur Pereira Sabbat

- O autor deste livro e a editora empenharam seus melhores esforços para assegurar que as informações e os procedimentos apresentados no texto estejam em acordo com os padrões aceitos à época da publicação, e todos os dados foram atualizados pelo autor até a data de fechamento do livro. Entretanto, tendo em conta a evolução das ciências, as atualizações legislativas, as mudanças regulamentares governamentais e o constante fluxo de novas informações sobre os temas que constam do livro, recomendamos enfaticamente que os leitores consultem sempre outras fontes fidedignas, de modo a se certificarem de que as informações contidas no texto estão corretas e de que não houve alterações nas recomendações ou na legislação regulamentadora.

- Fechamento desta edição: *12.07.2022*

- O Autor e a editora se empenharam para citar adequadamente e dar o devido crédito a todos os detentores de direitos autorais de qualquer material utilizado neste livro, dispondo-se a possíveis acertos posteriores caso, inadvertida e involuntariamente, a identificação de algum deles tenha sido omitida.

- **Atendimento ao cliente: (11) 5080-0751 | faleconosco@grupogen.com.br**

- Direitos exclusivos para a língua portuguesa
  Copyright © 2022 by
  Editora Atlas Ltda.
  Uma editora integrante do GEN | Grupo Editorial Nacional
  Al. Arapoema, 659, sala 05, Tamboré
  Barueri – SP – 06460-080
  www.grupogen.com.br

- Reservados todos os direitos. É proibida a duplicação ou reprodução deste volume, no todo ou em parte, em quaisquer formas ou por quaisquer meios (eletrônico, mecânico, gravação, fotocópia, distribuição pela Internet ou outros), sem permissão, por escrito, da Editora Atlas Ltda.

- Capa: Fabricio Vale

- **CIP – BRASIL. CATALOGAÇÃO NA FONTE.
  SINDICATO NACIONAL DOS EDITORES DE LIVROS, RJ.**

L657

LGPD aplicada / coordenação Ana Paula Moraes Canto de Lima, Marcelo Crespo, Patricia Peck Pinheiro; colaboradores Andriei Guitierrez ... [et al.]; prefácio Arthur Pereira Sabbat. – 2. ed. – Barueri [SP]: Atlas, 2022.

Inclui bibliografia
ISBN 978-65-5977-328-2

1. Brasil. [Lei geral de proteção de dados pessoais (2018)]. 2. Proteção de dados – Legislação – Brasil. 3. Internet – Legislação – Brasil. 4. Direito à privacidade. I. Lima, Ana Paula Moraes Canto de. II. Crespo, Marcelo. III. Pinheiro, Patrícia Peck. IV. Sabbat, Arthur Pereira.

22-78364 CDU: 343.45:004.738.5(81)

Meri Gleice Rodrigues de Souza – Bibliotecária – CRB-7/6439

SOBRE OS COORDENADORES

ANA PAULA MORAES CANTO DE LIMA

Advogada, fundadora do escritório Canto de Lima Advocacia, mestra em Consumo, Cotidiano e Desenvolvimento Social, palestrante, professora da pós-graduação de Direito Digital e Compliance no Damásio Educacional, entre outras, professora de cursos de extensão na AJURIS – Escola Superior da Magistratura e na ESMAFE – Escola da Magistratura Federal do Paraná.

Atualmente preside da Comissão de Privacidade e Proteção de Dados da OAB/PE, é membro fundador da Academia Brasileira de Ciências Criminais (ABCCRIM), onde preside a Comissão de Crimes Cibernéticos. Idealizadora do projeto "Seja legal na Internet" que leva às escolas públicas voluntariamente, desde 2016, orientação e informação sobre segurança na Internet.

Idealizadora, coordenadora e coautora das obras jurídicas Direito Digital, tais como, Direito Digital debates contemporâneos, que reuniu advogadas de destaque, de forma inédita, para debater o tema (Revista dos Tribunais, 2019) e Advogado do futuro (Editora Enlaw, 2019). Também é coautora dos seguintes livros: Revista de Direito Digital (Editora Enlaw, 2019), Compliance no Direito Digital (Revista dos Tribunais, 2020), LGPD: sua empresa está pronta? (Literare Books International, 2020), Direito Exponencial (Revista dos Tribunais, 2020), Aspectos Jurídicos do e-commerce (Revista dos Tribunais, 2021), coautora e coordenadora da obra LGPD Aplicada (GEN, 2021) e Diálogos de Direito Digital (Editora Império, 2022).

Possui artigo indicado nas bibliografias selecionadas pelo Superior Tribunal de Justiça (STJ) sobre Inteligência Artificial, publicado na obra Direito Exponencial (Revista dos Tribunais, 2020), e duas obras, entre as que coordenou, foram indicadas nas bibliografias selecionadas sobre LGPD pelo Superior Tribunal de Justiça (STJ), quais sejam, Direito Digital debates contemporâneos (Revista dos Tribunais, 2019) e LGPD Aplicada (GEN, 2021).

Fundadora do Império Jurídico, cofundadora do LGPD Learning EduTech e da plataforma "Cadê meu dado?".

Recebeu o título de "professora honorária da ESA/PE", entre as honrarias recebidas destacam-se o prêmio competência profissional, o título "orgulho de Pernambuco", concedido às mulheres que se destacaram em sua atuação profissional no Estado de PE, organizado pela Assembleia Legislativa do estado de Pernambuco em 2022, além do "Expressão Brasil", entre outros.

E-mail: anapaula@cantodelima.com.br

https://www.linkedin.com/in/anapaulacantodelima

https://www.instagram.com/profa.anacantodelima

MARCELO CRESPO

Especialista em Direito Digital, Proteção de Dados, Direito Penal e *Compliance*. É Doutor (2012) e Mestre (2008) em Direito Penal pela USP e possui especialização, também em Direito Penal pela Universidade de Salamanca, na Espanha. É *Certified Compliance and Ethics Professional* – International (CCEP-I) pela Society of Corporate Compliance and Ethics (SCCE). Possui Certificação Internacional em Gestão e Negócios (XBA – Exponential Business Administration) pela StartSe e Nova School of Business and Economics. Possui diversos cursos de extensão, como o curso jurídico da Escola de Governança da Internet – EGI (2016) e a International School of Law and Technology (2017 e 2018). Possui extensa e demonstrada experiência no atendimento a empresas nacionais e multinacionais em demandas que envolvam Direito Digital, Penal e *Compliance*, tendo atuado em demandas consultivas e contenciosas (remoção de conteúdo, investigações, concorrências desleais, disputas contratuais), participando de gabinetes de gestão de crises, elaborando *risk assessments*, elaborando e revisando documentos e implementando programas de *Privacy Compliance*. Atualmente é o gestor dos projetos de mapeamento de conformidade com a LGPD no PG Advogados. É o pioneiro no uso da expressão "*Compliance* Digital", além de ser entusiasta e evangelista dos pilares de um programa de *compliance* aliados a aspectos tecnológicos. Participou de audiência pública no Senado no âmbito de criação da LGPD (2018), na Câmara dos Deputados sobre o PL 2.630 ("fake news") e da CPI das Fake News (2020) da Assembleia Legislativa do Estado de São Paulo (2020). É autor dos livros *Crimes digitais* (Saraiva, 2011), *Advocacia Digital 3.0* (Thomson Reuters, 2018), *Advocacia Digital 4.0* (Thomson Reuters, 2020) e Compliance *no Direito Digital* (Thomson Reuters, 2020), além de possuir artigos publicados no exterior. Também assina artigos publicados em *websites*, revistas e periódicos. É palestrante nacional e internacional, autor de diversas obras nacionais e internacionais sobre Direito, tecnologia e inovação. É coordenador do curso de graduação em Direito da ESPM.

https://www.linkedin.com/in/marcelocrespoadv

https://www.peckadv.com.br

PATRICIA PECK PINHEIRO

Advogada especialista em Direito Digital, Propriedade Intelectual, Proteção de Dados e Cibersegurança. Graduada e Doutorada pela Universidade de São Paulo, PhD em Direito Internacional. Conselheira titular nomeada para o Conselho Nacional de Proteção de Dados (CNPD) da Autoridade de Proteção de Dados Pessoais Brasileira (ANPD). Professora convidada da Universidade de Coimbra, em Portugal, e da Universidade Central do Chile. Professora convidada de Cibersegurança da Escola de Inteligência do Exército Brasileiro. Professora de Direito Digital da ESPM. Foi Presidente da Comissão Especial de Privacidade e Proteção de Dados da OAB-SP. Membro do conselho consultivo da iniciativa Smart IP Latin America do Max Planck Munique para o Brasil. Advogada Mais Admirada em Propriedade Intelectual de 2007 a 2022. Recebeu o prêmio Best Lawyers 2020/2021, Leaders League 2021/2020/2019, *Compliance* Digital pelo LEC em 2018, Security Leaders em 2012 e 2015, a Nata dos Profissionais de Segurança da Informação em 2006 e 2008, o prêmio Excelência Acadêmica – Melhor Docente da Faculdade FIT Impacta em 2009 e 2010. Condecorada com 5 medalhas militares, sendo a Medalha da Ordem do Mérito Ministério Público Militar em 2019, Ordem do Mérito da Justiça Militar em 2017, Medalha Ordem do Mérito Militar pelo Exército em 2012, a Medalha Tamandaré pela Marinha em 2011, a Medalha do Pacificador pelo Exército em 2009. Árbitra do Conselho Arbitral do Estado de São Paulo – CAESP. Autora e coautora de 33 livros de Direito Digital. CEO e Sócia Fundadora do Peck Advogados. Presidente do Instituto iStart de Ética Digital. Programadora desde os 13 anos. Certificada em Privacy e Data Protection EXIN.

https://www.linkedin.com/in/patriciapeckpinheiro

https://www.peckadv.com.br

SOBRE OS AUTORES

ANDRIEI GUTIERREZ

É Diretor de Relações Governamentais e Assuntos Regulatórios da IBM Brasil. Executivo de relações governamentais com foco na construção de um projeto de Nação mais digital e menos desigual. Ph.D em Ciência Política (Unicamp) e em Sociologia (Université de Provence), atua há 19 anos no setor privado e na academia em ciências sociais, tecnologia, mineração e bens de capital. Juntou-se à IBM em junho de 2015 e desde então tem sido um dos seus principais interlocutores para temas de privacidade e proteção de dados. Em sua trajetória profissional, também trabalhou na VALE SA e na ABIMAQ em funções ligadas a relações institucionais e governamentais. Foi pesquisador da Unicamp por cerca de 10 anos em ciência política. Coautor das obras LGPD Comentada (2019), Comentários ao GDPR (2018) e Inteligência Artificial e Direito (2019) todas as três publicadas pela Thomson Reuters. Também é professor convidado em cursos para DPOs (FIA Business School, Opice Blum Academy) e em pós graduações em direito digital (PUC-Rio, Mackenzie-SP, Escola Paulista de Direito, FGV-Rio, Business School do Brasil – Laureate e ITS-Rio). Líder do Comitê Regulatório da Associação Brasileira das Empresas de Software (ABES). Na Associação Brasileira das Empresas de Tecnologia da Informação (BRASSCOM),

CAMILA MARIA DE MOURA VILELA

É advogada especializada em Privacidade, Proteção de Dados e Propriedade Intelectual. Mestranda em Direito Intelectual pela Universidade de Lisboa (FDL), pós-graduada em Direito Público pelo Centro Universitário Tabosa de Almeida (ASCES/UNITA). Foi pesquisadora visitante em Direito e Tecnologia na Universidade Autónom a de Madrid (UAM), bolsista do programa ERASMUS. Integrante do 3º Grupo de Pesquisa do Instituto de Tecnologia e Sociedade (ITS-Rio) que teve por objetivo explorar o impacto da Inteligência Artificial. É cofundadora do capítulo do Legal Hackers Lisboa e membra associada à Associação Portuguesa de Direito Intelectual (APDI). É investigadora e participa como docente e oradora em cursos e conferências nas áreas de Proteção de Dados e Direito Digital, sendo autora de artigos publicados em produções jurídicas brasileiras e estrangeiras.

E-mail: camilammvilela@gmail.com

CARLOS REOLON

É Gestor de Projetos Regulatórios da IBM Brasil.

CINTIA MARIA RAMOS FALCÃO

É Advogada. Pós-graduada em Relações de Consumo pela PUC-SP. MBA Executivo em Finanças. Especialista em Direito Digital pelo Insper.

CINTIA RICCO

É MBA em Gestão de Negócios pela FGV com módulo Internacional pela Sykes College of Business – University of Tampa/FL. Certificada em *Compliance* pelo INSEAD e pelo Colégio Brasileiro de Executivos da Saúde CBEX. Membro da Comissão de *Compliance* na Interfarma. Gerente Executiva Sênior em Ética e *Compliance*. Farmacêutica e Bioquímica.

CLAUDIO JOEL BRITO LÓSSIO

É Professor, CEO SNR Sistemas Notarial e Registral – empresa premiada pelo Great Place to Work (GPTW) em 2019 e 2020. Sênior *Software* Developer. Mestre e Doutorando em Ciências Jurídicas pela– Universidade Autónoma de Lisboa (UAL) – Portugal. Mestrando em Engenharia de Segurança Informática pelo IPBeja – Portugal. Advogado com Pós-Graduação em Direito Digital e *Compliance* pela Damásio. Pós-Graduação em Direito Penal e Criminologia pela URCA, Direito Notarial e Registral pela Damásio. MBA em Gestão de TI pela UNIFACEAR. Docente visitante na Escola Judiciária Edésio Fernandes EJEF – TJMG. Certificado DPO pela Universidade de Nebrija – Madrid – Espanha. Membro Pesquisador no Lab UbiNET do IPBeja Portugal em Cloud Forensics e Segurança Ofensiva. Parecerista na *Revista Unisul de Fato e de Direito*. Palestrante. Idealizador do grupo de pesquisa Juscibernética. Autor da obra *Manual descomplicado de direito digital*. Organizador e autor da obra *Cibernética jurídica: estudos sobre o direito digital* pela EDUEPB. Autor de diversos artigos científicos e capítulos de livro. Eterno aprendiz. *E-mail*: claudiojoel@juscibernetica.com.br

CLÁUDIO LUCENA

É Professor e ex-Diretor da Faculdade de Direito. Coordenador de Relações Internacionais e Conselheiro da INOVATEC, Universidade Estadual da Paraíba (UEPB). Pesquisador da Fundação para a Ciência e a Tecnologia do Governo Português. Afiliado ao Research Center for the Future of Law da Universidade Católica Portuguesa. Associated Scholar no Projeto Cyber-BRICS da Faculdade de Direito da Fundação Getulio Vargas, Rio de Janeiro. Advogado habilitado no Brasil e em Portugal. Sócio, CRRF Advogados.

CORIOLANO AURÉLIO ALMEIDA CAMARGO SANTOS

É Ph.D. Advogado. Diretor Titular Adjunto do Departamento Jurídico da FIESP. Conselheiro Estadual eleito da OAB/SP (2013/2018). Presidente da Comissão de Direito Digital e *Compliance* da OAB/SP. Mestre em Direito na Sociedade da Informação e certificação internacional da "The High Technology Crime Investigation Association (HTCIA)". Doutor em Direito com certificado internacional em Direito Digital pela Caldwell Community College and Technical Institute. Professor e coordenador nacional do programa de pós-graduação em Direito Digital e *Compliance* da Faculdade Damásio. Professor convidado dos cursos de pós-graduação da USP/PECE, Fundação Instituto de Administração, Universidade Mackenzie, Escola Fazendária do Governo do Estado de São Paulo Fazesp, Acadepol-SP, EMAG e outras. Desde 2005, ocupa o cargo de juiz do Egrégio Tribunal de Impostos e Taxas do Estado de São Paulo. Professor convidado do curso superior de Polícia da Academia de Polícia Civil de São Paulo. Professor da Escola Nacional dos Delegados de Polícia Federal (EADELTA). *E-mail*: coriolanoaurelio@uol.com.br

CRISTINA MORAES SLEIMAN

É Advogada e pedagoga. Mestre em Sistemas Eletrônicos pela Escola Politécnica da Universidade de São Paulo. Extensão em Direito da Tecnologia pela FGV/RJ. Educadora Virtual pelo Senac-SP com Simon Fraser University (Canadá), Curso livre "Introduction to International Criminal Law". Sócia da Peck Sleiman EDU. Sócia do escritório Cristina Sleiman Sociedade de Advogados. Conselheira jurídica do Instituto iStart. Ex-Presidente da Comissão Especial de Educação Digital da OAB/SP. Ex-2.ª Vice-Presidente da Comissão de Direito Digital e *Compliance* da OAB/SP (todos no mandato 2016-2018). Ex-relatora na Sexta Turma do Tribunal de Ética da OAB/SP. Membro do Grupo de Estudos Temáticos de Direito Digital e *Compliance* da Federação das Indústrias do Estado de São Paulo (FIESP). Mediadora certificada pelo Conselho Nacional de Justiça

(CNJ). Co-coordenadora do curso de formação DPO e Pós-Graduação em Direito Digital e Inovação da FIA. Professora da Pós-Graduação em Direito Digital e *Compliance* da Faculdade Damásio e da Pós-Graduação em Gestão de Segurança da Informação na Faculdade Impacta de Tecnologia. Professora e co-coordenadora do curso de DPO da INFI. Coautora do audiolivro e *pocket book Direito digital no dia a dia*. Coautora da "Cartilha Boas Práticas de Direito Digital Dentro e Fora da Sala de Aula". Coordenadora e coautora do "Guia de Segurança Corporativa da OAB/SP". Autora do "Guia do Professor – Programa de Prevenção ao *Bullying* e *Cyberbullying* OAB/SP" e do "Guia de Educação Digital em Condomínios OAB/SP". Certificada Exin Privace Data Protection DPO – (Data Protection Essentials/Data Protection Foundation/Data Protection Practitioner/Fundamentos de SI).

ELAINE ZORDAN KELLER

É Economista, pós-graduada pela Universidade Federal do Rio de Janeiro em Análise de Conjuntura. Advogada e Membro da Comissão de Direito Digital da OAB-SP.

FABIANI OLIVEIRA BORGES DA SILVA

É Advogada com 22 anos de experiência, sócia do Espinheira Borges & Quadros Advogados Associados. Especialista em Direito Processual Civil pela UNIFACS, em Direito Eletrônico pela Escola Paulista de Direito, e em *Compliance* IBCCrim-Coimbra. Possui Formação Avançada em Ciberespaço pela Unifoj-Coimbra. Certificada pela EXIN Privacy and Data Protection Essentials (PDPE). Membro do The International Association of Privacy Professionals (IAPP), do Instituto Brasileiro de Direito da Informática; do Instituto Brasileiro de Direito Digital (IBDDIG); da ISOC (Internet Society) Brasil; da Comissão Permanente de TI da OAB/BA; da Comissão de Defesa dos Direitos das Pessoas com Autismo do CFOAB, da Associação Brasileira de Lawtechs e Legatechs (AB2L). e Cofundadora do capítulo de Salvador do Legal Hackers.

FELIPE PALHARES

É Bacharel em Direito pela Faculdade de Ciências Sociais de Florianópolis (CESUSC); pós-graduado em Direito Empresarial pela Fundação Getulio Vargas – FGV/SP; pós-graduado em Direito Societário pelo Instituto de Ensino e Pesquisa – INSPER; Mestre (LL.M.) em Corporate Law pela New York University – NYU. É a única pessoa do mundo a ter obtido todas as atuais certificações e designações conferidas pela International Association of Privacy Professionals – IAPP (incluindo a CIPP/A, CIPP/C, CIPP/E, CIPP/US, CIPM, CIPT, CDPO/BR, CDPO/FR, FIP e PLS). Certificado em Privacy and Data Protection Foundation pela EXIN. Certificado como Data Protection Officer pela Maastricht University. Certificado como Data Privacy Solutions Engineer pela ISACA (CDPSE). Professor convidado de matérias de proteção de dados pessoais do Insper, da FGV/Rio, da Damásio/IBMEC, do ITS Rio, do Tribunal de Justiça do Estado de Santa Catarina, da Nextlaw Academy e do Instituto New Law. Cofundador da Brazilian Legal Society at NYU School of Law. Selecionado pela the Law Society e o Bar Council of England and Wales para ser um dos representantes brasileiros no 6th Latin American Young Lawyers' Exchange Programme. Palestrante internacional, convidado para palestrar em eventos como o IAPP Data Protection Intensive: UK 2020 e o IAPP Global Privacy Summit 2020, 2021 e 2022. Coordenador dos livros Temas Atuais de Proteção de Dados e Estudos Sobre Privacidade e Proteção de Dados. Coautor dos livros Compliance *Digital e a LGPD, LGPD* – Manual de Implementação, Compliance *no Direito Digital, Manual do DPO, LGPD na Saúde* e *A Lei Geral de Proteção de Dados Pessoais* – LGPD no Setor Público e Privado – Temas Relevantes. Autor de diversos artigos sobre proteção de dados publicados em periódicos internacionais e nacionais, como *Valor Econômico, Estadão, O Globo, JOTA, Conjur* e *DataGuidance*. Advogado, admitido para a prática jurídica no Brasil e no Estado de Nova York (EUA). Reconhecido dentre os maiores advogados de proteção de dados do mundo com menos de 40 anos, figurando na lista 40 under 40 da Global Data Review. Sócio da área de Proteção de Dados e Cybersecurity do BMA – Barbosa, Müssnich, Aragão Advogados.

https://www.linkedin.com/in/felipepalhares

https://www.instagram.com/ofelipepalhares

E-mail: felipe.palhares@bmalaw.com.

GUSTAVO RABAY GUERRA

É Advogado. Professor da Universidade Federal da Paraíba (UFPB). Doutor em Direito, Estado e Constituição pela Universidade de Brasília (UNB). Mestre em Direito pela Universidade Federal de Pernambuco (UFPE). Fundador da Compliance Academy. *E-mail*: gustavo@rpcl.adv.br

JULIANA TARGINO NÓBREGA

É Advogada. Bacharela em Direito pelo Centro Universitário de João Pessoa (UNIPE). Bacharela em Sistemas de Informação (UNIFIP). Pós-Graduanda em Direito e Processo Tributário pela Escola Superior da Advocacia da Paraíba (ESA/PB). *E-mail*: jutnobrega@gmail.com.

LIANA I. A. CUNHA CRESPO

É Mestranda pelo Mackenzie, certificada em *Compliance* CCEP-I pela SCCE e INSEAD. Membro da Comissão de *Compliance* da CBDL, da Comissão de *Compliance* da OAB/SP, da Comissão de Estudos de *Compliance* do IASP, do Grupo Estratégico e do Comitê de Ética do *Compliance Women Committee*. Diretora de *Compliance* responsável pela América Latina. Professora nos cursos de *Compliance* do Instituto ARC e ESENI e também nos cursos da Pós-graduação em Direito Digital e *Compliance* e Direito Civil e Empresarial da Faculdade IBMEC/Damásio. Advogada.

LUIZA SATO

É Advogada com reconhecida experiência nas áreas de Proteção de Dados, Direito Digital e Propriedade Intelectual. Graduada na Faculdade de Direito do Largo São Francisco (USP), com pós-graduação em Propriedade Intelectual na GVLaw e possui LL.M em Direito e Tecnologia pela Universidade da Califórnia (UC Berkeley). Atua hoje principalmente em projetos de adequação e transações envolvendo proteção de dados e consultoria em direito digital e direitos de propriedade intelectual. *E-mail*: luizasato@asbz.com.br

MARIA BEATRIZ SABOYA BARBOSA

É Advogada especializada em Direito Digital, Privacidade e Proteção de Dados no escritório Prado Vidigal Advogados. Membra certificada (CIPP/E) da International Association of Privacy Professionals (IAPP). Graduada em Direito pela Universidade Federal de Pernambuco (UFPE). *E-mail*: mbeatrizsaboya@gmail.com | beatriz@pradovidigal.com.br | www.linkedin.com/in/beatrizsaboya/

OSCAR VALENTE CARDOSO

Doutor em Direito (UFRGS), Mestre em Direito e Relações Internacionais (UFSC), Coordenador do Comitê Gestor de Proteção de Dados do Tribunal Regional Federal da 4ª Região, Coordenador de Direito Digital nas Escolas da Magistratura Federal do Paraná e do Rio Grande do Sul, Professor em cursos de pós-graduação, Juiz Federal.

PHILIP MARIO DERDERIAN

É Economista, mestre em Administração do Desenvolvimento de Negócios, com ênfase em ciência e tecnologia, pela Universidade Presbiteriana Mackenzie, obteve distinção e louvor na dissertação sobre "Inovação na Gestão de Vendas para Clientes de Automóveis – Brasil. MBA em Business Intelligence pela FIAP, com extensões em Análise de Sistemas pela FAAP, Gestão Estratégica de Negócios pela FGV/SP e Valuation e M&A pela FIA/USP. Consolidou carreira na indústria automobilística, nas áreas de Negócios, Vendas, Marketing e Desenvolvimento de Produtos da Mercedes-Benz (1989-2007). Em 1990, após o final da "guerra fria", como assessor para assuntos de trânsito e transportes da diretoria de desenvolvimento, acompanhou, na Alemanha, estudos para análise de mercado para incorporação de tecnologia bélica em aplicação civil. Como Gerente de Produto, foi responsável pela introdução de veículos de transporte coletivo de passageiros de baixa até alta capacidade. A partir de 1997, gerenciou o departamento comercial de importação, distribuição e vendas de automóveis de luxo da Mercedes-Benz, Maybach e SLR McLaren. Em parceria com a FGV/SP, desenvolveu processo de gestão e integração de dados entre rede de concessionárias e montadora, com aplicação de Business Intelligence na gestão da carteira de clientes de automóveis de luxo das concessionárias. A partir de 2004, pela DaimlerChrysler, reintroduziu as marcas Chrysler, Jeep, Dodge no Brasil. Em 2007, participando do processo de M&A, assume a Diretoria Geral da Chrysler Group do Brasil como Country Manager da NSC – National Sales Company – da Cerberus Private Equity de Nova York. No varejo, durante 5 anos, assumiu posições como diretor comercial e de planejamento estratégico em grandes grupos de concessionárias. Desde 2015, atua como Diretor Executivo da Associação Brasileira dos Distribuidores Chrysler, Jeep, Dodge e RAM, marcas pertencentes ao Grupo FCA – Fiat Chrysler Automobile. Atualmente lidera projeto multidisciplinar de implantação da conformidade com a LGPD – Lei Geral de Proteção de Dados – nas operações da Rede e nas interfaces com a montadora.

RAÍSSA CRISTINA DE MOURA FERREIRA

É advogada, especialista em Proteção de Dados e Privacidade, Data Protection Officer no Nubank. Tem curso de extensão em Privacy by Design pela Ryerson University at Toronto, CA. Participou do Women's Leader-ship Development Programme pela University of Oxford. Pós-graduada com LL.M. em Direito Corporativo pelo IBMEC e certificada em Gestão de Departamentos Jurídicos pelo Insper. Fundadora do Capítulo Recife do movimento internacional de

Direito e Tecnologia Legal Hackers e é a atual Presidente da Comissão de Direito das Startups da OAB-PE.

ROBERTA GOMES

É Advogada especializada em Proteção de Dados Pessoais. IAPP Member. Especializanda em Direito Digital pela EBRADI. Sócia do Roberta Gomes Advocacia.

VALÉRIA REANI RODRIGUES GARCIA

É Advogada, com curso de extensão em "Strategic Thinking" pela University at Albany (State University of New York); Título de Lead Implementer da Gestão da Privacidade da Informação – Baseado na ABNT NBR ISO/IEC 27701 – Certificação de número 7981/7827/23871 emitido em 21/12/2021 validade até 2024; Mestranda LLM – Proteção de dados – LGPD e GDPR – Fundação Escola Superior do Ministério Público – 2021; Especialista em Direito e Privacidade de Dados Pessoais pela UNL – Universidade Nova Lisboa-Portugal; Especialista em Direito Digital e *Compliance* pela Faculdade Damásio Educacional, Especialista em Gestão Empresaria pela PUCC – Pontifícia Universidade Católica de Campinas e em Direito do Trabalho e Direito Processual do Trabalho pela Escola Superior de Advocacia – ESA/SP. Coordenadora Pedagógica, Científica e Docente dos cursos de Direito Digital e Inovação da ESA – Escola Superior de Advocacia de Santos, Santo André e Campinas: Presidente da Comissão Especial de Privacidade e Proteção de dados da OAB Campinas de 2020 até 2024; Palestrante, Professora e autora de várias obras em 2019, 2020, 2021, e 2022.

E-mail: valeriareani@primoecampos.com.br.

APRESENTAÇÃO

A obra *LGPD aplicada* não poderia vir em melhor momento, decerto a reviravolta inesperada que possibilitou que a legislação entrasse em vigor em 18 de setembro de 2020 foi tão imprevisível quanto este ano. Contudo, diante da imutável vigência decretada, nada mais caberia além de fomentar debates e disseminar conteúdo a respeito do tema, nesse contexto nasceu a primeira edição. Um ano se passou desde então e continua de extrema relevância semear a privacidade e a proteção de dados pessoais, mas agora é imprescindível, esse é o contexto da segunda edição da obra.

Há que se demonstrar a importância da LGPD, participar ativamente desse tempo duplamente histórico, cientes do peso dessa participação. Nesse sentido, cabe a cada um de nós propagar o assunto, sendo essencial que a orientação e o aculturamento de toda a sociedade ocorram. Não podemos nem devemos apenas aguardar, de braços cruzados, a atuação da ANPD (Autoridade Nacional de Proteção de Dados). É preciso que façamos nossa parte como protagonistas dessa revolução, até então silenciosa. Afinal, a responsabilidade é proporcional ao legado e há muito trabalho até a mudança esperada de cultura.

Considerando o grande impacto inicial nas empresas, é esperado que, sob o aspecto dos negócios, haja uma rejeição inicial, muito se propaga acerca das sanções, mas depois da compreensão da matéria, é inevitável entender que a maior sanção não está descrita na LGPD, trata-se do dano reputacional, nesse sentido, a atenção à LGPD será um diferencial competitivo. Naturalmente, serão percebidos os aspectos positivos da lei, especialmente no que diz respeito à governança corporativa.

Acreditamos possível e inevitável a conexão entre a Lei Geral de Proteção de Dados Pessoais e o Código de Defesa do Consumidor, lembrando que, ao entrar em vigor, este último impactou fortemente o mercado, mudou processos e procedimentos nas empresas, criou demandas, empoderou os consumidores e, após 30 anos, não retrocedeu. Na verdade, a cada dia torna-se mais sólido, com sua importância reconhecida.

A LGPD é uma excelente oportunidade para todos nós: titulares de dados, empresas públicas e privadas e todos os demais entes do nosso ordenamento jurídico. Com a lei, temos mais condições de entender modelos de negócios, avaliar processos, conhecer melhor o que cada negócio faz e como atua. A governança corporativa e os direitos individuais ganham conjuntamente.

Estamos em um momento semelhante ao ocorrido há 30 anos, curiosamente com marco em setembro, e cada um de nós deve se tornar responsável pela mudança tão necessária, sem a qual não haverá efetividade da legislação, reitera-se que é nossa missão divulgar a privacidade e a proteção de dados propalando a legislação, algo que os coordenadores e coautores fizeram com maestria.

Nesse sentido, a obra *LGPD aplicada* surge para agregar, trazendo em seus artigos uma abordagem prática de nichos e temas diversificados, contribuindo para o debate com responsabilidade técnica e científica.

Boa leitura!

Os coordenadores

PREFÁCIO À SEGUNDA EDIÇÃO

Passados agora já um ano de vigência integral da Lei Geral de Proteção de Dados Pessoais – Lei 13.709/2018, inclusive com a possibilidade já concreta de aplicação de suas sanções, constantes em seu art. 52 e seus incisos, e diante do trabalho atuante da Autoridade Nacional de Proteção de Dados – ANPD, que de maneira proativa, vem tomando iniciativas para a devida regulamentação da norma protetiva, temos um cenário de urgência para a adequação da LGPD pelo órgãos públicos , bem como, pelas empresas da iniciativa privada.

O empoderamento concedido pela LGPD ao titular do dado pessoal, através da dinâmica do reconhecimento de seus direitos, citados em vários artigos da Lei, mas principalmente naqueles contidos no art. 18 e seus incisos, leva a certeza de que a construção de uma nova cultura de proteção de dados e privacidade, deve ser a bússola a ser seguida pelos grandes protagonistas deste processo, ou seja, por cada um de nós, tanto na nossa esfera pessoal, quanto social e profissional.

A implementação da Lei Geral de Proteção de Dados Pessoais, de forma rápida e eficiente, deve ser reconhecida, não somente como uma grande oportunidade de transformação cultural, mas sobretudo como uma nova possibilidade de adequação de modelos de negócios pelas empresas da iniciativa privada, somados ao enfrentamento de novas modalidades de prestação de serviços pelos diversos órgãos públicos.

O tratamento de dados pessoais a ser realizado por tais instituições, em uma sociedade informacional transformadora e dinâmica, deve seguir o mantra da perfeita definição de sua finalidade, da escolha adequada de sua base legal, seguido pelo cumprimento de toda a principiologia da lei protetiva, constante no artigo 6º. e seus incisos, e repetido em cada uma das ações de tratamento de dados que forem realizadas pelas organizações no desempenho de suas atividades.

A elevação da proteção de dados como um direito fundamental, através da Emenda Constitucional 115/2022, que alterou a Constituição Federal, para fazer a inclusão de tal proteção entre os direitos e garantias fundamentais, fortalece ainda mais a necessidade, e a responsabilidade de todas as instituições, e de todos os cidadãos, para em um esforço comum, promover a inserção do contexto da LGPD de forma robusta e concreta, em todos os setores da sociedade brasileira.

A presente obra "LGPD Aplicada", agora em sua segunda edição, quando se propõe em discutir questões como a aplicação da LGPD nas empresas, no marketing, no setor de serviços e no setor de produção, através de diversos artigos, escritos por renomados estudiosos da matéria, vem sedimentar a sua importante e destacada contribuição no entendimento e interpretação da norma, além de fornecer mecanismos determinantes para a realização na prática da adequada implementação da lei protetiva, de forma especial pelas empresas ligadas a iniciativa privada.

Nos artigos que fazem parte dessa obra, percebe-se que a problemática para a interpretação de alguns aspectos da Lei Geral de Proteção de Dados Pessoais, tem um caminho longo a ser percorrido, mas ao mesmo tempo aponta que somente com as discussões lançadas por exemplo, no contexto desse estudo, é que se caminhara para a evolução do entendimento adequado da aplicação da referida norma.

O olhar das empresas privadas, dos mais variados setores deve ser dirigido para a compreensão de que dispor de recursos e investimentos financeiros para a adequação da LGPD, deve ser entendido como um importante "bônus" e não apenas como um desnecessário "ônus", para toda a atividade econômica.

Partindo-se da premissa acima mencionada, é que a proteção de dados e privacidade ganhara o protagonismo necessário para a evolução de novos modelos de negócios, tendo a devida consciência de que a frente de todo este processo estará o titular do dado pessoal, a quem a Lei Geral de Proteção de Dados Pessoais verdadeiramente visa proteger.

Cabe aqui ainda por fim, sublinhar minha gratidão e honra pela lembrança do meu nome para prefaciar a segunda edição dessa obra, deixando aqui registrado os meus sinceros agradecimentos aos seus coordenadores, e efusivos cumprimentos a cada um dos articulistas, pela contribuição fundamental e oportuna para a aquisição de uma nova cultura de proteção de dados pessoais e privacidade.

A todos aqueles que estão envolvidos com a tarefa desafiadora de implementação da Lei Protetiva em suas organizações, e a todos os leitores desse estudo, desejo o que mencionou Chis Gardner:" O segredo para o sucesso é encontrar alguma coisa que você ame tanto fazer que não espera o nascer do sol para fazê-la de novo"[1].

Boa Leitura a todos!!

Denise Francoski
Coordenadora do Comitê Gestor de Proteção de Dados no Tribunal de Justiça de Santa Catarina. Desembargadora do Tribunal de Justiça de Santa Catarina e encarregada para tratamento de dados pessoais do TJSC.

---

[1] GALLO, Carmine. *Storytelling*: aprenda a contar histórias com Steves Jobs, Papa Francisco, Churchil e outras lendas da liderança. Tradução de Bruno Scartossomi. Rio de Janeiro: Alta Books, p.20.

PREFÁCIO

A Lei 13.709, de 14 de agosto de 2018, que passou a vigorar em 18 de setembro de 2020, é um marco no ordenamento jurídico nacional. Seu ineditismo repousa na atenção que outorga ao tratamento dos dados pessoais dos cidadãos brasileiros, no intuito de lhes preservar a privacidade e a intimidade, devolver-lhes o direito de decidir sobre o destino de seus dados pessoais e ao mesmo tempo exigir, dos setores público e privado, o tratamento desses dados conforme parâmetros baseados em princípios sólidos que de fato protejam os direitos dos titulares dos dados à privacidade.

Por ser uma lei geral, apresenta duas características notáveis, a transversalidade e a capilaridade. É transversal na medida em que interessa a todos os entes que, de alguma forma, tratam dados pessoais ou os detêm; e capilar, uma vez que seus ditames alcançam todos esses entes, enfim, toda a sociedade, de modo amplo, mercê dos princípios, fundamentos, direitos e deveres que estabelece.

Portanto, desde a sua sanção, em 2018, a Lei trouxe imensos desafios às organizações públicas e privadas, as quais, em virtude dela, passaram à obrigação de ações de conformidade, devendo identificar, com base nela, seus papéis e responsabilidades e, por meio de suas disposições, identificar os meios mais apropriados e necessários para cumpri-la na íntegra.

A compreensão da temática da mencionada lei não se mostrou, igualmente, menos desafiadora. A diferença entre períodos de debates da proteção de dados pessoais, entre a sociedade europeia e a brasileira, superior a quinze anos, fez com que nossa sociedade se impusesse um tempo de discussão mais célere e mais direcionado sobre esse tema, com ênfase na construção conjunta de um instrumento que, aos moldes europeus, normatizasse os direitos dos titulares de forma definitiva e singular.

Desse modo, não se mostraria, no primeiro momento, suficiente a sanção da lei, embora se fizesse urgente, mas se revelou necessário o aprofundamento dos debates sobre ela, de forma ampla, que envolvesse um número bem mais significativo de atores que, juntos, colaborassem para trazer interpretações válidas e elucidativas ao texto legal.

Ainda, no que tange aos dados pessoais, a Lei rompeu paradigmas, alinhando-se ao instrumento europeu que lhe deu inspiração e origem, ao instituir controladores, operadores e encarregados e deles exigir uma série de requisitos e procedimentos no intuito de proteger os direitos dos titulares dos dados, e dar a esses dados o tratamento responsável e com ênfase na preservação da privacidade, da imagem e da honra, entre outros direitos fundamentais.

Nesse contexto, ressalta-se a importância da aplicação da LGPD por organizações representantes dos setores econômicos. Tal é a relevância desses atores no cenário nacional que são considerados, por instrumentos normativos governamentais e por concepções internacionais, como um dos integrantes das infraestruturas críticas nacionais, ao lado dos setores de água, energia, transporte e telecomunicações, os quais, caso afetados, poderão causar imenso e negativo impacto sobre amplas regiões e sobre a vida de parte significativa da população dessas áreas.

Como um dos pilares da sociedade brasileira, os setores econômicos precisam e devem tratar dados pessoais, em razão de diversos atos procedimentais e regulares que lhes são imprescindíveis para a consecução de suas atividades, desde a concepção de instrumentos contratuais, passando por inúmeras atividades, até chegar aos processos relacionados à proteção do crédito, mencionada explicitamente na LGPD como uma das hipóteses de tratamento de dados pessoais.

A imensa gama de representantes nacionais desses setores, a multiplicidade de atividades oferecidas ao cidadão e a natural distinção, entre essas instituições, no que tange ao seu porte, às oportunidades de negócio que oferecem e ao volume de dados pessoais que tratam, fazem delas atores únicos e extremamente visados em um crescente cenário de fraudes, especialmente perpetradas por meio de ataques cibernéticos ou por ações diretas de engenharia social, com os mais diferentes propósitos.

Tais ações ilícitas no ambiente digital, ou no espaço cibernético, têm o perigoso condão de obter, de modo fraudulento, acesso aos sistemas eletrônicos e informatizados dos entes dos setores econômicos, acarretando, entre outros prejuízos, o vazamento de dados pessoais, o que, com a LGPD, poderá resultar em sanções administrativas a essas organizações, além de tristes danos à imagem e à reputação dessas instituições, efeitos que podem ser difíceis de mitigar.

Nesse contexto, destaca-se a relevância da Segurança da Informação e, nela, da Segurança Cibernética como valiosos subsídios para a adequada e a efetiva proteção de dados pessoais. Ora, na atualidade, em vista dos rápidos e crescentes avanços tecnológicos, especialmente relacionados ao armazenamento de informações, vê-se que a maioria quase absoluta dos dados pessoais, tratados pelas organizações, encontram-se armazenados no ambiente digital.

Portanto, proteger adequadamente esses dados é primordial para as organizações, os controladores, que devem emprestar especial atenção à qualidade de seus recursos de tecnologia da informação e às ferramentas computacionais adequadas para reforçar-lhes a segurança, a fim de reduzir as vulnerabilidades de seus ativos de informação, fazer frente às ameaças cibernéticas e mitigar efeitos de incidentes cibernéticos sobre suas redes e sistemas.

Logo, será de pouca utilidade que uma organização envide recursos humanos e financeiros substantivos em prol da conformidade à LGPD, se não adotar ações assertivas de segurança cibernética; manterá os dados pessoais vulneráveis e expostos a vazamentos, denotando, em verdade, uma falsa sensação de conformidade. Portanto, sem segurança cibernética adequada e dimensionada às necessidades da organização, a desejada proteção se mostrará pejada de falhas e submeterá as organizações a riscos regulatórios e os titulares à exposição ilícita de seus dados, o que poderá trazer ofensas à sua privacidade, por vezes, de modo irremediável.

Por esse motivo, a LGPD destaca, em seu bojo, a importância de as organizações implementarem boas práticas e políticas de governança em procedimentos de segurança da informação e de segurança cibernética, atentando para metodologias e para modos reconhecidos, a fim de que possam criar e moldar, em suas estruturas, um ambiente digital adequado para que o titular dos dados tenha tranquilidade em saber que seus dados pessoais são tratados com responsabilidade e segurança.

Nesse sentido, e por sua mencionada relevância, os entes representantes dos setores econômicos merecem atenção especial. Fundamentais para o desenvolvimento social e basilares para oportunizar crescimento ao cidadão, tais entes olham para a LGPD com notória seriedade e percebem a segurança cibernética como importante recurso para a implementação íntegra da lei de dados pessoais.

É nesse contexto que a presente obra surge como valiosíssima fonte de conhecimento e de subsídios para que as instituições dos setores econômicos observem a LGPD com a devida amplitude, na certeza de que a proteção dos dados do titular vai muito além de uma mera conformidade conceitual, mas tem repercussões sociais relevantes. Ao abordar temas impactados pela norma de proteção de dados pessoais, como *e-commerce*, *startups*, saúde, direito autoral e publicidade, entre outros, a obra demonstra a multiplicidade de assuntos a considerar no cumprimento dos cânones da LGPD, ao tempo em que apresenta direções úteis e viáveis, de pleno interesse aos gestores dos referidos setores.

Louvo, portanto, esta magnífica obra, que aborda de forma profunda distintos e relevantes aspectos que devem ser considerados pelos setores econômicos na implementação adequada e profícua da LGPD e discorre sobre essenciais repercussões que a conformidade à mencionada lei pode trazer à vida social, econômica, cultural, e jurídica de nossa sociedade e, em particular, de nossos cidadãos, beneficiários de toda a política pública.

Arthur Pereira Sabbat
Graduado em Administração pelo UNICEUB. Mestre em Aplicações Militares pela EsAO e pós-graduado em Gestão de Projetos, em Gestão da Segurança da Informação e em Crimes Cibernéticos. Realizou diversos cursos, em instituições nacionais e internacionais, sobre proteção de dados pessoais, em que possui certificado EXIN. Membro da Associação Internacional de Profissionais de Privacidade (IAPP). Foi Diretor do Departamento de Segurança da Informação do Gabinete de Segurança Institucional da Presidência da República.

SUMÁRIO

PARTE 1

APLICAÇÃO DA LGPD NAS EMPRESAS

1. Lições e boas práticas do setor de tecnologia para todas as organizações: segurança e governança de dados 3
   Carlos Reolon e Andriei Gutierrez

2. Funções do encarregado na empresa 17
   Oscar Valente Cardoso

3. A confidencialidade e a Lei Geral de Proteção de Dados 31
   Claudio Joel Brito Lóssio e Coriolano Aurélio Almeida Camargo Santos

4. Reflexões sobre o uso da inteligência artificial no processo de recrutamento e seleção de colaboradores à luz da Lei Geral de Proteção de Dados Pessoais brasileira 39
   Valéria Reani Rodrigues Garcia

5. Terceirização do tratamento de dados – a relação entre controlador e operador 57
   Cintia Maria Ramos Falcão e Elaine Zordan Keller

PARTE 2

APLICAÇÃO DA LGPD NO *MARKETING*

6. A publicidade digital e a LGPD: *insights* sobre o modelo de negócios e como proteger dados pessoais 71
   Marcelo Crespo

7. Privacidade de dados e *business intelligence* nas redes sociais: *profiling* como ato lesivo à luz da Lei Geral de Proteção de Dados 89
   Gustavo Rabay Guerra e Juliana Targino Nóbrega

PARTE 3

APLICACAÇÃO DA LGPD NO SETOR DE SERVIÇOS

8. A adequação do *e-commerce* à Lei Geral de Proteção de Dados Pessoais: como ficar em *compliance* com as exigências legais 105
   Ana Paula Moraes Canto de Lima

9. A proteção de dados no setor financeiro 127
   Patricia Peck Pinheiro

10. Desafios de adequação à LGPD em instituições de ensino 147
    Cláudio Lucena e Roberta Gomes

11. A proteção de dados pessoais e o direito autoral dos titulares de dados na indústria criativa 163
    Camila Maria de Moura Vilela

12. Proteção de dados pessoais e a indústria do entretenimento: uma análise do uso de pulseiras inteligentes (tecnologia RFID) e desafios práticos inerentes à privacidade 179
    Maria Beatriz Saboya Barbosa

13. A adequação das *startups* à Lei Geral de Proteção de Dados Pessoais: desafios e oportunidades 191
    Raíssa Cristina de Moura Ferreira

14. A LGPD na saúde: desafios da adequação à LGPD em uma clínica multidisciplinar 205
    Fabiani Oliveira Borges da Silva

PARTE 4

APLICAÇÃO DA LGPD NO SETOR DE PRODUÇÃO

15. A LGPD e a indústria farmacêutica... 229
    Cintia Ricco e Liana I. A. Cunha Crespo

16. LGPD no setor automobilístico... 243
    Cristina Moraes Sleiman e Philip Mario Derderian

17. Dados em automático, *crosscheck* e confirmar: a LGPD no setor da aviação civil 259
Felipe Palhares

18. LGPD aplicada ao setor de energia 273
Luiza Sato

Parte 1

APLICAÇÃO DA LGPD NAS EMPRESAS

1

LIÇÕES E BOAS PRÁTICAS DO SETOR DE TECNOLOGIA PARA TODAS AS ORGANIZAÇÕES: SEGURANÇA E GOVERNANÇA DE DADOS

CARLOS REOLON E ANDRIEI GUTIERREZ[1]

INTRODUÇÃO

É inegável que passamos por uma transição para uma sociedade digital. A indústria e os serviços estão se transformando. Até setores mais tradicionais da economia brasileira, como a agropecuária e a indústria extrativa, estão se digitalizando com uma velocidade incrível. E nesse contexto já começamos a ver a materialização de preocupações da sociedade em torno do tratamento de dados, em especial os pessoais, por essas organizações. Exemplos nítidos são as Leis de Privacidade (como a LGPD, a GDPR, o CCPA) ou regulações setoriais na área de saúde e no setor financeiro.

Cuidar e proteger a informação é uma prioridade para o setor de Tecnologia da Informação (TI), que vem amadurecendo há décadas. Com a transformação digital de todas as outras organizações do País, é interessante observar como as boas práticas e os conceitos de segurança e governança de dados do setor de TI passam a ser "importados" para esses outros setores.

Nesse sentido, este ensaio se propõe a abordar de maneira introdutória alguns conceitos e boas práticas do setor de TI acerca de segurança e governança de dados. Num primeiro momento, serão abordadas as diferenças entre processos e aplicações presentes nas organizações de TI (e, cada vez mais, em todas as organizações), mostrando as dificuldades e os pontos que merecem

---

[1] A opinião e os pressupostos apresentados neste ensaio são de caráter exclusivamente individual e não expressam a opinião da organização da qual fazem parte.

atenção para um efetivo trabalho de conformidade com as legislações de dados, em especial a LGPD.

Num segundo momento, apresentamos as boas práticas de segurança e governança da informação do setor de TI, em especial a família ISO 27000. *Grosso modo*, entendemos que há todo um conjunto conceitual de proteção e governança de dados presente nas boas práticas do setor de TI que transborda para regulações e boas práticas estipuladas ou estimuladas por governos no Brasil e no exterior. Todas as organizações, não somente as do setor de TI, têm nessas boas práticas um importante referencial para navegarem de maneira segura e confiável nessa nova era digital e, sem dúvida, ajudam na jornada de conformidade com as novas leis e regulações que miram as práticas organizacionais na era digital.

O terceiro eixo deste ensaio diz respeito às técnicas e conceitos de "Proteção por camadas". Trata-se dos conceitos usados no setor de TI para a elaboração e implantação de uma estratégia de segurança sistêmica que procura combinar a proteção de ativos (dados) por meio da adoção de táticas que visem às infraestruturas físicas e virtuais. Com o processo de digitalização das organizações e, em especial, da combinação de suas existentes infraestruturas físicas com as nascentes estruturas virtuais, temos um importante aporte para uma transformação digital mais madura e segura das organizações na proteção dos seus dados.

Por fim, o quarto eixo temático trata sobre as ferramentas digitais para uma boa governança e segurança de dados, as quais, com a digitalização e o alto volume de dados, tornam-se impossíveis de ser realizadas por seres humanos. Entra em campo a necessidade premente de ferramentas digitais para tarefas essenciais, a saber: a detecção e prevenção de falhas e ataques, a gestão de acessos a dados e aos sistemas e o monitoramento das nuvens.

Acreditamos que as organizações fora do setor de TI que se apropriarem desse "ferramental" de boas práticas largarão na frente em suas jornadas em conformidade com as leis e regulações de dados, sejam as existentes ou as futuras. Esperamos que os leitores tenham aqui um pontapé inicial para seguirem, explorando esse campo nascente e frutífero da segurança e da governança de dados.

Antes de avançarmos, é importante trazer ao leitor a ponderação de que ANPD tem avançado no processo de regulação da LGPD. A observância das boas práticas destacadas aqui neste artigo não invalida uma bom acompanhamento e estudo atento do processo regulatório realizado pela ANPD e que pode afetar as empresas[2].

---

[2] Para um entendimento do processo regulatório da ANPD, o leitor pode consultar a Portaria da ANPD n. 16 de 2021, que aprova o processo de Regulação no âmbito da ANPD.

1. PROCESSO X APLICAÇÃO

Talvez o ponto-chave no processo de adequação de empresas de tecnologia da informação seja exatamente o mapeamento de dados ou *data mapping*. Esse processo, comum a qualquer outro ramo de atividade, consiste em identificar sempre que, na execução do negócio, dados pessoais são coletados e tratados.

A princípio, parece uma atividade simples, porém existem algumas ciladas nessa análise. Talvez a primeira delas seja a distinção entre processo e aplicação. Na maioria dos casos, empresas de tecnologia utilizam aplicações (*softwares*, programas de computador) para resolver seus problemas de negócio. Podemos elencar alguns exemplos: faturamento, que consiste basicamente na emissão de uma nota fiscal. Para isso, certamente, há um *software* que desempenha essa função.

Nesse cenário, processo e aplicação são basicamente a mesma coisa. Há uma necessidade de negócio (processo) que significa emitir fatura de produtos ou serviços vendidos e há um sistema que desempenha essa função (aplicação). Logo, no mapeamento de dados, basta olhar para quais dados são coletados para esse fim e essa etapa do trabalho estaria concluída. O problema reside nas variantes desse contexto. Vejamos.

Quando um processo de negócio se dá parcialmente dentro de uma aplicação. Por vezes, aquele mesmo processo de faturamento depende de um controle periférico que não é coberto pelo sistema. Nesse caso, há de identificar todo o processo, quais dados são tratados na aplicação e quais dados são tratados fora dela. Um exemplo claro dessa situação são as atividades desempenhadas pelos times de *marketing* no cadastramento de contatos. Mesmo com um sistema estruturado para a gestão dessas informações, o *input* delas nem sempre vem do próprio titular. Normalmente, as equipes de *marketing* coletam esses dados em eventos, que são consolidados em fichas manuscritas ou planilhas eletrônicas. Aqui há nitidamente um "pedaço" do processo que está fora da ferramenta.

Nesse caso, é muito importante se atentar a esse aspecto, pois, no exemplo anterior, justamente aquela parte do processo que poderia ser desconsiderada no mapeamento é a mais vulnerável a um possível vazamento.

Outra situação comum de confusão é quando um mesmo processo utiliza várias aplicações ou, o contrário, uma mesma aplicação suporta diversos processos. No primeiro exemplo, podemos considerar um processo de gestão de incidentes. Caso essa gestão de incidentes esteja acoplada ao *Configuration Management Database* (CMDB), e de lá consiga disparar a aplicação das correções para os incidentes reportados.

Aqui, o processo em si é o de gestão de incidentes. E a eventual coleta de dados pessoais ocorre para atender a essa necessidade. No entanto, esses dados pessoais (como nome do usuário, telefone, *e-mail*) podem fluir para outros sistemas como CMDB ou até alguma outra ferramenta de aplicação de correções. Nota-se que aquela lógica da aplicação suportando o processo se complica, uma vez que haveria mais de uma aplicação tratando os mesmos dados com igual processo.

Por sua vez, o segundo exemplo é quando há um mesmo sistema ou aplicação, porém ele suporta vários processos de negócio. Talvez o exemplo mais claro para essa condição sejam os sistemas de Enterprise Resource Plannings (ERPs), os quais, por natureza, realizam a gestão de inúmeros processos de negócio. Isso significa que um mesmo dado pessoal, quando dentro do sistema, pode ser utilizado para fins distintos. Exemplo: um cliente foi cadastrado para permitir que seus produtos fossem faturados, porém esse mesmo cadastro é usado para prospecção de novas vendas.

Se a empresa não se atenta a essas nuances, pode dar o enquadramento errado a um determinado tratamento (no caso supramencionado, a base legal para faturamento certamente será diferente da base legal para prospecção de novas vendas).

2. PADRÕES DE MERCADO, NORMAS E ALGUMAS REGULAÇÕES

Apesar de a LGPD ser considerada uma legislação moderna, principiológica e pouco efêmera (pela natureza do seu texto), é importante ressaltar que boa parte do racional lógico por detrás da LGPD já era abordada por outras normas de mercado e algumas regulações setoriais em vigor. Empresas que estavam atentas aos padrões globais relacionados à tecnologia da informação (tais como os de segurança da informação e de governança de dados) terão seus controles muito mais próximos do que espera a LGPD, do que aquelas empresas que nunca se preocuparam com esse tipo de controle. E isso não é exclusividade da LGPD. Se observarmos as legislações mais recentes sobre dados, tais como o GPDR ou o CCPA, verificaremos que há uma tendência regulatória internacional que avança nesse sentido.

Hoje, talvez a norma que mais se associa à LGPD seja a ISO 27001. É comum ocorrerem discussões que asseguram que aqueles com certificação ISO 27001 estão "automaticamente adequados" à LGPD. Essa afirmação é falaciosa. Primeiro, é preciso entender do que se trata a norma. A família ISO 27000 tem por objetivo primário cuidar de aspectos de segurança da informação num âmbito mais geral. Apresenta controles não só para ativos de TI, como para proteção física dos repositórios, assim como capacitação de quem faz uso deles.

Toda a sua estrutura é apoiada na tríade do CIA (em português: Confidencialidade, Integridade e Disponibilidade). Isso significa que um dado seguro só o será de fato, se ele estiver acessível somente a quem efetivamente deva tê-lo, que esse mesmo dado não seja vulnerável a qualquer tipo de corrupção (edição indesejada, exclusão, manipulação) e esteja sempre disponível para que se possa utilizá-lo.

Como reforço ao conceito da integridade, podemos desdobrá-lo em mais dois que ajudam no entendimento da sua aplicação. São eles: o princípio da autenticidade e do não repúdio.

O princípio da integridade espera que um dado não receba qualquer tipo de manipulação não autorizada. Logo, este pode sim sofrer manipulação quando autorizada. E como garantimos essa autorização? Atendendo ao princípio da autenticidade. É preciso assegurar que quem modifica o estado de um sistema é quem ele alega ser. Isso dá autenticidade à transação e para tanto não incorre em risco a segurança da informação.

Por sua vez, o princípio do não repúdio pretende que, no momento de uma modificação, seu requerente seja devidamente identificado e que se tenha um registro auditável da operação. Em outras palavras, se alguém que faz uma transferência bancária para um terceiro pudesse, minutos depois, cancelá-la e dizer que nunca a fez, isso seria uma clara desobediência ao princípio do não repúdio. Uma transferência bancária, por exemplo, depois de concretizada, não pode ser revertida.

Assim se constrói a base da segurança da informação.

Ao avançarmos um pouco mais nas normas da família 27000, encontramos a primeira delas, que trata dos controles em si: a ISO 27001. Essa norma contém 114 controles e 18 domínios diferentes, em que se faz necessário evidenciar a segurança da informação.

Para detalhar a maneira como se implementa cada um desses controles, devemos observar a ISO 27002, que traz exatamente isso. Para cada controle exigido na ISO 27001, existem diretrizes de implementação descritas na ISO 27002. Em complemento, para garantir que essas implementações sejam feitas de forma adequada e geridas apropriadamente, a ISO 27003 estabelecerá as diretivas do Sistema de Gestão de Segurança da Informação.

Ao concluir uma implementação dos controles da ISO 27001 e construir um sistema de gestão, é necessário garantir que esses controles perdurem em conformidade. Para tanto, existe a ISO 27004. Essa norma apresenta os detalhes de auditoria para assegurar a conformidade de uma empresa na ISO 27001.

Também existe uma norma específica para abordar questões relacionadas à gestão de riscos de segurança de informação: a ISO 27005. Nessa norma, podemos encontrar orientações específicas para análise e gestão de riscos voltados a processos.

Além dessas normas, existem inúmeras outras que vão tratar de forma mais profunda de praticamente todos os assuntos relacionados à segurança da informação.

Entretanto, ainda há uma última que está mais alinhada aos conceitos da LGPD e da Proteção de Dados: a ISO 27701. Essa norma tem foco específico na proteção de dados pessoais e possui diversos elementos de aproximação com as regulações mais modernas sobre o tema, tal como a LGPD ou o GDPR.

Até aqui só falamos da família ISO 27000. Contudo, o nosso tema não se restringe somente a ela. Existem outras ISOs também relevantes para um nível maduro de conformidade com a LGPD. Um exemplo seria a ISO 38500, que apresenta um *framework* robusto de gestão corporativa de TI e vai ajudar muito na identificação de processos.[3]

Também há a ISO 20000 que detalha a gestão de TI num nível mais procedimental, com foco na gestão de incidentes, na gestão de melhorias, em comitês de mudança etc. Recomendações dessa natureza também podem ser encontradas no *framework* do Information Technology Infrastructure Library (ITIL), que tem basicamente os mesmos propósitos.

Outra norma ISO que pode ser extremamente relevante e complementar ao trabalho de adequação à LGPD é a ISO 31000, que aborta a gestão de riscos corporativos com foco na resiliência da corporação. Diferente da ISO 27005, que aponta exclusivamente para riscos de segurança da informação, a ISO 31000 contempla todo o ambiente. Pode parecer um excesso, mas um risco de incêndio, para dar um exemplo que não está diretamente relacionado à TI, poderia causar uma indisponibilidade nos sistemas e comprometer a letra "A" da tríade CIA. Esse, sim, seria um incidente de segurança da informação decorrente de uma causa externa.

Além das normas e padrões estabelecidos pela ISO, existem outras organizações não menos importantes que igualmente emitiram normas referências no mercado global relacionadas à segurança de informação, que acabam abordando questões inerentes a cada ramo de atividade, algumas com um foco específico setorial.

O National Institute of Standards and Tecnlogy, dos Estados Unidos (NIST), por exemplo, produziu o conhecido Cybersecurity Framework, que se tornou referência global em boas práticas para a segurança cibernética. Uma de suas características é o estabelecimento de um conjunto de controles

---

[3] Sobre esse assunto também há o Control Objectives for Information and Related Technologies (COBIT), padrão estabelecido pela Information Systems Audit and Control Association (ISACA), que visa oferecer um arcabouço completo de controles para garantir o alinhamento de todas as áreas com a área de TI.

com foco específico em segurança cibernética, sem, necessariamente, se ater às questões de armazenamento de dados em meios físicos. Um ponto muito interessante do NIST Framework é que ele não é obrigatório. Apesar de ser uma iniciativa iniciada pelo governo, o NIST procura estimular a adoção de boas práticas de segurança cibernética sem que seja imposto como uma obrigação regulatória, diferente do HIPAA Compliance, citado a seguir.

No setor de meios de pagamentos, por exemplo, também existem outras normas ainda mais especializadas setorialmente. O Payment Card Industry Data Security Standard (PCI-DSS) é um exemplo que trata especificamente do padrão de segurança de dados para cartões de pagamento.

No setor de saúde dos Estados Unidos, por exemplo, o manejo de dados é regulado pelo globalmente conhecido Health Insurance Portability and Accountability Act, também chamado de HIPAA Compliance. Trata-se de uma regra governamental que estabelece controles muito rígidos no uso e tratamentos de dados na área da saúde. Nesse caso, é importante relembrar que dados de saúde são considerados dados pessoais sensíveis na LGPD e, portanto, devem ter atenção e cuidado redobrados.

E por fim, mas não menos importante, temos aqui no Brasil para o setor financeiro a Resolução CMN 4.893, de 2021, do Banco Central. Ela é aplicável a todas as instituições financeiras que operam no Brasil e traz controles específicos para gestão de dados relativos ao universo financeiro com exigências extraterritoriais, em alguns pontos, similares à LGPD.

Essas são apenas algumas normas, sejam de mercado ou governamentais, que já existem e sua implementação ou estudo podem auxiliar no processo de conformidade com a LGPD, visto que trazem métodos específicos para garantir um tratamento seguro de dados sem prejuízo ao titular.

3. SEGURANÇA EM CAMADAS (OU EM PROFUNDIDADE)

Também conhecida como Defense in Depth (DiD), sua metodologia se constrói a partir da identificação de quais ativos precisam ser protegidos e de quais níveis de segurança são necessários para garantir que ele não seja atacado. Num segundo momento, aplicam-se medidas de segurança compatíveis com o propósito que se quer atingir.

Esse conceito é antigo e já era aplicado desde a Idade Média (ou talvez até antes). Num castelo, como o representado a seguir, talvez a "Torre de Homenagem" fosse seu ponto mais sensível e, para tanto, precisaria ter o máximo de segurança. No entanto, não se aplicavam todas as medidas de segurança somente a tal torre.

O pátio talvez também merecesse alguma segurança. Dessa forma, todo o castelo estava cercado por um fosso com água (o que impediria um acesso massivo ao seu perímetro). Entretanto, talvez fosse possível guerreiros ou pequenas embarcações transpor esse fosso, por isso existia uma muralha. Contudo, essa muralha ainda pudesse ser escalada. Assim, havia as torres de vigilância e os arqueiros, que poderiam reagir em caso de invasão. E estes, mesmo que não conseguissem deter algum invasor, ainda poderiam alvejá-los mesmo que dentro do pátio.

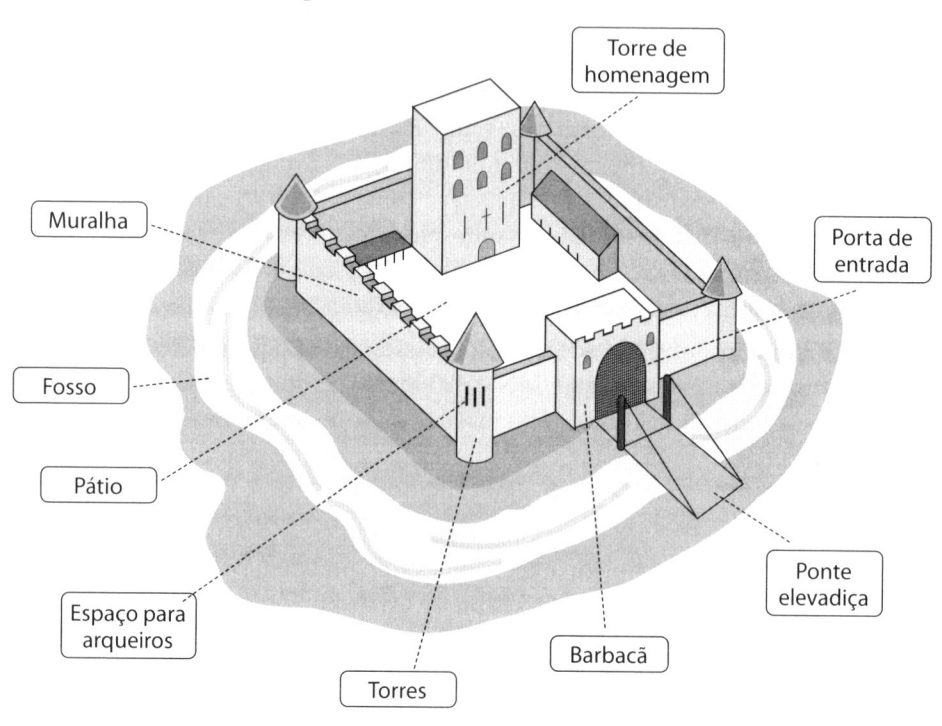

Fonte: https://maestrovirtuale.com/castelo-medieval-partes-e-funcoes/

Portanto, observamos que há diversas camadas de segurança para diferentes tipos de invasão. A uma infraestrutura digital podemos aplicar a mesma regra.

Se tivermos uma rede interna suficientemente segura, talvez não seja tão relevante a aplicação de inúmeras medidas de segurança de borda a seu servidor principal. Essas medidas podem ser aplicadas às bordas da rede. Aqueles ativos que precisam estar expostos por questões de negócio podem ser instalados numa segmentação desmilitarizada, sem dar acesso à rede interna.

Em linhas gerais, é assim que se resolve a segurança em camada ou em profundidade. Para o próximo passo em sua implementação, precisamos entender que qualquer medida de segurança que se aplique precisa ser necessariamente de um dos três seguintes tipos:

Medidas físicas: são aquelas aplicadas ao mundo real, tangível. Podem ser muros, grades, portões ou até o fosso, do exemplo anterior.

Medidas técnicas: terão cunho mais tecnológico, necessariamente relacionadas à infraestrutura digital. Aqui podemos listar Antivírus, *Firewalls*, *Scanners* de vulnerabilidade, controles eletrônicos de acesso, entre outros. Tentando estabelecer alguma conexão com o exemplo do castelo, poderíamos associar a utilização de uma luneta pelos vigias como uma medida técnica. Ela daria condições de antever um possível ataque.

Medidas administrativas: estão relacionadas aos procedimentos, políticas e planos de resposta a incidentes. Uma política de segurança de informação, um código de conduta, ou um processo de homologação de fornecedores seriam medidas administrativas. No exemplo do castelo, aquele arqueiro da torre, se não fosse treinado para diferenciar um invasor de um comerciante, poderia causar um dano terrível. Essa capacitação pode ser considerada uma medida administrativa.

Quando essas três dimensões são claras, podemos partir para o entendimento de cada camada de uma infraestrutura digital. São elas:

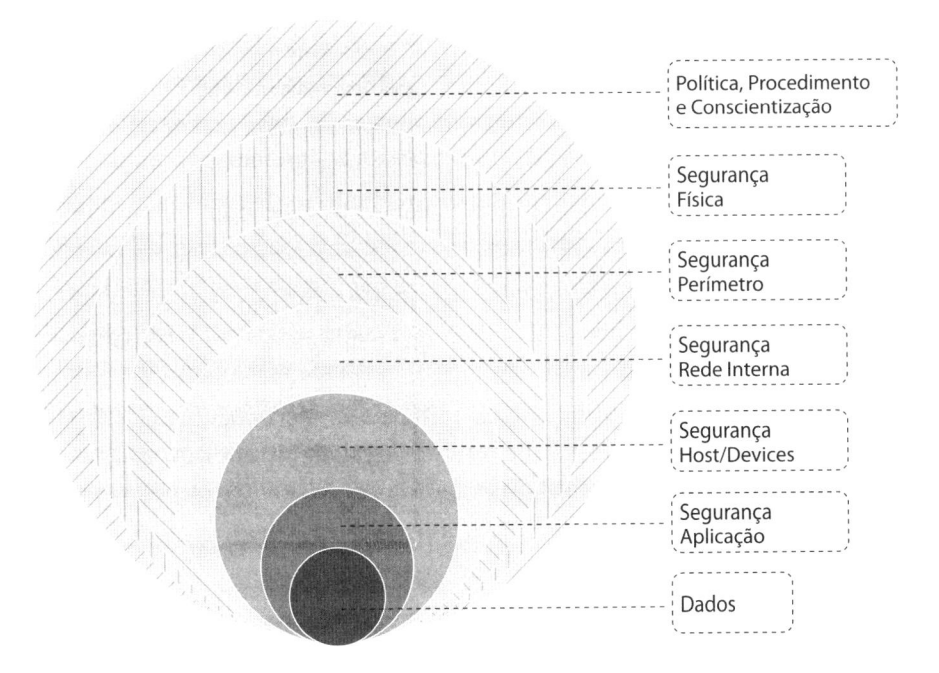

- Política, Procedimento e Conscientização
- Segurança Física
- Segurança Perímetro
- Segurança Rede Interna
- Segurança Host/Devices
- Segurança Aplicação
- Dados

No exemplo do castelo, nossa "Torre de Homenagem" seriam os dados da empresa, o ponto mais sensível da nossa infraestrutura. Por isso, estes devem estar cercados da maior quantidade possível de camadas.

Sabemos que dados não podem ser manipulados diretamente nas bases, o que deve acontecer por aplicações que escrevem esses dados. Essas aplicações precisam implementar princípios de segurança. Aqui podemos falar das dez maiores vulnerabilidades da OWASP (Open Web Application Security Project): Proteção contra *SQL Injection*, Quebra de autenticação, Exposição de dados sensíveis, Processadores XML antigos ou mal configurados, Quebra de controle de acesso, Falhas de configuração de segurança, *Cross-Site Scripting*, Desserialização insegura, Uso de componentes com vulnerabilidades conhecidas e Log/Monitoramento insuficientes. Também vale mencionar os princípios de *Privacy by Design* e *Privacy By Default*.

Quando temos aplicações suficientemente seguras, precisamos nos atentar aos dispositivos em que elas estão instaladas. De nada adiantam sistemas seguros rodando em equipamentos inseguros. Isso só é possível com *hardware* atualizado, suportado pelo fabricante.

O próximo passo é assegurar que a rede em que esse equipamento está instalado é segura. Agentes maliciosos de dentro da rede também podem oferecer ameaças. Monitores de tráfego, por exemplo, conseguem capturar os pacotes trocados dentro de uma rede e eventualmente refugá-los ou manipulá-los.

Depois de sanitizar a rede interna, é necessário garantir que não haja acesso indesejado de fora, o que requer uma implementação de segurança de perímetro. Redes que não estiverem preparadas para gerenciar ataques maliciosos podem não resistir e cair, causando, assim, indisponibilidade.

Com um perímetro de rede suficientemente seguro contra ataques, é necessário garantir a segurança física do ambiente. Aqui vale utilizar ambientes isolados para instalação dos servidores, sistemas de monitoramento de incêndio, acesso controlado, circuito fechado de TV e até redundância de infraestrutura. Tudo isso para assegurar que nenhum incidente possa interromper a execução do negócio.

Uma vez que todas essas camadas estão totalmente operacionais, é preciso garantir que as pessoas que vão realizar essa operação estejam capacitadas para mantê-las em funcionamento e conforme os parâmetros previamente estabelecidos. Aqui é que criamos as políticas, os códigos de conduta e os procedimentos.

Quando asseguramos que essas sete camadas foram observadas e seus respectivos controles foram implementados, a adequação a uma ou mais normas de mercado relativas à segurança de informação se torna uma atividade muito menos dolorosa do que pode parecer.

4. FERRAMENTAS DIGITAIS

Ao concluir o trabalho de implementação da segurança em camadas, dispomos do mínimo necessário para propiciar um ambiente robusto para o tratamento de dados. No entanto, em alguns casos, precisamos lançar mão de recursos mais avançados a fim de detectar possíveis falhas, predizer ataques e se preparar proativamente.

Para tanto, existem diversas siglas no mercado que prometem potencializar nosso nível de segurança corporativa.

Vamos começar com os IDS e IPS. Intrusion Detection System e Intrusion Prevention System são muito similares, existindo uma principal diferença entre eles. O IDS apresenta um tipo de proteção passiva, enquanto o IPS se mostra como uma solução de proteção ativa. Onde reside essa diferença? O IDS, como o próprio nome diz, vai detectar tentativas de invasão, porém não tem mecanismos de barrá-la. Por via de regra, seu papel é reconhecer padrões suspeitos e notificar o time de segurança para que este tome alguma ação em caso de necessidade.

Já o IPS tem o papel de, além de detectar, prevenir uma potencial invasão. Com os *engines* já existentes no IDS, ele monitora o comportamento da rede e, quando detectada alguma anomalia, ele tem a capacidade de disparar ações que visam mitigar aquele ataque.

Ambos funcionam de modo muito semelhante. Normalmente, monitoram todo o tráfego de rede (precisam ser instalados de forma que isso seja possível) e, com base em regras preestabelecidas, determinam o que é e o que não é uma ameaça.

Uma forma de exemplificar talvez seja a tentativa de acesso a um determinado IP da rede. Espera-se que, ao tentar acessar um determinado IP, isso não se repita por mais de uma ou duas vezes. Se houver tentativas sem sucesso repetidas por cem ou duzentas vezes, isso pode significar algum agente malicioso tentando o ataque do tipo força bruta (onde inúmeras tentativas de acesso são feitas com variadas combinações de senha). Se houver um IDS nessa rede, ele terá condições de detectar essa ação e sinalizar ao time de segurança da ocorrência. Alguém, com base nessas informações em mãos, tomaria alguma ação, por exemplo, rastrear o equipamento atacante e derrubá-lo da rede.

No IPS, em vez de disparar uma notificação ao time de segurança, uma ação é lançada pelo próprio sistema. Nesse caso, poderia ser um comando de remoção da rede desse determinado equipamento.

Do ponto de vista prático, o IPS apresenta uma vantagem razoável, pois reduz o tempo de ação. Entretanto, se não for muito bem parametrizado, pode tomar ações indesejadas, por exemplo, tratar como maliciosos alguns acessos legítimos.

Lembrando da tríade CIA, atender à integridade é crucial para garantir a segurança da informação. Integridade significa que somente se pode conceder acesso a quem provar ser quem realmente é. Para isso existem os Identity and Access Management (IAMs).

Essas soluções visam não só assegurar a identidade real de cada usuário, mas também garantir que seus acessos sejam concedidos (e negados) de forma precisa. Eles servem como uma camada de autenticação entre a aplicação e o usuário, e com base em repositórios centrais consegue responder de forma rápida se aquele usuário tem determinado acesso, quais telas ele poderia enxergar, *logar* cada tentativa de acesso, e, quando tal usuário não tiver mais acesso, basta sinalizar no próprio IAM que ele faz todo o trabalho.

Talvez não faça muito sentido utilizá-lo num ambiente em que haja cinco ou seis sistemas. Imagine, porém, uma infraestrutura com mais de 300 ativos. Gerir o acesso de cada usuário a fim de garantir que ninguém tenha nem mais nem menos acesso do que o necessário não é tarefa fácil. Com o IAM, deixa de ser tão complicado.

Tudo o que foi exposto até aqui tende a parecer que o foco é muito mais em uma realidade *on premises* do que *on cloud*. Quando movemos nossa infraestrutura para a nuvem, tudo o que foi apresentado até então precisa ser implementado e gerenciado de forma distribuída. E o que chamamos de perímetro da rede começa a se tornar algo menos tangível. Para garantir a segurança nesse universo que roda nas nuvens há algumas ferramentas que podem auxiliar.

Aqueles que utilizam a nuvem como parte da sua infraestrutura estão com tráfego constante em seu ambiente local e o remoto existe uma solução interessante. Ela se chama Cloud Application Security Broker (CASB) e o papel dela é monitorar tudo o que entra e sai da sua instância de nuvem, e, assim como IPS/IDS, faz inferências com base em padrões de acesso.

Para os casos em que aplicações inteiras foram construídas nativamente na nuvem, existe também o que se chama Web Application Firewall (WAF). O propósito do WAF é muito semelhante ao de um *Firewall* convencional (permitir acessos desejáveis e bloquear os acessos maliciosos), porém ele tem a capacidade de fazê-lo em ambiente distribuído. Normalmente, nuvens são mais difíceis de gerenciar, pois o gestor de segurança não tem todos os acessos e permissões necessárias para garantir o *setup* ideal. Portanto, a utilização de um WAF pode ajudar seu trabalho.

Assim, apresentamos uma breve lista de mecanismos que podem, de forma um pouco mais refinada, auxiliar na construção de um ambiente seguro para o tratamento de dados pessoais, em linha com o que determina a LGPD.

CONCLUSÃO

Tomando os princípios aqui abordados como base, pode-se dar início à jornada de adequação à LGPD com um mínimo de assertividade. É muito comum no princípio dos trabalhos o time operacional se sentir perdido e não saber por onde começar. Especialmente quando falamos de um ambiente consideravelmente grande, o volume de análises e avaliações é tamanho que dificulta até identificar quais controles atendem quais processos.

Definindo claramente quais os processos de negócio são executados e mapeando a etapa em cada um deles (existe uma ISO que auxilia muito nesse trabalho, a 38500), pode-se partir para o próximo nível de adequação, que trata da análise de riscos de todos esses processos e quais medidas são necessárias para mitigá-los ou eventualmente até aceitá-los.

Essas medidas podem ter caráter técnico, administrativo ou organizacional. Aqui também apontamos alguns *insights* sobre esse momento da jornada de conformidade. Quando esses riscos já foram devidamente mapeados e uma lista de ações foi definida, partimos para a adoção de ferramentas que suprem essa demanda.

Variando de caso a caso, o uso de ferramentas digitais ajudará muito no processo de adequação, pois otimiza recursos humanos em determinadas ações. Se, em vez de investir em ferramentais de segurança e governança de dados, a organização focar seus investimentos unicamente em pessoas e deixá-las que façam esse monitoramento e gestão de forma manual, essas organizações certamente estarão mais suscetíveis a falhas, vazamentos e ataques externos. Como mencionamos no início deste ensaio, a informação na era digital cresceu exponencialmente e todas as organizações, independentemente do setor, terão de tratar de um volume incomensurável de dados que ultrapassa a capacidade humana para gerenciá-los.

Por fim, com este apanhado de informações minimamente implementado e devidamente documentado, temos elementos para evidenciar às autoridades o compromisso com o domínio sobre todos os processos que tratam dados pessoais, como esses processos estão implementados, a quais riscos os titulares estão sujeitos, quais os mecanismos adotados para mitigar esses riscos e até ferramentas de gestão que garantam a aplicação e o funcionamento de todas essas regras.

Há informações suficientes para acreditarmos que se inicia de forma generalizada uma nova etapa de maior rigor dos legisladores e reguladores com relação à maneira como as organizações tratam e cuidam dos dados. É importante que as organizações tenham em mente que isso não é apenas uma onda ou "moda" passageira. Primar pelas melhores práticas para a segurança e a governança de dados está deixando de ser uma boa prática do setor de TI e de outros setores isolados para se tornar uma condição *sine qua non* para organizações estarem em conformidade com essas novas leis e regulações. As organizações que entenderem de forma objetiva essa tendência e interiorizar providências navegarão em um mar mais tranquilo.

REFERÊNCIAS

ABNT – ASSOCIAÇÃO BRASILEIRA DE NORMAS TÉCNICAS. *NBR ISO/IEC 27002:2013*: Tecnologia da informação – Técnicas de segurança – Código de prática para controles de segurança da informação. Rio de Janeiro. 2013.

ABNT – ASSOCIAÇÃO BRASILEIRA DE NORMAS TÉCNICAS. *NBR ISO/IEC 27001:2013*: Tecnologia da informação – Técnicas de segurança – Sistemas de gestão da segurança da informação – Requisitos. ISO/IEC, 2013.

COBIT 2019. *Framework* – Governance and Management Objectives. ISACA, 2018.

COBIT 5. *Habilitando Processos*. São Paulo: ISACA, 2012.

ISO/IEC 31000. *Risk management* – Principles and guidelines.

NIST – NATIONAL INSTITUTE OF STANDARDS AND TECHNOLOGY. *Cybersecurity Framework*.

SÊMOLA, Marcos. *Gestão da Segurança da Informação*. 2. ed. São Paulo: LTC, 2013.

STALLINGS, Willian; BROWN, Lawrie. *Segurança de Computadores* – Princípios e Práticas. 2. ed. São Paulo: Elsevier, 2017.

HARRIS, Shon. *CISSP All-in-one*. 6. ed. USA: Mc Graw Hill, 2012.

HERNANDEZ, Steven. *Official (ISC) 2 Guide to the CISSP CBK*. 3. ed. Auerbach Publications, 2012.

2

FUNÇÕES DO ENCARREGADO NA EMPRESA

Oscar Valente Cardoso

1. INTRODUÇÃO

A proteção de dados pessoais constitui uma preocupação crescente e necessária em uma sociedade *on-line* e hiperconectada, na qual as atividades diárias das pessoas geram dados e produzem informações, que podem ser transformadas em conhecimento e gerar lucros para as empresas.

Por isso, surgiu a necessidade da regulação das atividades de tratamento de dados pessoais, especialmente para delimitar e definir o que é – e o que não é – lícito para os agentes de tratamento dos dados pessoais, o que confere segurança jurídica para o desempenho de suas atividades.

No Brasil, a Lei Geral de Proteção de Dados Pessoais (LGPD – Lei nº 13.709/2018) busca definir as "regras do jogo" na coleta e nas outras operações de tratamento de dados pessoais, motivo pelo qual precisa ser adequadamente interpretada e aplicada pelos agentes.

Para esse fim, um dos sujeitos previstos na nova lei é o encarregado (ou encarregado pelo tratamento de dados pessoais), influenciado diretamente pelas normas da União Europeia e que, em regra, deve ser designado pelos agentes de tratamento, ou seja, qualquer pessoa natural ou jurídica que tratar dados pessoais deve ter um encarregado.

O objetivo deste artigo é, após destacar algumas características gerais da LGPD, analisar quais são as atribuições legais do encarregado, de que forma as empresas podem aplicar adequadamente a lei nesse ponto e definir na prática as funções do encarregado.

Busca-se, com isso, auxiliar na aplicação efetiva da LGPD pelas empresas que realizarem operações de tratamento, a partir da análise de uma pessoa que desempenha funções essenciais na organização interna, necessárias para a adequação.

2. LEI GERAL DE PROTEÇÃO DE DADOS PESSOAIS: CARACTERÍSTICAS GERAIS

A Lei Geral de Proteção de Dados Pessoais não é a primeira norma no país sobre a proteção de dados pessoais, mas é a primeira lei a organizar e a sistematizar o assunto, com uma tutela geral a qualquer atividade de tratamento de dados pessoais, realizada no meio físico ou digital e independentemente da natureza jurídica da relação existente entre o titular e o agente de tratamento.

A LGPD não se limita a determinadas relações ou contratos (como, por exemplo, as relações de consumo), tampouco se condiciona ao meio de ocorrência do tratamento de dados ou a instrumentos e técnicas utilizados para esse fim. Com a realização de uma das atividades legais de tratamento de dados pessoais, de acordo com as regras de aplicação no tempo e no espaço, e não ocorrendo nenhuma das exceções legais, a LGPD deverá incidir e regular a relação jurídica.

O art. 1º esclarece que a LGPD não se limita ao meio virtual ou digital, mas também se aplica aos dados existentes em meio físico. Por exemplo, os endereços da casa e da conta de *e-mail* de uma pessoa natural, o som da sua voz e o registro desse som em um arquivo digital armazenado em seu *smartphone* são protegidos pela LGPD.

A lei compreende o desempenho dessas operações por qualquer pessoa (natural ou jurídica, de direito público ou privado), sobre dados de pessoas naturais.

Portanto, a generalidade da proteção de dados pessoais abrange as operações de tratamento sobre os dados das pessoas naturais, realizadas por pessoas naturais ou por pessoas jurídicas de direito público ou privado. Há algumas exceções (com base no agente ou, principalmente, nos fins pretendidos com o tratamento), previstas no art. 4º da LGPD.

Logo, a LGPD confere segurança jurídica para o desenvolvimento de qualquer operação de tratamento, ao delimitar o que pode (expressamente ou tacitamente) e o que não pode (expressamente ou pela ausência de proibição para os particulares) ser realizado com os dados pessoais.

Busca-se, com isso, assegurar a existência de um ambiente jurídico seguro, nos meios físico e digital, para que os titulares tenham acesso ao tratamento de seus dados pessoais, a fim de saber o que é feito com eles, e para que os agentes de tratamento saibam quais são os direitos e deveres que possuem no desempenho de suas atividades.

Entre as normas da LGPD, destaca-se o art. 5º, que contém um glossário dos conceitos básicos utilizados na lei e que devem previamente ser compreendidos para a sua interpretação e aplicação.

Nesse ponto, segue-se o modelo do Regulamento Geral sobre a Proteção de Dados (GDPR) da União Europeia, que possui uma lista de definições (até maior do que a da LGPD) em seu art. 4º.

De forma mais específica, os incisos V a IX, XVIII e XIX do art. 5º da LGPD mencionam os sujeitos que normalmente atuam nas relações jurídicas com ou sobre dados pessoais, porque fazem parte da relação ou porque possuem a atribuição de verificar a sua legalidade, e são o titular, o controlador, o operador, o encarregado, os agentes de tratamento, o órgão de pesquisa e a autoridade nacional.

O encarregado é um sujeito novo na regulação jurídica brasileira, que será analisado na sequência.

3. O ENCARREGADO NO DIREITO COMPARADO

A regulação do encarregado na Lei Geral de Proteção de Dados brasileira foi diretamente influenciada pelas normas do GDPR da União Europeia.

Porém, suas origens estão na Lei Federal de Proteção de Dados da Alemanha de 1991 (*Bundesdatenschutzgesetz*), que já previa a existência obrigatória de um *Beauftragter für den Datenschutz* (*data protection officer* – DPO) nas organizações públicas e privadas que realizassem atividades de proteção de dados pessoais[1].

Antes mesmo do GDPR, o Considerando nº 49 da Diretiva nº 95/1946 da União Europeia já fazia referência a um responsável pela proteção de dados (*data protection official*) designado pelo controlador, que podia ser empregado ou prestador de serviços, com as funções de garantir que as atividades de tratamento não fossem prejudiciais aos direitos e liberdades dos titulares dos dados, motivo pelo qual deveria exercer as suas funções com independência total.

Ainda, o dever de designação do *data protection official* pelo controlador estava previsto no art. 18.2 da Diretiva nº 95/1946, que tinha as atribuições principais de assegurar, de forma independente, a aplicação interna das

---

[1] Acerca dessa origem: JOHNSSÉN; EDVARDSEN, 2021, p. 67.

normas (nacionais e da Diretiva) sobre tratamento e proteção de dados, e de manter os registros das operações de tratamento realizadas pelo controlador. Em complemento, o art. 20.2 previa que o *data protection official* ou o controlador deveriam notificar a autoridade nacional sobre a realização de atividades de tratamento que pudessem causar riscos específicos para os direitos e liberdades dos titulares dos dados pessoais.

No GDPR da União Europeia, os arts. 37 a 39 contêm as regras sobre a designação do encarregado (*data protection officer* ou DPO) e suas atribuições. O encarregado sempre deve ser designado quando o tratamento de dados for realizado por uma autoridade ou órgão público (exceto os tribunais no desempenho das funções jurisdicionais), ou quando as atividades de tratamento realizadas pelo responsável pelo tratamento (controlador na LGPD) ou do subcontratante (operador na LGPD) necessitarem de um controle regular e sistemático dos titulares dos dados em grande escala, ou as atividades principais do responsável pelo tratamento ou do subcontratante consistirem em operações de tratamento em grande escala de categorias especiais de dados previstas no art. 9º ou de dados pessoais relacionados com condenações penais e infrações previstas no art. 10 (art. 37).

O DPO (também denominado de encarregado no RGPD, a versão portuguesa do GDPR) tem as seguintes características e atribuições principais[2]:

(a) a sua designação é obrigatória em algumas situações específicas: (a.1) quando o tratamento for realizado por uma autoridade ou um organismo público (com exceção dos tribunais no exercício da sua função jurisdicional); (a.2) quando as atividades principais do responsável pelo tratamento (*controller*) ou do subcontratante (*processor*) forem operações de tratamento que demandem um controle regular e sistemático dos titulares dos dados em grande escala, em virtude de sua natureza, âmbito e/ou finalidade; (a.3) ou quando as atividades principais do responsável pelo tratamento ou do subcontratante forem operações de tratamento em grande escala das categorias especiais de dados previstas no art. 9º ou de dados pessoais relacionados com condenações penais e infrações referidas no art. 10 (art. 37). Logo, quando não ocorrer nenhuma dessas hipóteses, não é obrigatória (mas é possível, de modo facultativo) a designação do DPO pelo *controlller*;

(b) o DPO deve participar, de forma adequada e em tempo útil, de todas as questões relacionadas à proteção de dados pessoais, com acesso direto a todo os dados e as operações de tratamento realizadas, com a orientação de todas as pessoas na organização, é o ponto de contato entre o *controller*, a

---

[2] Sobre as hipóteses de designação obrigatória e as atribuições do DPO no GDPR: LAMBERT, 2017, p. 47-50.

autoridade de controle e os titulares, deve apresentar parecer prévio à avaliação de impacto sobre a proteção de dados/*data protection impact assessment* (art. 35.2), além de exercer outras funções e atribuições eventualmente atribuídas pelo *controller* (arts. 38 e 39).

No Uruguai, o art. 4º da Lei nº 18.331/2018 (*Ley de Protección de Datos Personales*) define, em sua letra "h", o *"encargado del tratamiento"*, que é a pessoa física ou jurídica, pública ou privada, que de forma isolada ou em conjunto com outras pessoas, tratar dados pessoais em virtude de designação pelo responsável pela base de dados ou pelo tratamento.

Na Nova Zelândia, o *Privacy Act* de 2020 regula no art. 201 o *privacy officer*, que deve ser uma ou mais pessoas, interna ou externa à organização, designada para estimular o cumprimento dos princípios da privacidade da informação, lidar com as solicitações apresentadas, auxiliar nas investigações administrativas e assegurar que a lei seja cumprida internamente pela organização.

4   O ENCARREGADO NA LEI GERAL DE PROTEÇÃO DE DADOS

O encarregado é definido pelo inciso VIII do art. 5º da Lei Geral de Proteção de Dados da seguinte forma: "pessoa indicada pelo controlador e operador para atuar como canal de comunicação entre o controlador, os titulares dos dados e a Autoridade Nacional de Proteção de Dados (ANPD)".

4.1.   Quem é o encarregado?

O encarregado (ou encarregado pelo tratamento de dados pessoais) é a pessoa indicada pelo operador ou pelo controlador para exercer a função principal de ser o ponto de contato desses dois agentes de tratamento com os titulares dos dados pessoais e com a Autoridade Nacional de Proteção de Dados (ANPD), além de outras funções previstas na LGPD.

O encarregado não é considerado um agente de tratamento na LGPD (art. 5º, IX) e possui atribuições delimitadas na lei. Apesar de não ter as mesmas responsabilidades de controlador e operador[3], o encarregado desempenha funções relevantes, que exigem um conhecimento multidisciplinar e, ao mesmo tempo, de toda a organização em que atua.

Ao contrário das regras sobre o controlador e o operador, a LGPD não especifica quem pode ser encarregado. Diante da ausência de limitação, o

---

[3]   Acerca da possibilidade, a ser verificada no caso concreto, de eventual responsabilidade civil do encarregado: CHINELLATO; MORATO, 2021, p. 654.

encarregado pode ser uma pessoa natural ou jurídica, mais de uma pessoa natural ou jurídica (encarregados) e, até mesmo, um órgão colegiado interno (ou seja, um encarregado, formado por um grupo de pessoas)[4].

Não se trata de uma atividade privativa de bacharel em Direito, ou seja, não há necessidade de formação jurídica ou de ser advogado para atuar como encarregado. Aliás, independentemente do grau de instrução, é necessário que o encarregado tenha um conhecimento amplo nas áreas de sua atuação. Além disso, como se verá adiante, podem ser designados tantos encarregados quantos forem os setores específicos do controlador.

4.2. Quem deve designar o encarregado?

Desde a entrada em vigor da LGPD, todas as pessoas, naturais ou jurídicas, de direito público e privado, que realizarem operações de tratamento de dados pessoais reguladas por ela (logo, que não estiverem inseridas nas exceções do art. 4º), têm o dever de designar um encarregado (art. 41, § 3º, da LGPD).

De forma específica, as pessoas jurídicas de direito público que desempenharem atividades de tratamento têm o dever legal de indicar o encarregado, sem exceção (art. 23, III, da LGPD).

De modo excepcional, o art. 41, § 3º, da LGPD ressalva que a Autoridade Nacional de Proteção de Dados, na sua regulamentação, pode ampliar a definição e as atribuições do encarregado, além de definir hipóteses de dispensa da necessidade de sua indicação, conforme a natureza e o porte do controlador ou o volume de operações de tratamento de dados pessoais realizadas por ele.

Essa regulamentação adveio com a Resolução nº 2/2022 do Conselho Diretor da ANPD, que versa sobre os agentes de tratamento de pequeno porte. São considerados agentes de pequeno porte as microempresas, as empresas de pequeno porte, as *startups*, as pessoas naturais e os entes privados despersonalizados que realizarem operações de tratamento de dados pessoais (art. 2º, I, da de pequeno porte).

O art. 11 da Resolução nº 2/2022 dispensa os agentes de tratamento de pequeno porte de designar o encarregado, ou seja, afasta o dever legal, mas não impede que ocorra essa indicação, de forma *opcional*. Desse modo, duas situações podem ocorrer:

(a) o agente de tratamento de pequeno porte não designa o encarregado, hipótese em que deve disponibilizar um canal de comunicação

---

[4] Sobre o assunto: CARVALHO; MATTIUZZO; PONCE, 2021, p. 371.

com o titular de dados pessoais, preferencialmente na página do controlador na internet, com o objetivo de cumprir o previsto no art. 41, § 2º, I, da LGPD;

(b) o agente de tratamento de pequeno porte designa o encarregado, hipótese em que a ANPD considerará que o controlador adota uma política de boas práticas e governança, na dosimetria de eventual sanção administrativa (art. 52, § 1º, IX, da LGPD).

Logo, de 18 de setembro de 2020 (entrada em vigor do art. 41 da LGPD) a 27 de janeiro de 2022, todas as pessoas naturais e jurídicas de direito privado tinham o dever legal de designar o encarregado.

A partir de 28 de janeiro de 2022, data do início da vigência da Resolução nº 2/2022 da ANPD, os agentes de tratamento de pequeno porte podem optar entre indicar o encarregado ou manter um canal de comunicação com o titular de dados pessoais.

4.3. Quantos encarregados a organização pode ter?

É controversa a possibilidade de designação de mais de um encarregado, para atuar de forma conjunta ou até mesmo para desempenhar suas funções de forma fracionada, em setores diferentes da organização (ex.: administrativo, jurídico, tecnologia da informação, entre outros).

A LGPD permite o uso compartilhado de dados entre controladores e, expressamente, a existência de cocontroladores dos dados pessoais (art. 42, II), ou seja, controladores que exercem de modo simultâneo o tratamento de dados pessoais. Porém, isso não é regulado de forma adequada, porque se restringe a um dispositivo sobre a responsabilidade dos controladores no tratamento de dados pessoais que causar danos ao titular. No GDPR da União Europeia, há a regulação específica no art. 26 dos responsáveis conjuntos pelo tratamento (*joint controllers*), que regula de forma genérica o contrato que pode ser realizado entre eles para o tratamento em conjunto e as suas responsabilidades.

Por exemplo, quando um consumidor fornece alguns de seus dados ao preencher uma ficha cadastral para adquirir um automóvel financiado e realizar a contratação de seguro, três pessoas jurídicas serão cocontroladoras e executarão operações de tratamento desses dados pessoais: a concessionária, a financeira e a seguradora.

Em complemento, como se sabe, os operadores são todas as pessoas (naturais ou jurídicas) que praticarem as atividades de tratamento em nome do controlador. Não há limitação de quantidade na LGPD e o controlador (ou os cocontroladores) pode ter tantos operadores quantos forem necessários para as operações realizadas.

Além de não ter regras expressas e claras sobre a possibilidade da existência de mais de um agente de tratamento (controlador ou operador), a LGPD também não especifica a possibilidade de designação de mais de um encarregado.

Ao contrário, o encarregado, é sempre tratado no singular (arts. 5º, VIII; 23, III; 41, *caput*, §§ 1º a 3º) e, não bastasse isso, o art. 23, III, da LGPD prevê a indicação de apenas "um encarregado" pelas pessoas jurídicas de direito público.

Pode-se afirmar que o controlador e o operador podem designar mais de um encarregado, para atuar de forma conjunta na organização ou até mesmo para desempenhar suas funções de forma fracionada, em setores diferentes (administrativo, jurídico, tecnologia da informação, entre outros)? Por exemplo, a existência de um grande volume de dados tratados, em operações variadas em diversos setores em uma organização com mais de 5 mil funcionários, poderia justificar a indicação de dois ou mais encarregados?

Da mesma forma que é possível extrair da LGPD a permissão implícita para a existência de cocontroladores e de operadores para o tratamento de dados pessoais, também se pode sustentar a possibilidade de designação de encarregados (pessoas naturais ou jurídicas, do quadro de funcionários do controlador ou prestadores de serviços externos).

O principal fundamento a ser utilizado para tal autorização é o princípio da legalidade, segundo o qual, o que não for expressamente proibido em lei é permitido. Contudo, por outro lado, o princípio da legalidade administrativa preceitua o inverso, ou seja, o que não for expressamente permitido em lei é proibido para o agente administrativo. Em consequência, e levando em conta o art. 23, III, da LGPD, as pessoas jurídicas de direito público podem designar apenas um encarregado.

Além disso, o caráter multidisciplinar das funções do encarregado também fundamenta a possibilidade (e a necessidade) de indicação de encarregados, de acordo com as áreas de especialização pertinentes.

Alguns critérios específicos, como a complexidade e o volume de dados tratados, a quantidade de operadores e de outras pessoas envolvidas nessas atividades podem justificar a designação de mais de um encarregado.

Não se trata de uma questão que possa ser regulamentada previamente pela ANPD, com a delimitação de critérios objetivos, mas sim de uma escolha do controlador, de acordo com as necessidades da organização e da quantidade de funções atribuídas ao(s) encarregado(s). Logo, a eventual deliberação do assunto pela ANPD pode ser destinada a esclarecer a permissão legal para a designação de dois ou mais encarregados.

Por exemplo, uma empresa de telefonia controladora dos dados pessoais de milhões de clientes pode designar um encarregado para ser o ponto de contato com os titulares (ou até mesmo mais de um, dividindo as suas atribuições em diferentes regiões do país, ou com base em outros critérios), outro(s) para atuar como ponto de contato com a ANPD (e outros órgãos administrativos, como o Procon), outro(s) para atuar como ponto de contato com o Judiciário (prestar informações, auxiliar os advogados da controladora na defesa em processos judiciais, entre outras atribuições), outro(s) para exercer a função de orientação dos funcionários e dos contratados da entidade a respeito das práticas a serem tomadas em relação à proteção de dados pessoais, outro(s) para atuar no contato com empresas terceirizadas e prestadoras de serviços, entre diversas possibilidades de indicação de encarregados.

Além disso, uma alternativa viável para substituir a designação de diversos encarregados é a criação de um órgão colegiado, que pode tanto ser o encarregado, quanto ter a função de auxiliar o único encarregado indicado. Nesse caso, o colegiado deve ser formado por pessoas que representem os setores da organização envolvidos com as atividades de tratamento (e, eventualmente, outros que possam auxiliar nas operações).

As pessoas jurídicas de direito público, que são limitadas a ter um encarregado, devem levar em conta a possibilidade de formar esse órgão colegiado, para ser ou para apoiar o encarregado no desempenho de suas funções. Nesse sentido, o art. 1º, III, da Resolução nº 363/2021 do Conselho Nacional de Justiça, que regulamenta a adequação dos tribunais à LGPD, prevê a criação de um Grupo de Trabalho Técnico de caráter multidisciplinar (formado por servidores da área de tecnologia, segurança da informação e jurídica, entre outros), com o objetivo de auxiliar o encarregado no desempenho de suas funções.

Em resumo, apesar de a LGPD não ser suficientemente clara sobre a possibilidade de indicação de dois ou mais encarregados, e a despeito de sinalizar a existência de apenas um encarregado por controlador, ao utilizar a expressão no singular (arts. 5º, VIII, 23, III, e 41), a ausência de proibição expressa permite a pluralidade de encarregados, com fundamento no princípio da legalidade (o que não é expressamente proibido em lei é permitido). Por outro lado, o art. 23, III, da LGPD determina a indicação de um encarregado para as pessoas jurídicas de direito público, razão pela qual se pode afirmar que essas pessoas podem ter apenas um encarregado (pessoa natural ou jurídica, da própria organização ou prestador de serviços), considerando o aspecto mais restritivo do princípio da legalidade na Administração Pública (que só pode fazer o que a lei expressamente autoriza).

Em consequência, pode-se afirmar que as pessoas naturais e jurídicas de direito privado podem indicar mais de um encarregado, enquanto as pessoas jurídicas de direito público só podem designar um encarregado.

4.4. Quais são as atribuições do encarregado?

As principais atribuições do encarregado são (art. 41, §§ 2º e 3º, da LGPD):

(a) o recebimento de reclamações e comunicações dos titulares, com as consequentes prestação de esclarecimentos e adoção de providências: o encarregado não se limita a ser um intermediário na comunicação entre as partes (controlador de um lado e titular de outro), mas deve ir além, para oferecer os esclarecimentos que entender adequados (em complemento àqueles prestados pelo controlador ou pelo operador) e participar internamente da adoção das providências adequadas na eventual necessidade de correção de falhas, alteração de processos, modificação ou acréscimo de medidas preventivas, entre outras. Ainda, o encarregado pode contribuir para a adoção de providências, mas não tem poderes legais para determinar que a organização adote as medidas que ele entender adequadas, o que pode ocorrer apenas se o controlador conceder poderes internos a ele para esse fim;

(b) o recebimento de comunicações da ANPD e a adoção de providências: o encarregado também é o ponto de contato entre o controlador e a ANPD, razão pela qual tem a atribuição de receber as comunicações (ofícios, notificações, autuações, entre outras) da ANPD e, a partir delas, executar as medidas e as providências adequadas para o controlador ou o operador cumprir eventuais atos indicados pela autoridade nacional, ou orientá-los para que as observem;

(c) a orientação dos funcionários e de outros contratados e prestadores de serviços da entidade a respeito das práticas a serem tomadas em relação à proteção de dados pessoais: o encarregado tem um dever de educação da proteção de dados, isto é, de modificar a cultura organizacional para que todas as pessoas envolvidas nas atividades do controlador exerçam as suas atribuições com respeito às normas sobre a privacidade e a proteção de dados pessoais. Assim, o encarregado é o supervisor da proteção da privacidade dos dados pessoais na instituição;

(d) a execução das demais atribuições determinadas pelo controlador ou estabelecidas em normas complementares à LGPD: o encarregado deve agir de acordo com as normas externas (Constituição, leis, decretos, medidas provisórias etc.) e internas (Código de Conduta, Política de Privacidade, Política de Acesso de Dados etc.) na proteção dos dados pessoais, ou seja, não tem o poder legal de decisão sobre as atividades de tratamento, que incumbe ao controlador, mas pode auxiliá-lo na regulamentação interna;

(e) o cumprimento das normas complementares expedidas pela ANPD: entre as normas externas que norteiam a conduta do encarregado, a LGPD ressalta especificamente o dever de observância dos atos da ANPD que regulamentarem a LGPD, o que compreende inclusive o acréscimo das atribuições do encarregado e as hipóteses de dispensa de indicação do encarregado, de acordo com a natureza e o porte da entidade, ou com o volume de operações de tratamento de dados realizados por ela (art. 41, § 3º, da LGPD).

Em resumo, o encarregado exerce as atribuições de relacionamento com o titular dos dados pessoais, com a ANPD e com os demais órgãos regulatórios da atividade (ex.: Procon, Banco Central, CNJ), de orientação do controlador e de todas as pessoas na organização a observar as normas protetivas dos dados pessoais no desempenho de suas atividades, entre outras funções administrativas e jurídicas relativas ao tratamento de dados[5].

Portanto, apesar do conceito limitado do inciso VIII do art. 5º da LGPD, o encarregado tem outras funções além de ser um ponto de contato. Entre elas, destaca-se a *função educativa* dos setores da organização acerca do tratamento adequado dos dados.

Considerando as principais atribuições do encarregado (art. 41, §§ 2º e 3º, da LGPD), o conhecimento, a complexidade e o tempo exigidos para o desempenho de todas elas, é recomendável que o encarregado seja um órgão colegiado ou que tenha em seu apoio um grupo de pessoas (de setores representativos da organização), para que as suas atividades sejam realizadas de forma adequada.

---

[5] Sobre as atribuições legais do encarregado: CARVALHO; MATTIUZZO; PONCE, 2021, p. 371.

4.5. Encarregado e DPO são a mesma pessoa?

O encarregado é também conhecido como DPO (*data protection officer*), designação utilizada na versão em inglês do GDPR da União Europeia.

Contudo, o encarregado e o DPO são funções distintas que não podem ser confundidas.

Como pontos comuns, o encarregado e o DPO podem ser uma pessoa natural ou jurídica; possuem autonomia e independência no desempenho de suas funções; orientam os colaboradores da organização e exercem um papel de ponto de contato entre a organização, a autoridade nacional de proteção de dados e os titulares dos dados pessoais (e, por isso, os contatos do DPO e do encarregado devem ser acessíveis de forma simples e adequada).

De outro lado, o encarregado deve ser nomeado por todo controlador (ressalvadas as hipóteses de dispensa definidas pela ANPD), enquanto o DPO só deve ser nomeado nas hipóteses expressamente previstas no GDPR. O DPO possui um comprometimento mais amplo do que o encarregado nas atividades de tratamento e proteção dos dados pessoais, porque o primeiro tem mais autonomia e uma quantidade maior de atribuições na supervisão das atividades de tratamento (e tem um *status* de diretor na organização), enquanto o segundo se limita a orientar os funcionários e contratados (e pode ser um empregado da organização ou um prestador de serviços).

Portanto, apesar das semelhanças e da influência direta do texto do GDPR europeu na elaboração da LGPD brasileira, encarregado e DPO são funções diferentes, que podem coexistir nas organizações localizadas no território nacional que realizarem operações de tratamento de dados submetidas às leis do Brasil e da União Europeia.

Assim, no Brasil, as organizações podem ter encarregado (em cumprimento às normas da LGPD) e DPO (quando as suas atividades de tratamento também se submeterem ao GDPR e se enquadrarem nas hipóteses de designação do *data protection officer*).

5. CONSIDERAÇÕES FINAIS

Como visto, desde a entrada em vigor da LGPD, todas as pessoas que realizarem operações de tratamento de dados pessoais reguladas por ela têm o dever de designar um encarregado (art. 41, § 3º, da LGPD).

Mais especificamente, as pessoas jurídicas de direito público que realizarem atividades de tratamento de dados pessoais têm o dever de indicar um encarregado (art. 23, III, da LGPD), o que não se enquadra nas hipóteses em que a ANPD pode dispensar a necessidade dessa designação (art. 41, § 3º).

Excepcionalmente, os agentes de tratamento de pequeno porte podem deixar de indicar um encarregado, hipótese na qual devem disponibilizar um canal de comunicação com o titular de dados pessoais, preferencialmente na página do controlador na internet.

Ao contrário das regras sobre controlador e operador, a LGPD não especifica quem pode ser encarregado. Diante da ausência de limitação, o encarregado pode ser uma pessoa natural ou jurídica, mais de uma pessoa natural ou jurídica (encarregados) e, até mesmo, um órgão colegiado interno (ou seja, um encarregado, formado por um grupo de pessoas).

Não se trata de uma atividade privativa de bacharel em Direito, portanto, não há necessidade de formação jurídica ou de ser advogado para atuar como encarregado. Independentemente do grau de instrução, é necessário que o encarregado tenha um conhecimento amplo nas áreas de sua atuação e, diante da complexidade de suas atribuições, a empresa pode designar mais de um encarregado.

Entre as atribuições legais do encarregado, as principais são as de recebimento de reclamações e comunicações dos titulares, do recebimento de comunicações da ANPD e a adoção de providências, de orientação dos funcionários e de outros contratados e prestadores de serviços da entidade a respeito das práticas a serem tomadas em relação à proteção de dados pessoais.

REFERÊNCIAS

CARVALHO, Vinicius Marques de; MATTIUZZO, Marcela; PONCE, Paula Pedigoni. Boas práticas e governança na LGPD. In: MENDES, Laura Schertel; DONEDA, Danilo; SARLET, Ingo Wolfgang; RODRIGUES JR., Otavio Luiz. *Tratado de proteção de dados pessoais*. Rio de Janeiro: Forense, 2021.

CHINELLATO, Silmara Juny de Abreu; MORATO, Antonio Carlos. Direitos básicos de proteção de dados pessoais, o princípio da transparência e a proteção dos direitos intelectuais. In: MENDES, Laura Schertel; DONEDA, Danilo; SARLET, Ingo Wolfgang; RODRIGUES JR., Otavio Luiz. *Tratado de proteção de dados pessoais*. Rio de Janeiro: Forense, 2021.

JOHNSSÉN, Filip; EDVARDSEN, Sofia. *Data Protection Officer*. Swindon: BCS, 2021.

LAMBERT, Paul. *The Data Protection Officer*: profession, rules, and role. Boca Raton: CRC Press, 2017.

3

A CONFIDENCIALIDADE E A LEI GERAL DE PROTEÇÃO DE DADOS

Claudio Joel Brito Lóssio e
Coriolano Aurélio Almeida Camargo Santos

1. INTRODUÇÃO

As organizações precisam reconstruir a cada dia os processos internos, seja diante de fatos novos ou principalmente pelo condicionamento provocado pela transformação digital. Empresas buscam aprimoramentos diários não só para melhorar a credibilidade ou o seu valor, mas também para se manterem no mercado atendendo o que fora determinado pela Constituição da República Federativa do Brasil, no que toca o Direito à Proteção de Dados Pessoais.

O cenário provocado pela transformação digital e pela necessidade de uma cultura de proteção de dados é um desafio que pessoas físicas ou jurídicas, tanto do direito público quanto privado, necessitando reconstruir suas políticas, controles e processos, em busca de atingir a conformidade em tratamento de dados, para alcançar as boas práticas de governança.

Como uma empresa poderá iniciar uma cultura de proteção de dados tecnolegal? Além da implementação de políticas, reestruturação dos processos e o *design* de controles, a confidencialidade é um passo fundamental para ser atingido, e a aplicabilidade eficiente de um termo de confidencialidade poderá ser um grande passo para a implantação de uma cultura de proteção de dados em uma organização.

2. SOCIEDADE DIGITAL

A automatização de processos vem se tornando muito comum diante do dia a dia de todos. O termo *informática* é derivado de duas palavras, "informação" e "automática" (VELLOSO, 2017), assim dispositivos informáticos, seja computador, smartphone ou IoT, por exemplo, tornam-se ferramentas condicionantes para a execução de atividades relacionadas aos a fazeres diário como o lazer, o labor e o estudo.

A era dos computadores vive até então três momentos, segundo Mougayar (2017). O primeiro inicia-se não com o surgimento dos computadores, mas sim como tais computadores se tornam economicamente populares e, por conseguinte, estão presentes nos lares e em pequenas empresas, fazendo parte do dia a dia das pessoas. O segundo momento da era dos computadores ocorre com a popularização do maior meio de comunicação de todos os tempos, a internet, a qual, por intermédio das redes sociais e aplicativos de comunicação instantânea, deixa as pessoas cada vez mais próximas, bem como torna-as dependentes de tal ferramenta. O terceiro e atual momento se dá com o surgimento da primeira tecnologia da internet que não pode ser copiada, alterada ou excluída, o Bitcoin, e o protocolo que permite sua existência, a Blockchain. Além disso, vive-se uma época em que vários termos surgem todos os dias e, de certa forma, todos estão interligados, como a Computação Cognitiva, a Inteligência Artificial, a Internet das Coisas, *Big Data*, Mineração de Dados, entre outros.

Portanto, torna-se uma condição ainda mais sensível quando tecnologias que convergem mais a cada dia impacta a vida de pessoas que, além de precisarem se adaptar a essa nova realidade digital, necessitam, no Brasil, se adequar a uma cultura de proteção de dados, por exemplo, ao diploma de proteção de dados nacional, a LGPD, mais precisamente a Lei 13.709/2018.

A inserção de uma cultura de proteção de dados em uma organização é fundamental para a busca tecnolegal em uma organização, seja esta pública ou privada.

2.1. Cibercultura

A cibercultura é um dos termos derivados de *cyber*. Da cibernética foram originadas várias outras nomenclaturas, como o ciberespaço, cibercultura, cibercrime, entre outros. O ciberespaço, segundo Masseno (2016) veio o público pela primeira vez por meio da obra de Gibson (2016), *Neuromancer*, o qual elencou:

> Uma alucinação consensual diariamente experimentada por biliões de operadores legítimos, em cada país, por crianças a quem são ensinados conceitos matemáticos... Uma representação gráfica de dados extraídos de bancos de cada computador do sistema humano. Complexidade impensável. Linhas de luz alinhadas no não espaço da mente, *clusters* e constelações de dados. Como luzes da cidade, afastando-se [...].

O ciberespaço abre oportunidade para promover liberdades fundamentais de pessoas que, por razões particulares e por muitas vezes evidentes, se sentem menos pressionadas em um espaço em que inicialmente não possuía o controle presente.

A problemática é que existem pessoas que, independentemente do meio em que vivem, buscam o ilícito e acreditam que o ciberespaço não tem controle ou não deixa rastros, quando, na verdade, trata-se do contrário e, além disso, existem vários diplomas legais direcionados para a regulação, e a eficiência na investigação nesse meio por vezes pode se tornar ineficiente pela falta de conhecimento suficiente por parte das pessoas envolvidas no caso.

Promover a prevenção ou a repressão ao cibercrime é muito difícil pois são necessários conhecimentos jurídicos e tecnológicos do ilícito, desde o usuário diante dos procedimentos prévios até a ata notarial, boletim de ocorrência, assim como os demais envolvidos no processo de investigação, perícia digital, não se esquecendo dos interpretadores do direito, provedores de conteúdo e de conexão e todos os demais implicados.

A população brasileira não tem uma cultura protetiva relacionada à proteção da imagem, privacidade, dados, entre vários outros direitos fundamentais. Isso ocorre porque muitas vezes as pessoas acreditam que a internet é sem lei, irrastreável, ou que não há ninguém observando-as.

Compreender as possibilidades do ciberespaço é fundamental para que ocorra uma adesão e/ou ascensão da cibercultura consciente, no qual as pessoas utilizariam os dispositivos informáticos e a internet de modo preventivo, principalmente quando se observam os pré-requisitos para que seja realizado o tratamento de dados elencados no art. 1.º da Lei 13.709/2018:

> Art. 1.º Esta Lei dispõe sobre o tratamento de dados pessoais, *inclusive nos meios digitais, por pessoa natural ou por pessoa jurídica de direito público ou privado*, com o objetivo de proteger os direitos fundamentais de liberdade e de privacidade e o livre desenvolvimento da personalidade da pessoa natural (BRASIL, 2018 – grifo nosso).

Propagandas públicas fomentando a educação diante das boas práticas de governança e compreensão sobre as possibilidades e responsabilidades que o tratamento de dados inadequado poderá provocar deveriam ser pautas fixas. Uma mudança cultural deveria ser promovida por meio de educação não somente com base exclusivamente em estar em conformidade com a LGPD, mas também como instrumento de elevação da credibilidade diante da inserção do direito à proteção de dados na visão, missão e valores da organização, por exemplo.

Diante de tal situação, a transmissão de valores relacionados às boas práticas de proteção de dados é fundamental para que organizações minimizem os riscos relacionados a incidentes de segurança da informação, até pelo fato de que não existe a plenitude de segurança, mas o máximo que deve ser feito para que as boas práticas de governança em proteção de dados sejam atingidas.

3. TERMO DE CONFIDENCIALIDADE

A confidencialidade é um dos princípios da segurança da informação, além da disponibilidade e da integridade (PINHEIRO, 2016). A partir desse princípio, pode ser criado um documento interno denominado "termo de confidencialidade", o qual, com base nas políticas de conformidade internas, apresenta as práticas que devem ser confidenciais.

O termo de confidencialidade deve ser utilizado por quem está efetuando um trabalho de *compliance*, advocacia preventiva, políticas de segurança da informação, conformidade no diploma de proteção de dados, implementação de padrões internacionais, como a ISO 27701, entre outros procedimentos que venham propiciar melhorias tecnolegais aos processos internos de uma organização.

A importância da aplicação do termo de confidencialidade, em todos os aspectos, busca a conformidade em uma organização, seja jurídica, tecnológica ou relacionada à governança e à gestão.

Segundo o rito para implementação de um programa de conformidade, é mister apresentar o termo, bem como a acreditação legal do instrumento. Cada tópico deve ser construído de acordo com a realidade da organização, seja pública ou privada, para que todos da organização fiquem a este submetidos.

Em uma organização privada, por exemplo, todos deverão estar em conformidade com o termo de confidencialidade, seja o presidente, diretor, gestor e demais colaboradores diretos e até mesmo os indiretos, quando for necessário manter algo confidencial, como os técnicos de TI, prestadores de serviços, inclusive para os candidatos a uma vaga de trabalho. Há, inclusive, um termo para tal prática, *Tone from the Top*:

> A expressão *Tone from the Top* (ou *Tone at the Top*) pode ser explicada por "O exemplo vem de cima". O sucesso de um Mecanismo de Integridade e Sistema de *Compliance* estará nas mãos do "número um" da organização (dono, CEO, presidente ou equivalente). Ele precisa, de fato, apoiar, engajar-se, desejar e promover o desdobramento dos pilares

em atividades práticas na empresa, tomando para si a responsabilidade de fomentar a comunicação, permeando todos os níveis, a partir do primeiro escalão até alcançar todos os empregados (COMPLIANCE TOTAL, 2020).

A expressão *Tone from the Top* é preconizada também por Crespo (2020). Esse instrumento poderá ser uma grande ferramenta para a reconstrução cultural de proteção de dados, visto que, diante das ações educativas para implementação deste, todo o time tomará conhecimento do que é o tratamento de dados, o mapeamento dos dados da organização, assim como as responsabilidades diante não só da LGPD, mas também dos Códigos Civil, Penal, Consumidor, da CLT, entre outros diplomas legais de nosso ordenamento.

Como exemplo de estrutura referente ao termo de confidencialidade, apresentamos alguns tópicos:

TERMO DE COMPROMISSO DE CONFIDENCIALIDADE

1. PARTES COM SUAS DEVIDAS QUALIFICAÇÕES
2. DENOMINAÇÃO DOS DADOS/INFORMAÇÕES CONFIDENCIAIS
3. DO SIGILO
4. DA PROPRIEDADE
5. DO TRATAMENTO DE DADOS
6. DA VIOLAÇÃO/DO VAZAMENTO
7. DA ANONIMIZAÇÃO/CRIPTOGRAFIA
8. DA RESPONSABILIDADE
9. DAS DISPOSIÇÕES GERAIS
10. DO PRAZO

Cidade: _____, Data: _____

_____
ASSINATURA

_____   _____
Testemunha   Testemunha

4. A CONFORMIDADE TECNOLEGAL

Organizações, sejam públicas ou privadas, sempre possuem dados que devem seguir o rito de sigilo, uma receita, um código de um programa, um processo com deferimento de sigilo, entre outras práticas que devem ser preservadas pela confidencialidade.

Esse cenário cada vez mais catalisado pelo processo de transformação digital condiciona organizações a buscarem a conformidade não só na seara jurídica, uma vez que as tecnologias da informação e a governança estão intrinsecamente relacionadas.

A aplicabilidade do trabalho de *compliance* tecnolegal em uma organização pode ter em sua ementa os diplomas legais previamente citados no parágrafo anterior para promover a prevenção em alguns aspectos, por exemplo:

- Constituição da República Federativa do Brasil de 1988: Implementar por meio das atividades que envolvem as boas práticas, de forma contínua e permanente, cultura de privacidade e proteção de dados de acordo com, entre outros, o inciso, "LXXIX – é assegurado, nos termos da lei, o direito à proteção dos dados pessoais, inclusive nos meios digitais", do artigo 5º (BRASIL, 1988).
- Lei Geral de Proteção de Dados: apresentar os agentes de tratamento assim como elencar o art. 52: "Os agentes de tratamento de dados, em razão das infrações cometidas às normas previstas nesta Lei, ficam sujeitos às seguintes sanções administrativas aplicáveis pela autoridade nacional", entre outros (BRASIL, 2018).
- Código Civil: apresentar, conforme o art. 186: "Aquele que, por ação ou omissão voluntária, negligência ou imprudência, violar direito e causar dano a outrem, ainda que exclusivamente moral, comete ato ilícito". Pode-se também corroborar esse ponto com os arts. 187 e 927 do mesmo diploma legal, entre outros (BRASIL, 2002).
- Código Penal: citar a seção IV "Dos Crimes contra a Inviolabilidade dos Segredos" e reforçar com o art. 154: "Revelar alguém, sem justa causa, segredo, de que tem ciência em razão de função, ministério, ofício ou profissão, e cuja revelação possa produzir dano a outrem". Ademais, mostrar outros aspectos que venham a causar indisponibilidade dos dados ou irresponsabilidades de *backup* ou utilizar os meios de armazenamentos externos de forma diversa do presente nas políticas internas, gerando um dano: "Art. 163. Destruir, inutilizar ou deteriorar coisa alheia" (BRASIL, 1940).

- Código de Defesa do Consumidor: mencionar sobre o direito à proteção dos dados dos consumidores para evitar algum vazamento de dados, por exemplo, violando o direito básico do consumidor presente no art. 6.º: "São direitos básicos do consumidor: [...] VI – a efetiva prevenção e reparação de danos patrimoniais e morais, individuais, coletivos e difusos", e assim ser obrigado a repará-lo (BRASIL, 1990).
- Consolidação das Leis do Trabalho: observe a seguinte situação: um colaborador que, por falta de ação educativa, treinamento, provocar uma violação e/ou vazamento de dados sem nenhuma má-fé poderá ser demitido por justa causa? Em outro exemplo, um colaborador que tenha conhecimento, participe de ações educativas, receba treinamento, provocar uma violação e/ou vazamento de dados com má-fé poderá ser demitido por justa causa? Poderá esse funcionário acionar a empresa por não ter recebido treinamento e, por esse motivo, ter ficado exposto na mídia, afetando-o de forma moral e material? Essas respostas estão presentes neste capítulo.

Essas situações apresentadas são alguns exemplos do que pode constar em programas de conformidade nas organizações da sociedade digital, nos âmbitos jurídicos, tecnológicos e de governança. Portanto, não seria de grande valia a implementação de um programa em conformidade com a LGPD e com outros diplomas legais?

5. CONSIDERAÇÕES FINAIS

Diante do exposto, está evidente que a sociedade tem se inserido cada vez mais no modo digital e que a cultura de proteção de dados deve estar presente em todas as organizações que buscam agregar credibilidade e valor ao seu negócio, além de buscar estar em conformidade com as permanentes legiferações no que toca o direito digital e a proteção de dados pessoais.

Em uma organização privada, por exemplo, todos deverão estar em conformidade com o termo de confidencialidade, seja o presidente, diretor, gestor e demais colaboradores diretos e até mesmo os indiretos, quando for necessário manter algo confidencial, como os técnicos de TI, prestadores de serviços, inclusive para os candidatos a uma vaga de trabalho.

Com uma sociedade cada vez mais digital pelo processo de transformação catalisada pelas novas tecnologias, as organizações são condicionadas a buscar a conformidade não só na seara jurídica, uma vez que as tecnologias da informação e a governança estão intrinsecamente relacionadas.

Será cada vez mais comum organizações públicas ou privadas inserir em sua cultura de forma contínua ações educativas diante dos novos processos, políticas e controles internos voltados não só à proteção de dados, mas aos demais diplomas legais, sendo esse um divisor nas empresas privadas que continuarão no mercado.

REFERÊNCIAS

BRASIL. Constituição da República do Brasil de 1988. Disponível em: http://www.planalto.gov.br/ccivil_03/constituicao/constituicao.htm. Acesso em: 13 fev. 2022.

BRASIL. Decreto-lei 2.848, de 7 de dezembro de 1940. Código Penal. Disponível em: http://www.planalto.gov.br/ccivil_03/decreto-lei/del2848compilado.htm. Acesso em: 1.º jun. 2020.BRASIL. Lei 8.078, de 11 de setembro de 1990. Dispõe sobre a proteção do consumidor e dá outras providências. Disponível em: http://www.planalto.gov.br/ccivil_03/leis/l8078compilado.htm. Acesso em: 1.º jun. 2020.

BRASIL. Lei 10.406, de 10 de janeiro de 2002. Institui o Código Civil. Disponível em: http://www.planalto.gov.br/ccivil_03/leis/2002/l10406compilada.htm. Acesso em: 1.º jun. 2020.

BRASIL. Lei 13.709, de 14 de agosto de 2018. Lei Geral de Proteção de Dados (LGPD). Disponível em: http://www.planalto.gov.br/ccivil_03/_ato2015-2018/2018/lei/L13709.htm. Acesso em: 1.º jun. 2020.

COMPLIANCE TOTAL. *Tone from the Top*, 2020. Disponível em: https://www.compliancetotal.com.br/compliance/tone-from-the-top. Acesso em: 19 ago. 2020.

CRESPO, Marcelo. Desafios nos projetos LGPD. Disponível em: https://www.amcham.com.br/connect/conteudo/apresentacoes/desafios-nos-projetos-lgpd-marcelo-crespo/forum-lgpd-marcelo-crespo-desafios-nos-projetos-lgpd-12-03-2020. Acesso em: 19 ago. 2020.

GIBSON, William. *Neuromancer*. 5. ed. São Paulo: Aleph, 2016. Livro Digital.

MOUGAYAR, William. Blockchain *para negócios*: promessa, prática e aplicação da nova tecnologia da internet. Rio de Janeiro: Alta Books, 2017.

MASSENO, Manoel David. Ciberespaço e território na sociedade mundial em rede, 2016. Disponível em: https://www.academia.edu/30689541/Ciberespa%C3%A7o_e_Territ%C3%B3rio_na_Sociedade_Mundial_em_Rede. Acesso em: 19 ago. 2020.

PINHEIRO, Patricia Peck. *Direito digital*. 6. ed. São Paulo: Saraiva, 2016.

VELLOSO, Fernando de Castro. *Informática*: conceitos básicos. 10. ed. Rio de Janeiro: Elsevier, 2017.

4

REFLEXÕES SOBRE O USO DA INTELIGÊNCIA ARTIFICIAL NO PROCESSO DE RECRUTAMENTO E SELEÇÃO DE COLABORADORES À LUZ DA LEI GERAL DE PROTEÇÃO DE DADOS PESSOAIS BRASILEIRA

VALÉRIA REANI RODRIGUES GARCIA

1. INTRODUÇÃO

Na era da sociedade da informação, marcada pela crescente utilização das novas tecnologias da informação e comunicação, temas como o trabalho, o qual é geralmente entendido como a atividade humana realizada com o objetivo de gerar uma forma de obtenção de subsistência, definido por Karl Marx como a atividade sobre a qual o ser humano emprega sua força para produzir os meios para o seu sustento. O referido trabalho tem sido desenvolvido em plataformas digitais, com a robotização, o uso de algoritmos, *big data*, inteligência artificial (também chamada de *machine learning*), meios de vigilância a distância, entre outros, que também estão cada vez mais presentes no campo laboral.

Partindo disso, o objetivo principal do artigo será demonstrar que o desenvolvimento tecnológico, especialmente a inteligência artificial (IA), tem oferecido às empresas a possibilidade de obter o máximo de informações e controle sobre os colaboradores, prescindindo de qualquer intervenção humana, por meio da tomada automatizada de decisões, inclusive para a contratação de pessoas.

Será analisado o uso da IA no recrutamento de pessoas como um novo arquétipo nos processos seletivos, apontando seus aspectos positivos e negativos de forma geral, bem como os principais riscos à luz de vulnerabilidade do uso da IA no processo seletivo em face ao princípio da não discriminação previsto nos artigos 6.º, IX, e 20, §§ 1.º e 2.º, da Lei 13.709/2018, conhecida como Lei Geral de Proteção de Dados (LGPD), que altera os artigos 7.º e 16 da Lei 12.965, de 23 de abril de 2014 (Marco Civil da Internet), assim como também serão analisada as ponderações da ONU – Organização das Nações Unidas – quanto à moratória para a inteligência artificial; às atividades de tratamento de dados pessoais que devem atender à boa-fé; e à impossibilidade de realização de tratamento de dados para fins discriminatórios ilícitos ou abusivos e de que forma é possível assegurar a proteção mais efetiva, sobretudo, e principalmente com a promulgação pelo Congresso Nacional, em seção solene no dia 10 de fevereiro de 2022, da emenda constitucional que torna a proteção de dados pessoais, inclusive nos meios digitais, um direito fundamental.

2. PROCESSO DE RECRUTAMENTO E SELEÇÃO

Recrutamento e seleção é responsável por conduzir e recepcionar novos colaboradores para a empresa por meio de várias técnicas, metodologia e etapas.

Para Chiavenato (2010, p. 107), "Trata-se de uma escolha recíproca que depende de diversos fatores e circunstâncias". O autor ressalva que, para essa relação ser possível, o setor de recursos humanos deverá comunicar e divulgar as oportunidades de trabalho da organização a fim de que as pessoas saibam como procurá-lo e iniciar o seu relacionamento. Este é o papel do recrutamento: divulgar no mercado as oportunidades que a organização pretende oferecer para as pessoas que apresentem determinadas características desejadas.

2.1. Recrutamento

Em Recursos Humanos, o recrutamento é o processo que busca candidatos para as vagas existentes e possíveis de existir. Essa atividade é sempre desenvolvida e centralizada em uma área, porém, quando existem vagas disponíveis, as atividades são intensificadas. Essa etapa é a primeira a ser realizada para a contratação de um colaborador, que será finalizada quando emitido o contrato definitivo com ou sem período de experiência.

A função do recrutamento é munir a seleção de pessoal com uma importante base de candidatos. O processo de recrutamento é uma das etapas desenvolvidas pelas organizações quando elas abrem um processo seletivo para preenchimento de vagas. É a iniciativa de buscar pessoas interessadas a se candidatar, divulgando a oportunidade em locais de concentração do público que se quer atingir. O recrutamento é feito com base nas necessidades presentes e futuras da empresa para fornecer ela um número suficiente de funcionários e garantir o cumprimento dos seus objetivos, definidos na estratégia do negócio (CAXITO, 2008, p. 27).

Vale comentar a existência do recrutamento interno, o qual viabiliza a motivação, promoção, planos de carreiras dos funcionários, sem a necessidade de fazer anúncios externos. Por sua vez, o recrutamento externo visa à contratação de um novo colaborador, sendo ele disponível no mercado ou que esteja trabalhando em outra empresa. Também é um meio motivador pois busca trazer talento novo, ideias novas, para contribuir com os procedimentos já existentes (LACOMBE, 2005, p. 75.).

2.2. Seleção

A seleção de recursos humanos pode ser definida como a escolha da pessoa certa para determinado cargo específico, ou, mais amplamente, dentre os candidatos recrutados aqueles mais adequados aos cargos existentes na empresa, visando manter ou aumentar a eficiência e o desempenho do pessoal (CHIAVENATO, 2006, p. 165).

Portanto, a seleção consiste no processo de escolha de pessoas que atendam às qualificações, habilidades e conhecimentos necessários para preencher as vagas existentes ou projetadas (SANTORO, 2017, p. 37-59).

Isso posto, a finalidade do processo seletivo é identificar indivíduos com potenciais humanos para o labor e sua provável adaptação às funções organizacionais, isto é, o gerente de recursos humanos deve escolher aqueles que atendem aos requisitos, ao perfil do cargo e aos negócios da empresa (PEREIRA, 2014, p. 62).

Portanto, após a triagem dos candidatos recrutados ocorre a seleção, que é vista como um processo de comparação e primazia, baseada nas informações obtidas da análise de perfil do cargo. Portanto, a comparação decorre da relação estabelecida entre as características dos candidatos e as especificações do cargo definidas pela empresa para, finalmente, acontecer a escolha do candidato que melhor se adéqua ao cargo (SANTORO, 2017, p. 59).

3. *BIG DATA*, ALGORITMOS E INTELIGÊNCIA ARTIFICIAL: AS NOVAS TECNOLOGIAS NOS PROCESSOS SELETIVOS

Num mundo globalizado, o processo de seleção para vagas de emprego que recebem dezenas ou centenas de currículos pode ser uma tarefa bastante complicada, e é natural que tecnologias, como a inteligência artificial e o aprendizado de máquina, sejam usadas para ajudar os setores de recursos humanos das empresas. Assim como o setor financeiro é alterado pelas *fintechs*,[1] a tecnologia transforma as contratações e gera as chamadas *HR techs*.[2]

Os algoritmos que analisam as candidaturas e selecionam os perfis que mais se aproximam das vagas geralmente baseiam seu aprendizado pela avaliação de uma série de currículos anteriores, priorizando as qualificações apresentadas naqueles que resultaram em contratações efetivas para a empresa.

A IA é uma das tecnologias mais adotadas atualmente. Seu emprego maior, inicialmente, era para o envio de propagandas direcionadas aos usuários enquanto navegavam na *web*. Hoje, como visto, tal ferramenta é cada vez mais utilizada pelo departamento de recursos humanos das empresas para selecionar currículos e contratar pessoas. Os sistemas são tão sofisticados que os computadores pré-selecionam os currículos e sabem quando os candidatos mentem pelos adjetivos, verbos e substantivos usados ou, ainda, pela linguagem corporal dos vídeos de apresentação. De acordo com Rafael García Gallardo, diretor-geral da *Leadership & Management School*, a inteligência cognitiva descobre como são as pessoas por meio dos verbos, adjetivos ou substantivos que utilizam ou para a linguagem não verbal, que é vista nos vídeos cada vez mais reivindicados dos aspirantes (LIMÓN, 2018).

O interesse do empregador em aprimorar sua produção e o processo de seleção de mão de obra sempre existiu, estando amparado nas faculdades organizativas empresariais. Assim, o uso de *Big Data*[3] ou a realização de uma

---

[1] *Fintech* é um tipo de empresa financeira que presta seus serviços financeiros com o uso de tecnologias. O termo surgiu com a junção das palavras *financial e technology*, ou "tecnologia financeira" em português. Essas empresas foram criadas com o objetivo de melhorar a oferta de serviços financeiros por meio de sua automação e o aumento da capacidade ao utilizarem tecnologias mais avançadas. As *fintechs* conseguem integrar diversos serviços para o fácil acesso dos utilizadores. Compreende diferentes tipos de tecnologias, como sistemas de pagamentos, cartões de crédito, plataformas de *crowdfunding*, moedas digitais, entre outros.

[2] *HR* é a sigla para *human resources*, recursos humanos em inglês. As *HR Techs* são empresas que desenvolvem soluções tecnológicas para a área. Seu objetivo é melhorar os processos de RH das empresas que utilizam seus serviços. A grande inovação é a possibilidade de aumentar a eficiência e inteligência do setor e, ao mesmo tempo, reduzir os custos.

[3] De acordo com Signes (2019), "o *big data* não consiste apenas no acúmulo de dados e informações, mas também se refere ao conjunto de ferramentas e sistemas computacionais (algoritmos, *machine learning*) que analisam tais dados, buscam

análise prévia pelos gestores de recursos humanos não é novidade. Com efeito, a grande mudança consiste na quantidade de informação analisada pelos algoritmos. Sobre o tema, o pesquisador da Universidade de Valência, Signes (2019), observa que:

> O *"big data"*, os algoritmos e a inteligência artificial permitem atualmente que o empreendedor encontre e processe muito mais informação dos trabalhadores do que a existente até agora (também chamado de *people analytics*). Isso permite a possibilidade de desenvolver perfis automatizados de trabalhadores e inclusive que a própria tecnologia, substituindo os supervisores e responsáveis de recursos humanos, tome decisões que tenham efeitos legais sobre os trabalhadores (contratação, promoções, dispensas etc.).

Moreira (2016, p. 12) aponta que, com o uso das novas tecnologias, o utilizador deixa de ter uma atitude meramente passiva e passa a assumir uma posição ativa, interagindo "com o próprio computador, abolindo as noções de tempo e de espaço à medida que se coloca informação em tempo real e esvanecendo as fronteiras entre os autores e os leitores". Por conseguinte, a Professora alerta que o poder de controle do empregador torna-se cada mais presente e intrusivo, afetando até mesmo a privacidade dos trabalhadores, na medida em que estes, de forma voluntária e involuntária, disponibilizam informações pessoais, dados, fotografias, vídeos, gostos, interesses, necessidades, *hobbies*, opiniões, seja em *blogs*, redes sociais ou em outras plataformas. A internet, o *e-mail*, as redes sociais (*Facebook, Twitter, Instagram, LinkedIn, WhatsApp*), transformaram o colaborador em um "colaborador-transparente" ou "colaborador de vidro", pois existe uma automatização de dados sobre ele. É como se ele vivesse uma espécie de nudez total, que permite ao empregador, com o emprego das NTIC,[4] reunir informações, criar perfis e realizar a sua seleção baseada nesses dados (MOREIRA, 2016, p. 15-17).

---

padrões e correlações recorrentes, a fim de poder realizar previsões. O objetivo é a construção de perfis de cidadãos ou trabalhadores para poder classificá-los por parâmetros introduzidos no próprio algoritmo".

[4] Chamam-se de Novas Tecnologias de Informação e Comunicação (NTIC) as tecnologias e métodos para comunicar, surgidas no contexto da Revolução Informacional ou Terceira Revolução Industrial, desenvolvidas gradativamente desde a segunda metade da década de 1970 e, principalmente, nos anos 1990. A maioria delas caracteriza-se por agilizar, horizontalizar e tornar menos palpável (fisicamente manipulável) o conteúdo da comunicação, por meio da digitalização e da comunicação em redes (mediada ou não por computadores) para a captação, transmissão e distribuição das informações (texto, imagem estática, vídeo e som).

4. DISCRIMINAÇÃO NOS ALGORITMOS, BASE DE DADOS TENDENCIOSA OU DISCRIMINATÓRIA E A TOMADA DE DECISÃO DOS RECURSOS HUMANOS

A intenção dos algoritmos é, na maioria das vezes, tomar decisões sobre o futuro baseados em estatísticas pretéritas, realizando a predição de uma situação. Todavia, usar dados históricos para treinar algoritmos pode significar a reprodução de erros ocorridos no passado pelas próprias máquinas.

Com isso, a tecnologia pode agravar a discriminação nas tomadas de decisões do gestor de recursos humanos ao utilizar dados tendenciosos ou que contenham preconceitos institucionalizados. Essa é a primeira possibilidade para o desenvolvimento de um algoritmo discriminatório.

São vários os exemplos de vieses ocasionados pelas bases de dados tendenciosas, como o uso de algoritmos para realizar contratações de emprego que, ao utilizar os bancos de dados nos quais as mulheres ocupavam menos cargos no mercado de trabalho, fez com que a tecnologia valorizasse mais o gênero masculino para uma contratação (BABO, 2016).

Ademais, até os preconceitos mais subjetivos na sociedade também podem ser acentuados com o uso dessas bases pelos algoritmos, por exemplo, o fato de que recrutadores selecionam mais candidatos com nomes que soam com brancos do que nomes que soam com negros. Portanto, um algoritmo também pode ser discriminatório ao utilizar esse tipo de dado com viés racista e subjetivo para seu aprendizado, assim como se o modelo for treinado com uma base de dados que possui um histórico de várias decisões distorcidas por vieses inconscientes desses recrutadores (HARDT, 2016).

Logo, é possível entender que não criar um viés algorítmico é uma tarefa difícil, pois quase sempre reproduziremos preconceitos estruturais da própria sociedade.

Nesse caso, o uso de algoritmos em análise de currículo pode gerar seleção enviesada, sendo, portanto, essenciais a revisão ou a verificação constantes das decisões automatizadas, e a avaliação da base de informações e a da estrutura de dados utilizada demonstram ser fundamentais, pois, na maioria das vezes, o processo de "desenviesamento" é um ajuste relativamente simples (BABO, 2016).

Foi o caso da *Amazon*, que entre 2014 e 2017 treinou um algoritmo com dados de contratação dos dez anos que antecederam os testes. No entanto, à medida que o algoritmo percebia que as maiores contratações haviam sido de candidatos homens, passou a diminuir a classificação de tudo o que se relacionasse a termos femininos. Quando aparecia a palavra "mulher" em campos como "gênero", nomes de empresas, clubes e associações ou práticas esportivas, o sistema da *Amazon* rebaixava a candidata e seguia com os perfis que não continham esses termos. Os desenvolvedores tentaram corrigir o problema, mas o resultado não foi satisfatório e o algoritmo foi cancelado.

Desde então, o exemplo da *Amazon* tornou-se um dos mais emblemáticos casos de uso de algoritmos para mostrar que empresas devem ter atenção redobrada ao colocar máquinas para fazer seleções de pessoas qualificadas e adequadas a sua cultura e ao ambiente de trabalho.

4.1. Preconceito está em humanos que ensinam as máquinas

As pessoas normalmente pensam que as tarefas executadas pelas máquinas são mais bem feitas do que por humanos. É um fenômeno bem estudado, chamado *viés de automação*.[5] É normal pensarmos que profissionais de recursos humanos e outros selecionadores de currículos têm preconceitos enraizados que podem ser de várias ordens, de rejeição a tatuagens até atitudes de racismo, machismo e homofobia.

Para combater esses erros e tornar a seleção mais imparcial, muitas empresas passaram a adotar ferramentas baseadas em inteligência artificial.

"A premissa básica em que esta tecnologia é baseada é a de que os seres humanos são falhos e os computadores podem fazer as coisas melhor", diz Raymond Berti, um advogado trabalhista da advocacia Akerman LLP, em entrevista a Gershgorn. "Obviamente, as coisas não são tão simples assim. Não estamos em um ponto em que os empregadores possam se sentar e deixar os computadores fazer todo o trabalho."

5. LEGISLAÇÃO INTERNACIONAL DE PROTEÇÃO DE DADOS DA UNIÃO EUROPEIA – REGULAMENTO GERAL DE PROTEÇÃO DE DADOS – RGPD OU GDPR – GENERAL DATA PROTECTION REGULATION

Big data não é moda. A aplicação de *big data analytics* se espalhou por todos os setores públicos e privados. Os eletrodomésticos estão começando a falar conosco, com inteligência artificial, computadores estão substituindo jogadores profissionais de jogo de tabuleiro por máquina e algoritmos de aprendizagem estão diagnosticando doenças.

---

[5] Viés de automação é um tipo de viés cognitivo que narra a tendência humana de confiar mais no parecer de sistemas tecnológicos automatizados do que nos pareceres de outros seres humanos. Em outras palavras, o viés de automação é o motivo pelo qual acreditamos que seres humanos são mais falhos e/ou menos válidos, quando comparados com algoritmos.

O combustível que impulsiona todos esses avanços é a *big data* – vastos e diferenciados conjuntos de dados que estão constante e rapidamente sendo adicionados. E o que exatamente compõem esses conjuntos de dados? Bem, muitas vezes são dados pessoais, a exemplo de formulários *on-line*, que preenchemos para a candidatura a um novo emprego; as estatísticas de nossa forma física, rastreadores gerados a partir de uma corrida e a telemetria veicular em que a tecnologia permite a coleta remota de informações de um veículo. Por esse sistema a gestão de frotas tem controle maior sobre dados como velocidade média, distância percorrida, consumo de combustível e temperatura do motor.

Portanto, é claro que o uso de *big data* tem implicações para privacidade, proteção de dados e os direitos associados dos indivíduos – direitos reforçados por meio da implantação do Regulamento Geral de Proteção de Dados (RGPR).

De acordo com o RGPD, ou, em inglês, GDPR (*General Data Protection Regulation*), regras rígidas em vigor na União Europeia desde 2018 aplicam-se à arrecadação e ao uso de dados pessoais. Além de transparentes, as organizações precisam ser mais responsáveis pelo que eles fazem com dados pessoais. Isso não é diferente para *big data*, IA e *machine learning*.

No entanto, implicações não são barreiras. Não é um caso de optarmos por *big data* "ou" proteção de dados, ou ainda proteção de dados "versus" *big data*. Essa seria a forma errônea de abordar tal discussão. A privacidade não é um fim em si mesma, é um direito à sua habilitação.

Incorporar privacidade e proteção de dados na análise de *big data* não permite apenas benefícios sociais, como dignidade, personalidade e comunidade, mas também benefícios organizacionais como criatividade, inovação, credibilidade, transparência e confiança. Em suma, a privacidade e a proteção de dados possibilitam que a *big data* faça todas as coisas boas que pode fazer, no entanto isso não quer dizer que alguém não deve ser responsável pelo uso dessa tecnologia e sobretudo estar lá supervisionando a *big data* e prestar contas de sua utilização.

No admirável mundo novo de *big data*, IA e *machine learning*, a preocupação com a forma de uso dessas tecnologias, é mais relevante do que nunca. Faz-se imprescindível a supervisão dos algoritmos, à luz de nossa Lei Geral de Proteção de Dados Pessoais Brasileira 13.709/2018, legislação nascida e inspirada na GDPR da União Europeia, que exige precisão quanto ao uso não discriminatório de dados pessoais; legislação que também nos incumbe do dever de realizar auditorias, ordenar ação corretiva e emitir sanções de cunho monetário.

6. A DISCRIMINAÇÃO ALGORÍTMICA, A LEI GERAL DE PROTEÇÃO DE DADOS PESSOAIS E A TUTELA DA PESSOA HUMANA

No Brasil, há diversas citações no ordenamento jurídico que defendem a não discriminação. Seria o caso do princípio da não discriminação (art. 3.º, IV, da Constituição Federal), o princípio da igualdade formal (art. 5.º da Carta Magna), entre outros.

De maneira específica, a Lei 13.709/2018 – conhecida como LGPD – Lei Geral de Proteção de Dados – dispõe sobre a proteção de dados pessoais alterando os artigos 7.º e 16 da Lei 12.965, de 23 de abril de 2014 (Marco Civil da Internet) e, no que diz respeito à discriminação, contém uma previsão central, o chamado *princípio da não discriminação*, disposto no artigo 6º, IX, segundo o qual há "impossibilidade de realização do tratamento [de dados pessoais] para fins discriminatórios ilícitos ou abusivos". Além desse princípio, a LGPD traz outros dispositivos que visam regulamentar os direitos dos titulares com relação a decisões automatizadas.

Dessa feita, e ainda no que concerne ao disposto no artigo 6º, IX, o *princípio da não discriminação* deve ser refletido em todas as circunstâncias em que o uso de dados, sejam sensíveis ou não, gere algum tipo de desvalor ou indução a resultados que seriam não equitativos, devendo, portanto, esse princípio servir como base de sustentação da tutela de dados sensíveis, especialmente quando estamos diante do exercício democrático e de direitos sociais, tais como o direito ao trabalho, sem discriminação, saúde e moradia.

Ressaltamos que uma das práticas em que há um alto potencial de causar discriminações é o *profiling*, ou perfilhamento, é a criação, por parte do controlador do perfil do titular de dados, de parametrização, de forma a padronizar, quer positiva ou negativamente, com o intuito de servir como referência para avaliação sobre alguns aspectos da personalidade do titular dos dados.

Conforme explicado por Moraes (2016, p. 21), tal prática ocorre da seguinte maneira:

> [...] uma vez munidas de tais informações (dados pessoais), entidades privadas e governamentais tornando-se capazes de "rotular" e relacionar cada pessoa a um determinado padrão de hábitos e de comportamentos, situação que pode favorecer inclusive graves discriminações, principalmente se analisados dados sensíveis.

Além desse princípio, a LGPD traz outros dispositivos que visam regulamentar os direitos dos titulares quanto a decisões automatizadas, conforme artigo 20, §§ 1.º e 2.º, que tratam do direito à revisão das decisões tomadas unicamente com base em tratamento automatizado, bem como outros que fornecem limitações gerais ao tratamento de dados pessoais, que, por óbvio, afetam qualquer tomada de decisão, inclusive os automatizados, *in verbis*:

> Art. 20. O titular dos dados tem direito a solicitar a revisão de decisões tomadas unicamente com base em tratamento automatizado de dados pessoais que afetem seus interesses, incluídas as decisões destinadas a definir o seu perfil pessoal, profissional, de consumo e de crédito ou os aspectos de sua personalidade. (Redação dada pela Lei n.º 13.853, de 2019.)
>
> § 1.º O controlador deverá fornecer, sempre que solicitadas, informações claras e adequadas a respeito dos critérios e dos procedimentos utilizados para a decisão automatizada, observados os segredos comercial e industrial.
>
> § 2.º Em caso de não oferecimento de informações de que trata o § 1.º deste artigo baseado na observância de segredo comercial e industrial, a autoridade nacional poderá realizar auditoria para verificação de aspectos discriminatórios em tratamento automatizado de dados pessoais.

No entendimento de Pinheiro (2020, p. 103), esse é um artigo ainda mais polêmico, visto que envolve as situações com uso de métodos automatizados de análise de dados, como ocorre, por exemplo, em processo de seleção, quando há um grande volume de informações de perfis de candidatos.

Certamente, em função do grande número de informações, o uso de *machine learning*, IA, é uma forma de melhoria da análise, com a aplicação de *data analitycs* com *big data*.

Nessa seara, apesar de a lei prever que o titular possa requerer que seja revisto, muito provável que será aplicada a mesma fórmula de análise analítica, com os algoritmos, mas o processo utilizado deve ser devidamente esclarecido por um ser humano para alcançar o resultado. Vislumbramos riscos negativos, cuja cautela é recomendada, no sentido de ter um cuidado, pois há a liberdade de contratar entre as partes, bem como o segredo do negócio, direitos protegidos tanto pelo ordenamento jurídico nacional quanto pelo internacional.

Entretanto, por mais que as legislações proíbam a discriminação, pode ser extremamente difícil descobrir se os seres humanos cometeram atos discriminatórios ou não. Isso porque as pessoas podem dissimular ou até, em muitos casos, nem saber que perpetraram ou sofreram um ato discriminatório. Assim sendo, um juiz pode estar sendo racista em seus julgamentos, um recrutador de candidatos para vaga de trabalho pode estar sendo machista ou feminista, ou tendencioso e protecionista em suas contratações e a polícia pode estar cometendo preconceito social em inquéritos policiais. Entre vários outros exemplos, podemos afirmar que a discriminação na sociedade é opaca e ocorre, na maioria das vezes, de forma tão institucionalizada, enraizada, que dificilmente é punida.

Ao reproduzir os dados de uma sociedade preconceituosa em uma máquina ou ao descuidar sobre as várias outras possibilidades em que um algoritmo pode ser discriminatório, descritas neste texto, a tecnologia pode perpetuar desigualdades, discrepâncias sociais e inclusive agravá-las por meio do *feedback loop*.[6] Todavia, identificar a discriminação algorítmica não é impossível. Certamente, os algoritmos não são decifráveis (BABO, 2016). Afinal, não se pode determinar o que um algoritmo fará ao ler um código. Isso é mais do que uma limitação cognitiva, é uma impossibilidade matemática, pois, para saber o que um algoritmo fará, é preciso executá-lo para constatação.

7. INTELIGÊNCIA ARTIFICIAL E UMA ABORDAGEM DOS DIREITOS HUMANOS

O gatilho para a avaliação de riscos aos direitos humanos que a inteligência artificial pode causar é definir esses direitos no contexto da era digital. O Conselho de Direitos Humanos da Organização das Nações Unidas (ONU) definiu em 2016 que "direitos humanos que as pessoas têm *off-line* devem ser também protegidos *on-line*"[7]. Isso significa que tratados internacionais sobre direitos humanos definidos antes do desenvolvimento dessas tecnologias, como o Pacto Internacional de Direitos Civis e Políticos (1966), aplicam-se da mesma forma tanto no cenário *on-line* quanto no *off-line*.

No entanto, pergunta-se se as legislações internacionais e nacionais relativas à proteção de direito humanos são suficientes neste cenário de desenvolvimento de novas tecnologias. Para analisar essa questão, é necessário primeiramente elencar os riscos trazidos aos direitos humanos por técnicas de inteligência artificial.

Nesse cenário de incerteza jurídica, a Inteligência Artificial (IA) tem levantado controvérsia e os apelos para travar a sua utilização ou a proibição total da tecnologia estão aumentando de tal maneira que, em setembro

---

[6] Segundo Diniz (2016), *Feedback Loop* é um meio de os responsáveis pelo envio de *e-mail marketing* ficarem sabendo se o seu público marca o conteúdo enviado como *spam*. A maioria dos serviços de *e-mail* via *web* ou *software* de hoje em dia conta com essa ação, mas o remetente não a recebe.

[7] Conselho de Direitos Humanos da ONU, A/HRC/32/L.20, 27 de junho 2016.

de 2021, a Alta-Comissária da Organização das Nações Unidas, Michelle Bachelet, juntou-se ao grupo de especialistas que pretendem impulsionar a tomada de medidas governamentais para manter os algoritmos sob controle.

Além disso, Bachelet defendeu a proibição de algumas aplicações de IA que, alegadamente, contrariam a lei internacional dos direitos humanos, como a pontuação social de indivíduos com base em critérios discriminatórios:

> Não podemos dar-nos ao luxo de continuar a jogar à apanhada em relação à IA – permitindo a sua utilização com poucas ou nenhumas barreiras ou supervisão e lidar com as consequências quase inevitáveis dos direitos humanos depois disso.

A comissária afirma que não há salvaguardas em vigor para garantir que a tecnologia seja utilizada de forma responsável, pelo que os governos devem tratar da matéria com urgência. A posição surge no seguimento de um novo relatório para investigar o impacto da IA nos direitos humanos, como a privacidade, saúde, educação, liberdade de circulação ou liberdade de expressão e que recomenda moratórias sobre a venda e uso de IA para casos de alto risco, avança a Reuters. Embora se tenha verificado que a IA é, de forma geral, uma "força do bem", o relatório destacou o "inegável e crescente" impacto nos princípios dos direitos humanos.

Afirma Bachelet que, atualmente, os algoritmos já estão presentes em todos os aspectos da vida da maioria das pessoas e já estão envolvidos em sistemas que tomam decisões críticas, relacionados com serviços públicos ou emprego. É de notar que, em 2021, o algoritmo foi utilizado para prever as classificações escolares dos alunos britânicos, e atribuiu notas mais altas aqueles que viviam em zonas mais caras. Assim, é nítido o risco de discriminação ligado a decisões orientadas pela IA – decisões que podem mudar, definir ou prejudicar vidas humanas – é demasiado real. É por isso que deve haver uma avaliação sistemática e monitorização dos efeitos dos sistemas de IA para identificar e mitigar os riscos dos direitos humanos.[8]

O relatório das Nações Unidas chamou a atenção, em particular, para a utilização de algoritmos para fins de vigilância, e especialmente tecnologias biométricas como o reconhecimento facial, que é utilizado para identificar pessoas em tempo real e à distância. O relatório nota que deve haver uma moratória sobre a utilização dessas tecnologias em espaços públicos, até ser provado que não há problemas de precisão ou um impacto discriminatório,

---

[8] ONU – Organização das Nações Unidas. Notícias. Chefe de Direitos Humanos da ONU pede moratória para inteligência artificial.

enquanto a Comissão Europeia condena por completo a utilização do reconhecimento facial nesses espaços.

Bachelet reconhece o poder da IA para servir as pessoas, mas também é inegável a capacidade da IA de alimentar violações dos direitos humanos em uma escala enorme, praticamente sem visibilidade. É preciso agir agora para colocar uma proteção dos direitos humanos sobre o uso de IA, para o bem de todos nós.

Diante das sérias ameaças representadas pela inteligência artificial aos direitos humanos, convém uma pausa no uso e nas vendas dessas tecnologias até que políticas adequadas de proteção entrem em vigor.

8. PROTEÇÃO DE DADOS COMO DIREITO FUNDAMENTAL GARANTIDO PELA CONSTITUIÇÃO FEDERAL

O Congresso promulgou, no dia 10.02.2022, em sessão solene, a emenda à Constituição que torna a proteção de dados pessoais, inclusive nos meios digitais, um direito fundamental. O tema tramitava no Congresso desde 2019. Teve origem no Senado, onde foi aprovado, e foi para a análise da Câmara dos Deputados, onde sofreu alterações e voltou para nova apreciação do Senado, o que ocorreu no fim de outubro de 2021. A Emenda Constitucional 115/2022 foi publicada na edição de 11.02.2022 do *Diário Oficial da União*[9].

Ao consultar a Constituição Federal, já podemos encontrar o novo Direito Fundamental do artigo 5º:

> LXXIX – é assegurado, nos termos da lei, o direito à proteção dos dados pessoais, inclusive nos meios digitais. (Incluído pela Emenda Constitucional nº 115, de 2022)
>
> § 1º As normas definidoras dos direitos e garantias fundamentais têm aplicação imediata.
>
> § 2º Os direitos e garantias expressos nesta Constituição não excluem outros decorrentes do regime e dos princípios por ela adotados, ou dos tratados internacionais em que a República Federativa do Brasil seja parte.

8.1 Qual a implicação do novo direito para a sociedade brasileira

O novo mandamento constitucional reforça a liberdade dos brasileiros, pois ele vem instalar-se em nossa Constituição em socorro da privacidade do cidadão. Os dados, as informações pessoais pertencem, de direito, ao indivíduo e a mais ninguém.

---

[9] Promulgada a PEC que inclui a proteção de dados pessoais entre direitos fundamentais do cidadão. Fonte: Agência Câmara de Notícias.

Portanto, cabe ao indivíduo, e tão somente a ele, o poder de decidir a quem esses dados podem ser revelados e em que circunstâncias, ressalvadas exceções legais muito bem determinadas, como é o caso de investigações de natureza criminal realizadas com o devido processo legal.

Agora, a proteção de dados se incorpora à Constituição como uma cláusula pétrea, ou seja, não pode ser alterada. Os direitos fundamentais são considerados valores inerentes ao ser humano, como sua liberdade e dignidade. Entre os direitos fundamentais garantidos na Constituição, estão a livre manifestação de pensamento, a liberdade de crença e a inviolabilidade da intimidade, da vida privada, da honra e da imagem das pessoas.

A emenda promulgada leva ao texto constitucional os princípios da LGPD (Lei Geral de Proteção de Dados Pessoais). A lei disciplina o tratamento de dados pessoais em qualquer suporte, inclusive em meios digitais, realizado por pessoas físicas ou jurídicas, de direito público ou de direito privado, com o objetivo de garantir a privacidade dos indivíduos. A emenda é assertiva porque dá ao tratamento de dados a mesma importância da privacidade, que já contava com proteção constitucional.

Estamos diante de direitos que antes eram absolutos, direito à intimidade, à vida privada. O mundo da internet, com o indivíduo conectado em tempo integral, se volta contra ele mesmo, que ora é vítima do crime, ora é vítima do mercado, ora é vítima de discriminação em ambiente laboral e, sobretudo, no tocante à proposta deste trabalho: é vítima da inteligência artificial, que no processo de recrutamento e seleção, agora terá, além das reflexões relacionadas a proteção de dados diante da LGPD, outra importante observância quanto à proteção de dados como um direito fundamental constitucional.

Os riscos e impactos de possíveis violações ficam mais expressivos. Não basta apenas mapear dados, contratar ferramentas e elaborar documentos, é preciso compreender a real importância da preservação da privacidade nas relações, fortalecendo, dessa forma, as relações comerciais e a continuidade nos negócios das organizações, bem como a transparência com clientes e titulares de dados pessoais.

A Autoridade Nacional de Proteção de Dados (ANPD) é o órgão federal responsável por dar efetividade à LGPD no País. As principais competências da ANPD são zelar, implementar e fiscalizar o cumprimento da LGPD, além de orientar e explicar para a população como a Lei Geral de Proteção de Dados Pessoais é aplicada no Brasil.

Por fim, a importância dos direitos à privacidade e à proteção de dados pessoais estarem elencados no art. 5º da Constituição Federal é que os direitos fundamentais são garantias com o objetivo de promover a dignidade humana e de proteger os cidadãos. O direito à privacidade e à proteção de dados pessoais é essencial à vida digna das pessoas, principalmente nesse contexto de total inserção na vida digital.

9. CONSIDERAÇÕES FINAIS

Constatamos que ensinar às máquinas a contratar pessoas já gerou sérios problemas em grandes empresas como a *Amazon*. Isso porque o *deep learning*, método para "ensinar" sistemas de inteligência artificial a realizar tarefas a partir de padrões óbvios para os seres humanos, usa informações históricas para aprender melhor sobre nossos padrões.

Assim, se o maior número de contratações na última década foi de homens brancos, qualquer termo relacionado a grupos opostos (mulheres e negros, por exemplo) são pior classificados no *ranking* de seleção.

O resultado: o padrão que, por vezes, não é benéfico é mantido. Aqui, vale ressaltar que o objetivo principal desse tipo de automação é justamente combater a influência dos vieses humanos a despeito das decisões de contratação, que não estão sendo respeitados. Nesse caso, o sistema automatizado não gera necessariamente escolhas melhores, e, nessa seara, cremos, indiscutivelmente, que esse fato é parte do viés de automação.

Vale lembrar que há uma tendência na adoção dos algoritmos para automatizar de tudo – até os investimentos.

Nesse contexto, verifica-se que existem diversos tipos de discriminação algorítmica por meio dos vieses na utilização das bases de dados, replicando preconceitos que representam muito mais as pessoas que os programam, mas como uma capacidade muito superior de discriminação por diferenças de representação ou precisão, pela seleção de *features*.

Muito diferente do normalmente considerado por muitos pesquisadores, os vieses algorítmicos, embora tecnicamente complexos, também podem ser relativamente simples de ser identificados e solucionados, inclusive, bem mais rapidamente do que consertar vieses cognitivos ou preconceitos institucionalizados. Contudo, certamente é necessária a adoção de boas práticas para desenvolver algoritmos com maior nível de equidade e com tratamentos éticos. Sem isso, as consequências podem ser imprevisíveis e inimagináveis.

Por conseguinte, regulamentação e boas práticas do mercado podem e devem auxiliar na definição desses padrões, de modo que contribuam para o nível de equidade que queremos e para um conceito de boa sociedade da IA aceitável. É fundamental que todos os *stakeholders* e toda a corporação estejam alinhados aos cuidados mínimos necessários para mitigar a probabilidade da discriminação algorítmica, reduzir os impactos gerados, viabilizando e impulsionando a pesquisa e o uso do conhecimento técnico para amenizar essa problemática.

Por fim, vale lembrar que a regulamentação da discriminação algorítmica não deve depender da regulamentação da inteligência artificial. Sabemos que o nível de transparência e *accountability*[10] de legislações para a IA está envolta de polêmicas discussões sobre a aceitabilidade, a eficiência e a viabilidade das medidas. Contudo, os esforços de regulamentação podem contribuir para que possamos ter empresas mais responsáveis e desenvolvedores que se preocupem não em gerar mais preconceitos (quando da construção de modelos automatizados de *machine learning*), mas sim algoritmos supervisionados de maneira a tratar a privacidade não como um fim em si mesma, mas como um real direito do titular dos dados, na forma preconizada da Lei Geral de Proteção de Dados Brasileira, conhecida como o acrônimo de LGPD, e emenda à Constituição que torna a proteção de dados pessoais, inclusive nos meios digitais, um direito fundamental. A Emenda Constitucional 115/2022 foi publicada na edição de 11.02.2022 do *Diário Oficial da União*.

REFERÊNCIAS

ACCOUNTABILITY. *Linguee DeepL*. Disponível em: https://www.linguee.com.br/ingles-portugues/traducao/accountability.html. Acesso em: 1.º out. 2020.

BABO, Gustavo Schainberg S. Discriminação algorítmica: origens, conceitos e perspectivas regulatórias. Partes 1 e 2. 2016. Disponível em: https://www.dtibr.com/post/discriminação-algor%C3%ADtmica-origens-conceitos-e-perspectivas-regulatórias-parte-2. Acesso em: 1.º out. 2020.

BRASIL. Constituição. *Constituição da República Federativa do Brasil de 1988*. Disponível em: http://www.planalto.gov.br/ccivil_03/constituicao/constituicao.html. Acesso em: 1.º out. 2020.

BRASIL. Lei 13.709, de 14 de agosto de 2018. *Lei Geral de Proteção de Dados Pessoais (LGPD)*. Brasília, 15 ago. 2018. Disponível em: http://www.planalto.gov.br/ccivil_03/_ato2015-2018/2018/lei/L13709.htm. Acesso em: 1.º out. 2020.

CAMPELLO, Tatiana; OLIVEIRA Matheus Azevedo Bastos de. *Big data* e os limites da privacidade. *In*: MAZZOLA, Marcelo; MENDES, Paulo Parente Marques; ROCHA FILHO, Valdir de Oliveira (org.). *Propriedade intelectual*: reflexões contemporâneas. Curitiba: CRV, 2018. p. 171-199.

CAXITO, Fabiano de Andrade. *Recrutamento e seleção de pessoas*. Curitiba: Ed. IESDE Brasil, 2008.

---

10 *Accountability*: responsabilidade integral; prestação de contas.

CHIAVENATO, Idalberto. *Recursos humanos*: o capital humano das organizações. São Paulo: Atlas, 2006.

CHIAVENATO, Idalberto. *Gestão de pessoas*: o novo papel dos recursos humanos nas organizações. 3. ed. Rio de Janeiro: Elsevier, 2010.

CONSELHO DE DIREITOS HUMANOIS DA ONU , A/HRC/32/L.20, 27 de junho 2016.

CONSTITUIÇÃO DA REPÚBLICA FEDERATIVA DO BRASIL. 2018. Disponível em: http://www.planalto.gov.br/ccivil_03/constituicao/constituicao.htm. Acesso em: 12 fev. 2022.

DINIZ, Ademir. Você sabe o que é *Feedback Loop*? 2016. Disponível em: https://www.mediapost.com.br/blog/voce-sabe-o-que-e-feedback-loop/. Acesso em: 1.º out. 2020.

DONEDA, Danilo. *Da privacidade à proteção de dados pessoais*: fundamentos da Lei Geral de Proteção de Dados Pessoais. 2. ed. rev. e atual. São Paulo: RT, 2020.

FINTECH. *Dicionário financeiro*. Disponível em: https://www.dicionariofinanceiro.com/fintech/. Acesso em: 1.º out. 2020.

GARCIA, Valéria Reani Rodrigues. O impacto preliminar da Lei Geral de Proteção de Dados brasileira nas relações de trabalho e os recursos humanos. *In*: CANTO DE LIMA, Ana Paula M.; HISSA, Carmina Bezerra; SALDANHA, Paloma Mendes (coord.). *Direito digital*: debates contemporâneos. São Paulo: RT, 2019. p. 179-193.

GDPR. General data Protection Regulation. Disponível em: https://eur-lex.europa.eu/search.html?qid=1601843606614&text=GDPR%202018&scope=EURLEX&type=quick&lang=en. Acesso em: 1.º out. 2020.

GERSHGORN, Dave. Companies are on the hook if their hiring algorithms are biased. Disponível em: https://qz.com/1427621/companies-are-on-the-hook--if-their-hiring-algorithms-are-biased/. Acesso em: 1.º out. 2020.

GÓES, Murilo. TIC e NTIC – Tecnologias de Informação e Comunicação. Disponível em: http://www.upvix.com.br/_public/ensinos/pv/downloads/2019-T-Medicina-Redacao-Murilo-Tecnologias-na-prova-de-linguagens.pdf. Acesso em: 1.º out. 2020.

HARDT, Hardt. Equality of opportunity in machine learning. 2016. Disponível em: https://ai.googleblog.com/2016/10/equality-of-opportunity-in-machine.html. Acesso em: 1.º out. 2020.

HR TECH. *HR Tech*: O que isso significa para você? Disponível em: https://jobs.revelo.com.br/ebooks/hr-tech-o-que-isso-significa-para-voce. Acesso em: 1.º out. 2020.

LACOMBE, Francisco. *Recursos humanos*: princípios e tendências. São Paulo: Saraiva, 2005.

LIMÓN, Raúl. Los ordenadores seleccionan tu currículo y saben cuándo mientes. *El País*, 2018. Disponível em: https://elpais.com/tecnologia/2018/10/30/actualidad/1540923996_431254.html. Acesso em: 1.º out. 2020.

MORAES, Maria Celina Bodin de. *O princípio da dignidade da pessoa humana*. Na medida da pessoa humana. Rio de Janeiro: Processo, 2016.

MOREIRA, Teresa Alexandra Coelho. A privacidade dos trabalhadores e a utilização de redes sociais *on-line*: algumas questões. *In*: MOREIRA, Teresa Alexandra Coelho. *Estudos de direito do trabalho*. Coimbra: Almedina, 2016. v. 2, p. 11-69.

MULHOLLAND, Caitlin; FRAJHOF, Isabella Z. Inteligência artificial e a Lei Geral de Proteção de Dados Pessoais: breves anotações sobre o direito à explicação perante a tomada de decisões por meio de *machine learning*. *In*: FRAZÃO, Ana; MULHOLLAND, Caitlin (coord.). *Inteligência artificial e direito*: ética, regulação e responsabilidade. São Paulo: RT, 2019. p. 265-292.

OLIVEIRA, José Carlos Oliveira e TRIBOLI, Pierre - Agência Câmara de Notícias Câmara dos Deputados- Direito e Justiça – Promulgada a PEC que inclui a proteção de dados pessoais entre direitos fundamentais do cidadão. Disponível em: https://www.camara.leg.br/noticias/850028-promulgada-pec-que-inclui-a--protecao-de-dados-pessoais-entre-direitos-fundamentais-do-cidadao/. Acesso em: 12 fev. 2022.ONU – Organização das Nações Unidas. Notícias - Chefe de Direitos Humanos da ONU pede moratória para inteligência artificial. Disponível em: https://brasil.un.org/pt-br/144671-chefe-de-direitos-humanos--da-onu-pede-moratoria-para-inteligencia-artificia. Acesso em: 12 fev. 2022.

PEREIRA, Maria Célia Bastos. *RH essencial*. São Paulo: Saraiva, 2014.

PINHEIRO, Patricia Peck. *Proteção de dados pessoais*: comentários à Lei n. 13.709/2018 (LGPD). 2. ed. São Paulo: Saraiva Jur, 2020.

SANTORO, Sergio. O recrutamento interno e sua relação com o desenvolvimento profissional e retenção de talentos. *ReFAE – Revista da Faculdade de Administração e Economia*, São Paulo, v. 8, n. 2, p. 37-59, 2017.

SIGNES, Adrián Todolí. La gobernanza colectiva de la protección de datos en las relaciones laborales: *big data*, creación de perfiles, decisiones empresariales automatizadas y los derechos colectivos. *Revista de Derecho Social*, Valencia, n. 84, p. 69-88, 2018. Disponível em: https://dialnet.unirioja.es/servlet/articulo?codigo=6772523. Acesso em: 1.º out. 2020.

SIGNES, Adrián Todolí. Algoritmos para contrataciones y despidos. ¿Son legales lasdecisiones automatizadas sobre trabajadores? *Blog Argumentos en Derecho Laboral*, 21 fev. 2019. Disponível em: https://adriantodoli.com/2019/02/21/algoritmos-para-contrataciones-y-despidos-son-legales-las-decisiones-automatizadas-sobre-trabajadores/. Acesso em: 1.º out. 2020.

VIÉS de automação. Mais retorno. Disponível em: https://maisretorno.com/blog/termos/v/vies-de-automacao. Acesso em: 1.º out. 2020.

5

TERCEIRIZAÇÃO DO TRATAMENTO DE DADOS – A RELAÇÃO ENTRE CONTROLADOR E OPERADOR

Cintia Maria Ramos Falcão e
Elaine Zordan Keller

1. INTRODUÇÃO: CADEIA DE GESTÃO E RESPONSABILIDADE PELO TRATAMENTO DE DADOS PESSOAIS

Inicialmente, é importante salientar que a Lei Geral de Proteção de Dados (LGPD) dispõe sobre o tratamento de dados pessoais, nos meios físicos e digitais, e tem por objetivo proteger os direitos fundamentais de liberdade e de privacidade e o livre desenvolvimento da personalidade da pessoa natural.

Ressalta-se que a proteção de dados pessoais é um direito fundamental:

> [...] a proteção das pessoas físicas relativamente ao tratamento dos seus dados pessoais é um direito fundamental, garantido por diversas legislações em muitos países. Na Europa, já estava previsto na Carta dos Direitos Fundamentais da União Europeia e no Tratado sobre o Funcionamento da União Europeia (PECK, 2020, p.19).

A LGPD (Lei 13.709/2018) estabelece no art. 5.º os pilares conceituais para os mais de 60 artigos seguintes que compõem seu texto. Neste capítulo, em especial, dois fundamentos serão o foco da nossa análise. São eles:

> Art. 5º Para os fins desta Lei, considera-se:
> [...]
> IX–agentes de tratamento: o controlador e o operador;

X –tratamento: toda operação realizada com dados pessoais, como as que se referem a coleta, produção, recepção, classificação, utilização, acesso, reprodução, transmissão, distribuição, processamento, arquivamento, armazenamento, eliminação, avaliação ou controle da informação, modificação, comunicação, transferência, difusão ou extração.

Assim, o tratamento de dados pessoais é, necessariamente, realizado pelas figuras do controlador ou do operador.

A figura do controlador é definida no art. 5.º, VI: "pessoa natural ou jurídica, de direito público ou privado, a quem competem as decisões referentes ao tratamento de dados pessoais". Em outras palavras, o controlador é responsável por determinar a finalidade do tratamento de dados.

A figura do operador é estabelecida no art. 5.º, VII, LGPD como a "pessoa natural ou jurídica, de direito público ou privado, que realiza o tratamento de dados pessoais em nome do controlador". Em outras palavras, o operador é um subcontratado do controlador para realizar atividades inerentes ao tratamento de dados descritos no art. 5.º, X.

É possível identificar também o subcontratado do operador, que também se enquadra na categoria de operador, que é pessoa física ou jurídica que processa dados pessoais em nome do operador para execução do tratamento contratado.

Um exemplo de subcontratado é uma empresa de transporte contratada por uma empresa especializada em digitalização de documentos para a logística de coleta de prontuários médicos num hospital e entrega no galpão dessa empresa para execução da digitalização.

A empresa escolhida para digitalizar os prontuários médicos, por sua vez, foi contratada pelo controlador do tratamento de dados: o hospital.

Desse modo, temos a cadeia de gestão e responsabilidades gerada a partir das relações de negócios entre controlador e operador, que é complexa e merece análise crítica dos especialistas envolvidos na gestão de conformidade à LGPD.

Fica claro, portanto, que o controlador é a figura que determina a finalidade do tratamento dos dados e por essa razão terá a maior responsabilidade na cadeia de gestão.

Assim estabelece a LGPD no art. 39: "O operador deverá realizar o tratamento segundo as instruções fornecidas pelo controlador, que verificará a observância das próprias instruções e das normas sobre a matéria".

Isso posto, cabe ao controlador auditar e manter a constante fiscalização nos operadores que prestam serviços para ele.

O controlador deve selar contratos que estabeleçam claramente essas regras e registrar todas as auditorias ou procedimentos de *compliance* que proceder perante seus fornecedores.

2. PRINCÍPIO DA PRESTAÇÃO DE CONTAS – *ACCOUNTABILITY*

O art. 37 da LGPD estabelece que "O controlador e o operador devem manter registro das operações de tratamento de dados pessoais que realizarem, especialmente quando baseado no legítimo interesse".

Este artigo trata do princípio basilar da "Prestação de Contas" incorporada pela lei brasileira trazida pela Lei de Proteção de Dados Europeia (GDPR) sob a terminologia de *accountability*.

Esse princípio da prestação de contas institui a obrigação contínua do controlador e do operador na adoção de regras e normativos para gestão eficaz da proteção de dados pessoais.

As empresas precisarão criar boas práticas de gestão compartilhada e transparente da governança de riscos e medidas técnicas organizacionais eficientes.

A seguir, trataremos de algumas dessas boas práticas e medidas organizacionais, bem como apresentaremos uma sugestão de Modelo de Qualidade para Empresas Operadoras.

2.1. Instrumento de contrato entre controlador e operador

A relação entre os agentes de tratamento deve ser baseada em regras claramente preestabelecidas em instrumentos contratuais a serem selados entre as partes.

Ainda que os agentes pertençam ao mesmo grupo econômico, é fundamental a existência de um termo que defina as responsabilidades entre as partes.

As finalidades de cada etapa do tratamento de dados devem estar devidamente documentadas e discriminadas antes do procedimento de coleta. Assim, o controlador deve zelar para que o processamento desses dados se realize estritamente nos propósitos determinados.

O instrumento de contrato deve arbitrar as responsabilidades das partes nas atividades de uso de dados pessoais, restringindo a finalidade determinada pelo controlador e, caso sejam utilizados sem sua autorização e conhecimento, serão passíveis de multa pecuniária, rescisão contratual e discussão judicial para imposição de outras penalidades.

Se a contratação do operador for para a guarda de dados pessoais, é importante estabelecer que a região de guarda precisa ser o Brasil ou país com legislação de proteção de dados e privacidade compatíveis com a lei brasileira.

O controlador também deve fixar limite de prazo para uso dos dados compartilhados, com atenção para o devido descarte deles de acordo com as boas práticas de governança.

A adequada definição das bases legais que legitimam o tratamento de dados será sempre responsabilidade do controlador.

Quando a base legal utilizada for legítimo interesse, única base legal subjetiva da Lei 13.709, de 2018, o controlador é responsável pelos registros e documentação comprovando o equilíbrio entre o legítimo interesse e o direito e liberdades fundamentais dos titulares de dados.

O operador deve disponibilizar um **mapa de todos os sistemas** que utiliza para execução do objeto contratual firmado com o controlador, de modo a dar transparência dos ambientes de compartilhamento ou não com terceiros que o apoiam para operação do negócio. Inclusive, a transparência é um dos princípios trazidos pela legislação.

Os agentes de tratamento de dados pessoais devem conscientizar os colaboradores em treinamentos permanentes sobre a importância dos procedimentos de proteção de dados e privacidade do quadro de funcionários e manter **Termo de Conduta** ou **Acordo de Confidencialidade** anexo aos contratos de trabalhos para que haja ciência de que o não atendimento às regras de conformidade acarretará sanções previstas na legislação brasileira aplicáveis ao caso.

Portanto, a recomendação é a inclusão de Acordo de Confidencialidade no Modelo-Padrão do Contrato de Trabalho e criação de Aditivo para os contratos vigentes.

Por último, sugere-se a criação de um protocolo de entrega de cartilha com o Termo de Conduta contendo boas práticas para a preservação da privacidade de todos os titulares de dados.

2.2. Privacidade por concepção

A privacidade por concepção é uma metodologia que surgiu na década de 1990 pela Comissária de Informação e Privacidade de Ontário, Canadá.

Tal metodologia indica que qualquer projeto de uma empresa que envolva o processamento de dados pessoais deve ser concebido com base na proteção e na privacidade dos dados em cada atividade ou fase do tratamento. Ela prevê que esse planejamento inclui o desenvolvimento de novos produtos, de novos *softwares*, aquisição de sistemas de segurança da informação, assim por diante, de modo preventivo e indissociável do projeto.

Nas palavras de Crespo (2019, posição 5376), "parece claro que o tema segurança da informação" deve ser amplamente discutido e evidenciado no meio corporativo, uma vez que as informações são valiosíssimas, independentemente do segmento e porte das empresas.

Por sua vez, o art. 46 da LGPD trata da necessidade de observância da Privacidade por concepção. Assinala-se:

> Art. 46. Os agentes de tratamento devem adotar medidas de segurança, técnicas e administrativas aptas a proteger os dados pessoais de acessos não autorizados e de situações acidentais ou ilícitas de destruição, perda, alteração, comunicação ou qualquer forma de tratamento inadequado ou ilícito.
> [...]
> § 2.º As medidas de que trata o *caput* deste artigo deverão ser observadas desde a fase de concepção do produto ou do serviço até a sua execução.

Portanto, é imprescindível que controlador e operador exerçam a governança do tratamento de dados pessoais baseada na metodologia da privacidade por concepção (*privacy by design*).

Essa salvaguarda deve ser parte do Contrato de SLA (*Service Level Agreement*) firmado entre controlador e operador de forma efetiva, determinando a implementação de medidas técnicas e organizacionais que assegurem um tratamento em conformidade com a LGPD.

O Contrato de SLA define as métricas pelas quais a excelência do objeto contratado será medida e como os requisitos regulados pela lei serão alcançados pela contratada. Quanto mais alto o grau de gestão do SLA, maior o nível de padronização da qualidade e segurança no tratamento dos dados.

Assim dispõe a LGPD na Seção "Das Boas Práticas e da Governança", segundo o art. 50:

> Art. 50. Os controladores e operadores, no âmbito de suas competências, pelo tratamento de dados pessoais, individualmente ou por meio de associações, poderão formular regras de boas práticas e de governança que estabeleçam as condições de organização, o regime de funcionamento, os procedimentos, incluindo reclamações e petições de titulares, as normas de segurança, os padrões técnicos, as obrigações específicas para os diversos envolvidos no tratamento, as ações educativas, os mecanismos internos de supervisão e de

mitigação de riscos e outros aspectos relacionados ao tratamento de dados pessoais.

§ 1.º Ao estabelecer regras de boas práticas, o controlador e o operador levarão em consideração, em relação ao tratamento e aos dados, a natureza, o escopo, a finalidade e a probabilidade e a gravidade dos riscos e dos benefícios decorrentes de tratamento de dados do titular.

Portanto, cabe também ao controlador realizar uma avaliação das garantias de proteção e segurança de dados que os seus operadores se comprometam a implementar e cumprir.

2.3. Gestão compartilhada de riscos

A norma técnica ISO 31000 define o risco como efeito da incerteza nos objetivos que se desejam alcançar. Gestão de riscos necessariamente nos remete a mecanismos de controle de que fatos inesperados aconteçam durante uma atividade de tratamento de dados, por meio da realização de análises, avaliações e adoção de medidas de segurança.

Nesse processo de análise dos riscos, a probabilidade de ocorrência do fato inesperado deve ser considerada. Um risco pode ter impacto alto, porém baixa probabilidade de acontecer e vice-versa.

Impacto e probabilidade são, portanto, variáveis que vão determinar o nível de medidas necessárias para mitigação dos riscos envolvidos.

A LGPD estabelece que o controlador deve manter os registros sobre os potenciais riscos em determinados processos de tratamentos de dados pessoais por meio de Relatório de Análise de Impacto.

Observe-se o art. 38 da LGPD:

> Art. 38. A autoridade nacional poderá determinar ao controlador que elabore relatório de impacto à proteção de dados pessoais, inclusive de dados sensíveis, referente a suas operações de tratamento de dados, nos termos de regulamento, observados os segredos comercial e industrial.

A responsabilidade de elaboração do relatório é do controlador. Entretanto, cabe ao operador apoiar a gestão desses registros, fornecendo os meios técnicos e organizacionais utilizados, método de guarda dos dados, medidas de segurança implementadas (físicas e tecnológicas) e documentação a respeito dos suboperadores envolvidos na operação.

Como o relatório de impacto à proteção de dados pessoais tem o propósito de mitigar riscos, ele deverá ser realizado antes do início do tratamento, mas com uma visão completa de todo o ciclo de vida dos dados. Assim, o controlador conseguirá enxergar, claramente, quais serão os principais fatores que poderão impactar as liberdades civis e os direitos fundamentais para a tomada de decisão, desde a implementação de medidas e mecanismos que demonstrem o cumprimento da Lei até a descontinuidade do projeto. Essas medidas e mecanismos podem ser administrativos ou técnicos, como a abstenção da coleta de uma determinada espécie de dado pessoal, restrição de acessos aos dados tratados, reforçar a tecnologia de criptografia ou realizar o procedimento de pseudonimização dos dados, apenas para citar alguns exemplos. Assim, no mínimo, o RIPD deverá conter a descrição dos tipos de dados coletados, a metodologia utilizada para a coleta e para a garantia da segurança das informações e a análise do controlador com relação a medidas, salvaguardas e mecanismos de mitigação de risco adotados (VAINZOF, 2020).

No processo de mitigação de risco, é mandatória a execução periódica de auditorias, podendo ser realizadas pelo próprio controlador ou auditores independentes e qualificados (externos) indicados para a atividade.

2.4. Gestão de incidentes

Em caso de violação de dados, cabe ao controlador a obrigação legal de comunicar aos titulares dos dados pessoais violados e notificar a Autoridade Nacional de Proteção de Dados. Entretanto, se a violação ocorrer no ambiente do operador, será necessário que ele comunique ao controlador sobre o evento, em tempo hábil, para que este último possa tomar todas as medidas técnicas possíveis para diminuir os prejuízos causados pelo fato gerador.

As penalidades administrativas impostas pela Autoridade Nacional de Proteção de Dados nos casos de violação serão respaldadas nas peculiaridades do caso concreto, analisadas por parâmetros especificados na art. 52, § 1.º:

> § 1.º As sanções serão aplicadas após procedimento administrativo que possibilite a oportunidade da ampla defesa, de forma gradativa, isolada ou cumulativa, de acordo com as peculiaridades do caso concreto e considerados os seguintes parâmetros e critérios:
>
> I – a gravidade e a natureza das infrações e dos direitos pessoais afetados;
>
> II – a boa-fé do infrator;
>
> III – a vantagem auferida ou pretendida pelo infrator;

IV – a condição econômica do infrator;

V – a reincidência;

VI – o grau do dano;

VII – a cooperação do infrator;

VIII – a adoção reiterada e demonstrada de mecanismos e procedimentos internos capazes de minimizar o dano, voltados ao tratamento seguro e adequado de dados, em consonância com o disposto no inciso II do § 2.º do art. 48 desta Lei;

IX – a adoção de política de boas práticas e governança;

X – a pronta adoção de medidas corretivas; e

XI – a proporcionalidade entre a gravidade da falta e a intensidade da sanção.

Importante assinalar que violação de dados não se restringe a vazamento de dados. Violação de dados pessoais ocorre quando essas informações caem nas mãos de quem que não deve ter acesso a elas.

2.5. DPO nomeado (encarregado de dados)

O *Data Protection Officer*(DPO), figura da União Europeia, é denominado pela LGPD como encarregado, o qual, por sua vez, é o profissional com conhecimentos específicos sobre as diversas leis de privacidade do mundo e boas práticas de proteção de dados, designados pelo agente de tratamento de dados para gerenciar, informar e monitorar a conformidade com a lei aplicável a cada atividade.

A lei brasileira estabelece que a figura do encarregado de dados precisa ser indicada pelo controlador, mas nada impede que, dependendo do porte e da complexidade dos negócios do operador, ele também tenha um DPO nomeado ou consultivo para a compartilhar e subsidiar o DPO do controlador na garantia de segurança dos dados de ponta a ponta.

2.6. Mapa de maturidade do operador de dados

Depois que esclarecemos as responsabilidades dos agentes de tratamento de dados, é possível criarmos uma escala de qualificação dos operadores a fim de subsidiar as empresas nos requisitos que devem ser observados para a conformidade com a LGPD (Lei 13.709, de 2018).

De baixo para cima (do vermelho para o azul), é possível identificar o grau de exigências e qualificações necessárias de cada um dos Operadores pela Controladora, a partir do seu grau de relevância na cadeia produtiva.

Por óbvio, se um determinado operador apresenta risco baixo de violação de dados pessoais em relação as atividades que fornece ao Controlador, na escala de qualificação, ele precisará apenas apresentar concordância as orientações de tratamento dos dados fornecidas pelo controlador através de contrato firmado entre as partes (quadro vermelho).

Num outro extremo, se encontram os operadores que se qualificam com grau de risco elevado. Nestes casos, precisarão não somente garantir total conformidade com as orientações do Controlador nas suas atividades como também estabelecer uma estrutura robusta de adequação de todos os seus processos (quadro azul). Portanto, nem todos os operadores precisam estar posicionados no nível Azul (ponto mais elevado na escala) de maturidade.

Possui Mapa dos Sistemas de Tratamento de Dados, Procedimentos de Gestão de Risco, Estrutura Organizacional com Código de Conduta, Cláusulas de SLA, Privacidade por Concepção, Programa de Gestão de Incidentes com auditorias periódicas e DPO Nomeado ou Consultivo

Possui Mapa dos Sistemas de Tratamentos de Dados, Estrutura Organizacional com Código de Conduta e Treinamento Contínuo da equipe, Riscos identificados, qualificados e monitorados quanto à conformidade da LGPD, Contrato de Atividades de Tratamentos de Dados Pessoais de SLA

Possui Mapa dos Sistemas de Tratamentos de Dados, Estrutura Organizacional com Código de Conduta e Treinamento, Procedimentos de Gerenciamento de Risco (Mapa de vulnerabilidades técnicas quanto à LGPD) e Contrato de Atividades de Tratamentos de Dados Pessoais com SLA

Possui Mapa dos Sistemas de Tratamento de Dados, Procedimentos básicos de Gerenciamento de Risco e Estabelece Contrato de Atividades de Tratamentos de Dados Pessoais com cláusula de SLA

Possui Mapa dos Sistemas de Tratamento de Dados e Estabelece Contrato de Atividades de Tratamentos de Dados Pessoais com cláusula de SLA

Fonte: elaborado pelas autoras.

Essa escala estabelece uma trilha de ações orientadas para a boa gestão das informações e deve ser adotada levando em consideração esses dois pontos: a relevância da participação do operador e o grau de risco que representa para todo o negócio do Controlador.

3. SERVIÇOS DE NUVEM

As empresas fornecedoras dos serviços de nuvem apresentam uma boa adequação à LGPD em virtude da adaptação feita para atendimento das leis de proteção de dados da União Europeia, dos EUA e dos países asiáticos. Nesse segmento de negócio, a conformidade com as diversas legislações mundiais de privacidade é imprescindível para sua própria subsistência. Assim, práticas de privacidade por concepção e por padrão foram rapidamente inseridas no DNA de suas ofertas ao mercado mundial.

Nas atividades de guarda de dados e sistemas de computação dos seus clientes, finalidade central das ofertas no papel que assumem de "operadoras", elas incluem requisitos para aderência às melhores técnicas e padrões de segurança de TI, controles de acesso, ferramentas de monitoramento e registros em *log*, criptografia de dados em trânsito e em repouso e gerenciamento de chaves.

A responsabilidade da segurança dos dados e redes desses serviços é sempre compartilhada entre a provedora da nuvem e a empresa contratante e varia conforme as características dos serviços contratados.

Outro requisito que as provedoras de nuvem atendem é a necessidade de gestão de governança dos registros auditáveis. Elas disponibilizam um ambiente para que seus clientes possam ter fácil acesso a essas informações.

A adoção da computação em nuvem é, sem dúvida, uma estratégia para mitigar riscos e garantir a escalabilidade dos negócios em face das transformações digitais cada vez mais vitais para a economia mundial. A pandemia da Covid-19 comprovou que a sobrevivência das empresas dependerá muito dos alinhamentos das suas estratégias definidas em expansão digital, seja dos negócios ou dos seus processos. Um estudo (SAS GLOBAL FORUM, 2020) feito em 2019, pela SAS Brasil (empresa especializada em Inteligência Artificial e Analíticos), mostrou que 80% das empresas avaliadas tinham ou teriam um projeto baseado em nuvem híbrida nos próximos 12 meses. A pesquisa foi realizada com 286 diretores das áreas de tecnologia e análise de dados de grandes empresas da América Latina nos segmentos de varejo, Telecom, setor público, serviços de utilidade pública, indústrias, serviços financeiros e bens de consumo.

4. CONSIDERAÇÕES FINAIS

Sem dúvida, o *Compliance* terá papel fundamental na compatibilização entre legislação e relações de negócios, prevenindo e mitigando riscos.

> Nesse percurso, é importante não perder de vista que os pilares que sustentam o programa de adequação à LGPD são os processos, pessoas e as ferramentas, mesmo pilares da gestão de risco. Lembrando que pessoas sempre serão o elo mais fraco nessa equação. Por isso precisam ser treinadas sempre. Não apenas no início, mas periodicamente (CANTO DE LIMA; MAROSO; ALMEIDA, 2020, pág. 23).

Independentemente de a terceirização ser de atividade-meio ou atividade-fim, os contratos devem prever a forma e os limites para tratamento de dados pessoais, evitando conflitos e aumentando a responsabilidade das prestadoras.

Isso porque para aferição da gravidade do dano e dosimetria da punição, além de outros pontos, será verificada a implantação de mecanismos e procedimentos mitigatórios, como a existência de políticas e uma boa governança dos dados tratados.

REFERÊNCIAS

BRASIL. Lei n.º 13.709, de 14 de agosto de 2018. Lei Geral de Proteção de Dados Pessoais (LGPD). Disponível em: http://www.planalto.gov.br/ccivil_03/_ato2015-2018/2018/lei/l13709.htm. Acesso em: 12 jun. 2020.

CANTO DE LIMA, Ana Paula M.; MAROSO, Eduardo Pereira; ALMEIDA, Dionice de. *LGPD*: Lei Geral de Proteção de Dados. Sua empresa está pronta? São Paulo: Literare Books, 2020.

CRESPO, Marcelo. *Compliance* digital. *In*: NOHARA, Irene Patrícia; PEREIRA, Flávio de Leão Bastos. *Governança, compliance e cidadania*. 2. ed. São Paulo: ThomsonReuters Brasil, 2019. Edição Kindle. Posição 5376.

EUR-LEX. GDPR. Disponível em: https://eur-lex.europa.eu/legal-content/PT/ALL/?uri=CELEX%3A32016R0679. Acesso em: 10 ago. 2020.

PINHEIRO, Patricia Peck. *Proteção de dados pessoais*: comentários à Lei n.º 13.709/2018 (LGPD). 2. ed. São Paulo: Saraiva Educação, 2020.

SAS GLOBAL FORUM. SAS Global Forum 2020. Disponível em: https://www.sas.com/en_us/events/sas-global-forum.html. Acesso em: 24 ago. 2020.

VAINZOF, Rony. O que é o relatório de impacto à proteção de dados pessoais (RIPD)? *OpiceBlumAcademy*, 2020. Disponível em: https://opiceblumacademy.com.br/2020/02/ripd-relatorio-impacto-protecao-dados-pessoais/#_ftn10. Acesso em: 26 ago. 2020.

Parte 2

APLICAÇÃO DA LGPD NO *MARKETING*

6

A PUBLICIDADE DIGITAL E A LGPD: *INSIGHTS* SOBRE O MODELO DE NEGÓCIOS E COMO PROTEGER DADOS PESSOAIS

Marcelo Crespo

1. UMA BREVE INTRODUÇÃO À LGPD

O novo cenário de proteção de dados que foi instaurado com o surgimento do GDPR em 2018 causou um certo alvoroço em alguns setores, que passaram a temer não mais poder utilizar dados pessoais em seus negócios. Mas, apesar disso, e ainda com a chegada da LGPD no Brasil, há espaço para que negócios sejam mantidos e até ampliados mesmo que sejam baseados no tratamento de dados pessoais.

Para entender esse cenário, é importante ter em mente, primeiramente, que a LGPD não é uma legislação que impede o tratamento de dados de forma absoluta. A lei pretende que as empresas tenham maior e melhor governança sobre dados pessoais, buscando que a privacidade seja protegida por meio da proteção dos dados pessoais.

É que a privacidade é vinculada a ideia de uma liberdade negativa, isto é, de que as pessoas não a infrinjam, tendo, portanto, uma dimensão individual. É algo menos procedimental e mais relativo ao direito de cada um de nós nos retirarmos da vida pública quando nos for conveniente. Por outro lado, a proteção de dados pessoais é uma liberdade positiva, que age para que sejam protegidos os dados que identificam ou possam identificar alguém. Tem uma dimensão mais próxima ao coletivo, trazendo aspectos procedimentais para participações mais adequadas na vida social.

Em especial a LGPD é uma lei principiológica, não estabelecendo exatamente o que cada instituição precisa fazer para se adequar e tratar adequadamente os dados pessoais. Note-se que a LGPD traz no art. 2º os fundamentos como o respeito à privacidade, a autodeterminação informativa, a liberdade de expressão, de informação, de comunicação e de opinião, a inviolabilidade da intimidade, da honra e da imagem, o desenvolvimento econômico e tecnológico e a inovação, a livre-iniciativa, a livre concorrência e a defesa do consumidor, e os direitos humanos, o livre desenvolvimento da personalidade, a dignidade e o exercício da cidadania pelas pessoas naturais. Traz, ainda, no art. 6º os princípios da finalidade, adequação, necessidade, livre acesso, qualidade dos dados, transparência, segurança, prevenção, não discriminação e responsabilização e prestação de contas. Em ambos os artigos, as disposições são diretivas e não processos a serem implementados, o que reforça o caráter principiológico que mencionamos.

Não podemos deixar de citar, ainda, que no art. 7º a LGPD trouxe as hipóteses legais de tratamento dos dados pessoais, que são o consentimento do titular, a execução de obrigação legal ou regulatória pelo controlador, a execução de política públicas pela Administração Pública, a realização de estudos por órgão de pesquisa, a execução de contrato ou procedimentos preliminares, o exercício regular de direitos em processos judiciais, administrativos ou arbitrais, a proteção da vida ou incolumidade física de alguém, para a tutela da saúde, para atender interesses legítimos do controlador ou de terceiro e, por fim, para a proteção do crédito. No art. 11, temos as bases legais para o tratamento dos dados sensíveis, que são também o consentimento, o cumprimento de obrigação legal ou regulatória, a pesquisa realizada por órgãos de pesquisa, a proteção da vida ou incolumidade física do titular ou terceiro, a tutela da saúde, o exercício regular de direitos, inclusive em contratos ou processos administrativos, judiciais ou arbitrais, bem como o tratamento compartilhado de dados pela Administração Pública para a execução de políticas públicas e, por fim, a garantia da prevenção à fraude e à segurança do titular, nos processos de identificação e autenticação de cadastro em sistemas eletrônicos, resguardados os direitos mencionados no art. 9º desta Lei e exceto no caso de prevalecerem direitos e liberdades fundamentais do titular que exijam a proteção dos dados pessoais. Mais uma vez, a estrutura da lei, trazendo fundamentos legais para que sejam alocados em cada fluxo de dados pessoais, como é o caso dos arts. 7º e 11, mostra que a LGPD é menos procedimental e mais principiológica.

Em resumo, os fundamentos, os princípios e as hipóteses legais não dão o caminho da conformidade de forma prática. São ideias amplas que, unidas, vão formatando proteções para que os dados não sejam tratados indistintamente.

Ainda neste cenário de diretrizes, temos disposições sobre os direitos dos titulares especialmente no art. 18, que basicamente são: direito de confirmação da existência, acesso aos dados, correção, anonimização, portabilidade, eliminação, informação das entidades com as quais há tratamento compartilhado, além da informação sobre a possibilidade de não fornecer o consentimento e as consequências disso, além da evidente possibilidade de revogação do consentimento. Uma vez mais, a lei não determina como esses direitos serão respeitados na prática, cabendo a cada controlador desenhar e instituir os mecanismos necessários para tanto.

Não podemos deixar de comentar, ainda, que no art. 46 a LGPD determina que os "agentes de tratamento devem adotar medidas de segurança, técnicas e administrativas aptas a proteger os dados pessoais de acessos não autorizados e de situações acidentais ou ilícitas de destruição, perda, alteração, comunicação ou qualquer forma de tratamento inadequado ou ilícito". Ou seja, impõe a adoção de medidas técnicas para a proteção de dados pessoais, sem, no entanto, dizer quais são as ferramentas adequadas para isso. Não há uma regra no sentido de ter que se implementar criptografia em todas as bases de dados ou de se utilizar ferramentas com a funcionalidade de *data loss prevention*.[1]

Por fim, o art. 50 traz disposições sobre o que deveria ser um programa de *privacy compliance*. A redação não é das melhores porque dá a entender que o programa é uma possibilidade, não uma obrigatoriedade. Apesar disso, determina que, havendo o programa, devem ser respeitados seus elementos mínimos, que são os seguintes: a demonstração do comprometimento do controlador em adotar processos e políticas que assegurem o cumprimento das normas e boas práticas de proteção de dados pessoais, a aplicação do programa a todo o conjunto de dados pessoais que estejam sob seu controle, a adaptação à estrutura, à escala e ao volume das operações e sensibilidade dos dados, o estabelecimento de políticas e salvaguardas baseados em avaliação sistemática de risco, a busca pelo estabelecimento de relação de confiança com o titular dos dados, a integração com a estrutura geral de governança com mecanismos de supervisão internos e externos, a existência de plano de resposta a incidente e remediação e, ainda, que seja atualizado constantemente.

Verificando tais disposições, é possível notar que, como dito anteriormente, a LGPD não estabelece minuciosamente como estar em conformidade, embora haja bons indicativos de como isso deve ser feito. E é justamente

---

[1] *Data loss prevention* (DLP) é a nomenclatura utilizada para um conjunto de ferramentas e processos usados com a finalidade de garantir que dados não sejam perdidos, usados indevidamente ou acessados por usuários não autorizados. Em geral, são *softwares* que classificam dados críticos para os negócios e identificam violações de políticas definidas por organizações, orientado por conformidade regulamentar, como a LGPD, o HIPAA, o PCI-DSS ou o GDPR.

isso a grande beleza dessa legislação, que acaba impondo às instituições que tenham governança de dados pessoais, protegendo, em última análise, a privacidade dos titulares.

Dito isso tudo, fica mais claro que não se trata de uma lei para impedir a realização de negócios ou apenas burocratizar as operações das instituições, embora possa haver repercussões negativas em termos de movimentação de economia digital.[2] Não se nega que possa haver problemas a partir do tratamento de dados pessoais, como a existência de *filter bubbles*[3], mas é preciso fazer a leitura da lei também com um viés pró-economia digital.

2. COMO SURGIU E COMO FUNCIONA A PUBLICIDADE DIGITAL?

Ao decidir estudar e tratar de mídias digitais, é preciso compreender que se trata de um assunto complexo, com diversas partes envolvidas e muitas peculiaridades. No entanto, as premissas são as mesmas para todos os envolvidos no encadeamento negocial da publicidade.

Neste ponto, vale mencionar que esse modelo de negócio sempre teve como base o uso de dados.[4] Sua estrutura fundamental parte da premissa de

---

[2] Há um estudo publicado em um artigo que procurou começar a responder como o GDPR afetou os resultados *on-line*. Embora os autores digam que ainda há muito o que fazer, usando dados do Adobe Analytics, quantificaram o impacto do GDPR em resultados econômicos importantes para um conjunto diversificado de empresas: as visualizações de página tiveram queda semanal de aproximadamente 4% e a receita semanal de 8%. Para acesso ao estudo completo, *vide*: GOLDBERG, Samuel and Johnson, Garrett and Shriver, Scott, Regulating Privacy Online: The Early Impact of the GDPR on European Web Traffic & E-Commerce Outcomes (July 17, 2019). Disponível em: https://ssrn.com/abstract=3421731. Acesso em: 03 nov. 2020. Vale, ainda, ler outro estudo sobre impactos do GPDR em aspectos econômicos e de opt-in. Vide: KE, Tony and Sudhir, K., Privacy Rights and Data Security: GDPR and Personal Data Driven Markets (July 5, 2020). Disponível em: https://ssrn.com/abstract=3643979. Acesso em: 03 nov. 2020.

[3] Sob o tema, *vide*: CRESPO, Marcelo Xavier de Freitas; KAUER, Gisele Shinozaki. Filter bubble y juicio crítico de jóvenes: consideraciones acerca de algoritmos y bienestar. In: Inteligencia artificial y bienestar de las juventudes en America Latina. Editores Generales: Lionel Brossi, Thomás Dodds y Ezequiel Passerón. LOM Ediciones. Santiago del Chile, 2019.

[4] LEE, Sangwoo, A Study on Consent of the GDPR in Advertising Technology Focusing on Programmatic Buying (April 26, 2020), pg. 21. Disponível em: https://ssrn.com/abstract=3616651. Acesso em: 03 nov. 2020. O autor explica que o modelo atual, com a coleta de muitos dados, os coloca numa "caixa-preta" difícil de compreender para onde e como são exatamente tratados.

que a publicidade direcionada é mais eficiente, fazendo com que os interessados vejam conteúdo mais apropriado com suas características de consumo e, ao mesmo tempo, pagando menos por isso. Isso ficou ainda mais evidente a partir da disseminação das mídias digitais, quando o modelo de se praticar anúncios personalizados passou a ser a alma do negócio, o que ocorreu a partir da década de 1990, quando surgiu a internet comercial.[5]

Surgida a internet comercial, naturalmente passamos a encontrar *websites* com conteúdo cada vez mais customizado, o que desafiava os anunciantes e as agências a fazer uma previsão da audiência. Mas, como o conteúdo muda com frequência, o processo de direcionamento de publicidade passava a ser uma imposição para a sustentabilidade dos negócios. Deste desafio, surgiu a ideia de tornar mais dinâmica a inserção de publicidade, tudo com vistas a impedir que as agências tivessem que realizar negociações pessoalmente. Foi daí que surgiram as ferramentas para identificar o conteúdo visitado nas páginas e fazer a entrega da publicidade direcionada conforme o que se identificou.[6] E, o jeito que se deu para essa dinâmica é, na verdade, complexo, porque envolve o uso de *cookies*, *tags* e gerenciadores de bases de dados, além de outros ferramentais. Deu-se, início, assim, à publicidade comportamental, que tem como premissa a interação do titular de dados com o conteúdo navegado, o histórico de pesquisas, as interações do titular com temas relacionados ao seu perfil de consumo.

Esse padrão publicitário modificou a precificação dos espaços. Afinal, de que adianta disponibilizar uma peça publicitária em um *website* que não seja relevante para o público que se desejar cativar? Assim, os valores cobrados para a publicidade *on-line* passam a ter outros marcos, deixando de se basear na localização física deles em cada *website* para modelos de monetização baseados em contabilização de impressões. É o surgimento do "custo por clique" ou "custo por aquisição" (*cost per click* – CPC – ou *cost per aquisition* – CPA).[7]

É chegado o momento, portanto, de compreender quem são os diferentes atores na publicidade *on-line*. Vejamos:

a) **Usuários**: são as pessoas que fazem uso das mídias sociais, para diferentes propósitos. Geralmente, são pessoas cadastradas para que usem um serviço (usuários do LinkedIn, Facebook, Instagram,

---

[5] COOK, Karla. A Brief History of Online Advertising. Disponível em: https://blog.hubspot.com/marketing/history-of-online-advertising. Acesso em: 10 abr. 2020.

[6] COOK, Karla. A Brief History of Online Advertising. Disponível em: https://blog.hubspot.com/marketing/history-of-online-advertising. Acesso em: 10 abr. 2020.

[7] COOK, Karla. A Brief History of Online Advertising. Disponível em: https://blog.hubspot.com/marketing/history-of-online-advertising. Acesso em: 10 abr. 2020.

Netflix, Spotify etc.). A condição de usuário, em alguns casos, não exige um cadastro, embora isso seja o mais comum. Também, normalmente, se pretende que os usuários se identifiquem com informações da vida real, algumas vezes havendo imposição de que forneçam até mesmo um comprovante de identidade, embora isso não seja o mais comum. E, nos casos de não se exigir o cadastro, muitas vezes as funcionalidades completas não são disponíveis.

b) **Provedores de mídias sociais**:[8] são as empresas que oferecem serviços *on-line* que permitem diversos tipos de interações, como publicações de textos, fotos, vídeos, áudios, aplicação de filtros em fotos e vídeos ou ferramentas para conversão de arquivos, tradução, entre outras tantas funcionalidades. Normalmente oferecidos a partir do uso de navegadores da *web* ou aplicativos dedicados. Quase sempre suas funcionalidades estarão disponíveis após um cadastro com dados pessoais, sendo alguns gratuitos e outros pagos. Como eles determinam as funcionalidades dos serviços, determinam quais dados são processados. E, aqui, entram as possíveis segmentações e parcerias comerciais com outras empresas.

c) **Segmentadores ou *targeters***: são todos os que desejam direcionar mensagens específicas para determinados grupos de usuários de mídia social, com base em critérios e parâmetros específicos. São eles quem selecionam as mensagens que serão direcionadas para o público-alvo (usuários), de acordo com suas características, interesses ou preferências percebidas dos usuários. Os segmentadores podem querer engajar em interesses comerciais, políticos ou outros. A publicidade pode aparecer em anúncios personalizados, como *banners* nas páginas *web*, bem como em exibição no *feed*/linha do tempo/história, ao lado de conteúdo gerado por usuários. Os segmentadores podem ter seus próprios *sites* e aplicativos, em que podem integrar ferramentas ou recursos específicos de negócios de mídia social, como *plugins* ou *logins* sociais ou usando as APIs (*Application Programming Interfaces* ou interfaces de programação de aplicativos) ou kits de desenvolvimento de *software* (SDKs) oferecidos por provedores de mídia social. Não serão *targeters*

---

[8] Nos termos da Lei 12.965/2014, o Marco Civil da Internet, há uma definição no art. 5º, VII, de aplicações de internet, nos seguintes termos: "o conjunto de funcionalidades que podem ser acessadas por meio de um terminal conectado na internet" e, mais à frente faz menções ao provedor de aplicações, isto é, a pessoa que provê acesso a funcionalidades no ambiente da internet.

as pessoas que pretenderem ou realizarem tratamento de dados com finalidades exclusivamente pessoais, nos termos do art. 4º da LGPD.⁹

d) **Outros atores relevantes**: os *targeters* podem usar mecanismos de segmentação oferecidos por provedores de mídia social ou serviços de outros atores, como provedores de serviços de *marketing*, redes de anúncios, trocas de anúncios, *supply-side platforms* (SSP) e *demand-side platform* (DSP), *Data Management Providers* (DMPs) e empresas de análise de dados. Esses atores fazem parte do complexo e em evolução ecossistema de publicidade *on-line* (que às vezes é conhecido como "adtech") que coleta e processa dados relacionados a indivíduos (incluindo usuários de mídia social), por exemplo, acompanhar suas atividades em *sites* e aplicativos.[10]

Considerando os atores supramencionados, temos que todos os que usam mídias sociais podem ser impactados de diferentes formas: seja porque forneceram dados, seja porque tiveram dados coletados para a análise

---

[9] Art. 4º Esta Lei não se aplica ao tratamento de dados pessoais:
I – realizado por pessoa natural para fins exclusivamente particulares e não econômicos;
II – realizado para fins exclusivamente:
a) jornalístico e artísticos; ou
b) acadêmicos, aplicando-se a esta hipótese os arts. 7º e 11 desta Lei;
III – realizado para fins exclusivos de:
a) segurança pública;
b) defesa nacional;
c) segurança do Estado; ou
d) atividades de investigação e repressão de infrações penais; ou
IV – provenientes de fora do território nacional e que não sejam objeto de comunicação, uso compartilhado de dados com agentes de tratamento brasileiros ou objeto de transferência internacional de dados com outro país que não o de proveniência, desde que o país de proveniência proporcione grau de proteção de dados pessoais adequado ao previsto nesta Lei.

[10] Os provedores de gerenciamento de dados e os corretores de dados são personagens importantes na segmentação de usuários de mídia social. Eles se diferenciam de outras empresas *adtech* porque não apenas processam dados coletados por tecnologias de rastreamento, mas dados vindos de outras fontes, *on-line* e *off-line*. Eles agregam dados coletados de diversas fontes e podem vender estes serviços de customização para outras partes interessadas envolvidas no processo de segmentação.

(observados) ou, ainda, porque houve inferência. Pode, também, haver a combinação dessas modalidades.

Temos, então:

a) Segmentação de titulares com base em dados fornecidos por eles. Dados fornecidos são aqueles proativamente entregues pelo titular ao provedor de mídia social ou ao *targeter*, como idade em descrição do perfil na rede social ou endereços de *e-mail*.

b) Segmentação de titulares com base em dados observados. Os dados observados decorrem de comportamento dos titulares a partir de serviços ou de equipamentos, tais como o conteúdo compartilhado, consultado ou clicado (curtido), coordenadas de GPS e número de telefone, dados advindos de terceiros a partir de integração com outras aplicações (APIs) ou kits de desenvolvimento de *softwares* (SDKs) ofertados por provedores de mídias sociais, bem como dados obtidos a partir de *websites* de terceiros com *plugins* incorporados ou, ainda, com terceiros a partir da interação do titular com estes.

c) Segmentação de titulares a partir de inferências. Inferências ou dados derivados são criados pelo controlador com fundamento em dados enviados pelo titular ou observados por ele. Por exemplo, pode-se inferir um interesse a partir de buscas feitas pelo titular no seu navegador ou por conexões nas redes sociais.

Mas o cenário de atores a atividades da publicidade *on-line* foi incrementado. É que a evolução no modelo de publicidade não parou por aí em termos de atores, já que no início dos anos 2000 e na década seguinte passaram a surgir novos no mercado. O ecossistema que era formado por anunciantes, agências e veículos, passou a contar com empresas que oferecem conhecimento mais preciso sobre o público-alvo, reduzindo custos para o anunciante, aumentando receitas para os veículos e, ainda, fazendo crescer o impacto na audiência pretendida. Assim, os segmentadores passaram a usar outros mecanismos, como os *Data Management Providers* (DMPs).

Desde então, são várias as empresas que estão surgindo e integrando o ramo conhecido como *adtech*, que são do ecossistema de publicidade *on-line* formado por aquelas que estão entre os usuários, os provedores e mídias sociais e os *targerters*. Assim, corretores de dados e provedores de gerenciamento de dados são atores importantes na segmentação já que tratam dados também advindos de outras fontes que não as mídias sociais, podendo até mesmo ser uma fonte *off-line*. São agregadores ou enriquecedores de dados, atores estratégicos para melhor direcionamento da publicidade.

Adtechs são, pois, empresas que propiciaram a compra de mídia programática, isto é, um modelo de negócio que abarca várias espécies, com diversos protocolos técnicos para a compra automatizada de espaços de mídia. O modelo mais conhecido é o *real time bidding* (RTB), ou leilão em tempo real.

Vejamos como isso funciona:

a) Lado da oferta. Aqui um veículo disponibiliza uma lista de espaços publicitários por meio de *softwares supply-side platforms* (SSP). Esses SSPs enviam um pedido, por conta e ordem do veículo, para outro tipo de tecnologia, *as ad exchanges*. Elas, por sua vez, solicitam que os compradores façam suas ofertas para o espaço publicitário listado pelo veículo.

b) Lado da demanda. Possíveis compradores, como anunciantes e agências de publicidade, enviam suas ofertas para a compra dos espaços por meio de tecnologias de *demand-side platform* (DSP). As DSPs também se conectam com as *ad exchanges* para analisar os *bid requests* enviadas pelos SSPs.

Estando todos conectados no mesmo ambiente, as DSPs vão analisar os *bid requests* oferecidos pelas SSPs e apresentar uma proposta de preço para inserir um anúncio naquele espaço publicitário. A *ad exchange*, de forma parecida com a de um leiloeiro, coordenará a dinâmica entre os diferentes lances de DSPs para o *bid request*. O DSP que ofertar o maior valor é o vencedor e as tecnologias vão trabalhar para que o anúncio vencedor seja inserido no espaço publicitário do *Publisher*. Tudo isso ocorre em átimos de segundos.

Esse modelo é apenas uma fatia do ramo e das atuações relativas à publicidade digital, mas é a base para o entendimento de como a proteção de dados se relaciona com ela. Há outras situações que serão narradas a seguir, dando um melhor contexto de como a publicidade digital acontece na prática. Afinal, para podermos entender bem a aplicação da LGPD neste tipo de atividade, é preciso saber como funciona o encadeamento de atividades e atores nelas presentes.

3. A RELAÇÃO COM A PROTEÇÃO DE DADOS

Como apontamos anteriormente, a cadeia produtiva da publicidade envolve diversos atores, com funções e responsabilidades distintas. Pensando-se nas mídias programáticas, temos que as tecnologias ali utilizadas são, como regra, neutras. Isto é, independem da utilização de dados pessoais para o funcionamento. No entanto, os dados pessoais são muito importantes para melhor direcionamento da publicidade direcionada.

Mas, então, o que podemos afirmar sobre esse mercado? Como tratar os dados com a proteção imposta pela lei de modo que não inviabilize os negócios?

Pensemos em uma situação em que uma plataforma de mídia social combine dados pessoais de fontes de terceiros com dados divulgados pelos usuários em suas contas das redes sociais. Isso poderia resultar em tratamento de dados pessoais para além das possíveis previsões do titular de dados, impedindo seu controle sobre eles. Isso, ademais, representa falta de transparência entre as partes envolvidas.

É fundamental, portanto, compreender o encadeamento de ações para poder responsabilizar adequadamente as partes.[11] Isso significa entender os papéis de controlador e operador, que são que determinam o que é feito com o processamento dos dados e quem realiza o processamento a mando de outrem. Isso faz toda a diferença para pensarmos em como fazer a adequação do ecossistema.[12]

Quando falamos em identificação de funções e responsabilidades, é importante notar a jurisprudência do Tribunal de Justiça da União Europeia, em especial os *Wirtschaftsakademie* (C-210/16) e *Fashion* ID (C-40/17). Para que isso fique mais claro, devemos passar pela definição de controlador e operador, que no GDPR são controladores e processadores. É controlador no GDPR (art. 4º (7)) quem determina os propósitos e meios de processamento dos dados pessoais. Algo semelhante à LGPD, que determina no art. 5º, VI, que são controladores as pessoas "a quem competem as decisões referentes ao tratamento de dados pessoais".

Particularmente, no caso *Wirtschaftsakademie*, o TJUE entendeu que o administrador de uma *fan page* no Facebook deve ser considerado controlador na determinação dos propósitos e meios de processamento de dados pessoais porque a criação da *fan page* envolve a definição de parâmetros pelo administrador. E isso com vistas a produzir estatísticas com base em visitas

---

[11] Por isso mesmo o EDPB, nos *Guidelines* 08/2020 já tratava sobre a importância de identificar corretamente os papéis e responsabilidades dos vários atores. Menciona, inclusive, a importância de estudar o caso 7 CJEU, Judgment in Wirtschaftsakademie, 5 June 2018, C-210/16, ECLI:EU:C:2018:388; CJEU, Judgment in Fashion ID, 29 July 2019, C-40/17, ECLI:EU:C:2019:629.

[12] Sobre o tema, sugerimos fortemente a consulta aos EDPB *Guidelines* 07/2020 sobre o conceito de controlador e processador, de setembro de 2020.

à página. Ao usar filtros do Facebook, o administrador poderá definir os critérios de acordo com quais estatísticas devem ser elaboradas e até mesmo designar categorias de pessoas cujos dados devem ser utilizados pelo Facebook.[13] Entendeu-se, pois, que o administrador da *fan page* também participa na determinação dos propósitos do processamento dos dados pessoais e, assim, foi categorizado como controlador conjuntamente responsável pelo processamento dos dados pessoais dos visitantes de sua página junto ao provedor de mídia social.

Ocorre justamente que os controladores podem estar envolvidos em diferentes estágios do processamento de dados pessoais e em diferentes graus. Nesses casos, a responsabilidade de cada um deles deve ser avaliada de acordo com o caso em concreto. É que a existência de responsabilidade conjunta não significa, necessariamente, que como controladores tenham a mesma responsabilidade.

Ao decidir que o administrador de uma página atua como controlador de forma conjunta, o TJUE pontuou, no entanto, que o Facebook deveria ser considerado o principal controlador e determinante das finalidades do tratamento.

Outro caso importante é o Fashion ID, um *website* de comércio eletrônico da Alemanha cuja página continha um botão de "curtir" do Facebook, de modo que os visitantes do *site* e que fossem usuários da rede social pudessem "curtir" conteúdo da Fashion ID e publicassem no Facebook. O TJUE entendeu que, ao incorporar em seu *site* o botão "curtir", o *website* possibilitou ao Facebook obter dados pessoais de visitantes para seu *site* e foi capaz de determinar, em conjunto com a rede social, os propósitos e meios desse tratamento de dados. Como consequência, ele deve ser considerado controlador, em conjunto com o Facebook, no que diz respeito à atividade que consiste nessa coleta de dados pessoais e compartilhamento com a rede social. Por outro lado, entendeu o TJUE que o Fashion ID não pode ser um controlador em relação às operações subsequentes que o Facebook realiza após ter recebido os dados pessoais.

Note-se que a função de controlador atribuída ao Fashion ID implica que este é responsável pelo cumprimento das funções tipicamente atribuídas aos controladores, em especial as de: a) informar os titulares de dados sobre o tratamento; e b) cumprir as obrigações relativas à base legal do tratamento.

---

[13] O administrador pode definir dados demográficos relacionados ao seu público-alvo, incluindo idade, sexo, relacionamento, ocupação, estilo de vida, lugares de interesse, informações e hábitos de compras *on-line*, as categorias de bens e serviços que são mais atrativas, entre outros.

O Fashion ID deve informar aos titulares dos dados sobre o tratamento e, ainda, coletar o consentimento dos titulares quando necessário, mas, suas atividades se limitam ao tratamento de coleta e compartilhamento dos dados com o Facebook, não se responsabilizando pelas informações com as quais os titulares dos dados devem ser fornecidos em relação ao processamento subsequente de dados pessoais pelo Facebook. Não é responsabilidade do operador do *site* coletar o consentimento dos sujeitos de dados para o processamento adicional que o Facebook realiza.

No caso da controladoria conjunta, nos termos do nº 1 do artigo 26º,1º, os controladores são obrigados a colocar em prática um acordo que, de forma transparente, determine suas respectivas responsabilidades pelo cumprimento do GDPR, em particular no que diz respeito ao exercício dos direitos do sujeito dos dados e seus respectivos deveres para fornecer as informações referidas nos artigos 13 e 14º GDPR. Na LGPD, é obrigação do controlador obter consentimento específico do titular para esse fim, ressalvadas as hipóteses de dispensa do consentimento previstas na lei.

Note-se que os casos supramencionados foram decisões do TJUE e que não necessariamente serão a interpretação dada pelas autoridades brasileiras. Mas são sempre paradigmáticos e devem ser considerados, tendo-se em vista que o GDPR é mais maduro que a LGPD em termos de estudos e aplicação.[14] Pode ser um norte importante, embora haja doutrina no sentido de se buscar uma análise holística para o tema, focada em outros aspectos que não apenas as leis de proteção de dados.[15]

---

[14] Vale ler, ainda, o estudo sobre a utilização do DNT – *do not track*. A Comissão Europeia, juntamente com a Comissão Federal de Comércio dos EUA, promoveu a iniciativa Do Not Track (DNT), que é oferta aos usuários de cancelarem o rastreamento para fins de publicidade comportamental. A Mozilla introduziu o cabeçalho DNT no Firefox, e a Microsoft implantou listas de proteção contra rastreamento no Internet Explorer 9 (IE9). As reações da indústria foram intensas. *Vide* o estudo: KAMARA, Irene; KOSTA, Eleni, *Do Not Track Initiatives*: Regaining the Lost User Control (November 1, 2016). Irene Kamara, Eleni Kosta, Do Not Track initiatives: regaining the lost user control, International Data Privacy Law, Volume 6, Issue 4, November 2016, Pages 276-290. Disponível em: https://ssrn.com/abstract=3466822. Acesso em: 03 nov. 2020.

[15] NOTO LA DIEGA, Guido, Data as Digital Assets. The Case of Targeted Advertising: Towards a Holistic Approach? (February 15, 2018). Mor Bakhoum, Beatriz Conde Gallego, Mark-Oliver Mackenrodt, and Gintarė Surblytė-Namavičienė, Personal data in competition, consumer protection and intellectual property law. Towards a holistic approach? (Springer 2018) 445-499 ISBN 9783662576465. Disponível em: https://ssrn.com/abstract=3335262. Acesso em: 03 nov. 2020.

Ilustrado com casos decididos no âmbito da União Europeia, fica mais claro como a proteção de dados tem relação com a publicidade digital, em especial em razão das definições legais de controlador e operador, que determinam o que cada ente no fluxo de dados pessoais realiza em termos de tratamento de dados.

4. OS DESAFIOS DE ADEQUAÇÃO ÀS LEIS DE PROTEÇÃO DE DADOS PESSOAIS EM FACE DOS *GUIDELINES 8/2020 ON TARGETING ON SOCIAL MEDIA USERS* DO EUROPEAN DATA PROTECTION BOARD (EDPB)

O *European Data Protection Board* (EDPB) publicou uma versão do *Guidelines 8/2020 on targeting on social media users*, que estará aberto para consulta pública entre os dias 7 de setembro e 19 de outubro. O documento é peculiar e importante para termos uma visão de como é o entendimento do EDPB para parte da publicidade *on-line*, em especial as operações de *targeting* realizadas em mídias sociais.[16]

O principal ponto de atenção quanto ao documento reside na interpretação do EDPB sobre a impossibilidade de se fundamentar no legítimo interesse os fluxos de dados pessoais relacionados às operações de *targeting* realizadas em mídias sociais. O exemplo que levou a essa conclusão é a de alguém que se dirige a uma instituição financeira para entender melhor sobre determinado produto ou serviço e, apesar de não o ter contratado, foi impactado nas redes sociais por materiais daquela instituição. É um caso bastante típico no nosso cotidiano, quando uma pessoa interessada por um assunto acaba sendo "perseguida" por alguma publicidade relacionada ao seu interesse em outros lugares que visitar na internet.

No entender do EDPB, considerando o contato inicial com a finalidade exclusiva de agendamento de uma conversa com representante da instituição financeira, a utilização do dado para o *retargeting* desvirtuaria a finalidade do tratamento para a qual o dado fora coletado. Assim, estaria violado o princípio da finalidade. Como consequência, o EDPB entende que o legítimo interesse não poderia ser a base legal utilizada para fundamentar esse fluxo, já que não haveria expectativa razoável da pessoa sobre esse tratamento, isto é,

---

[16] *Guidelines 8/2020 on targeting on social media users do European Data Protection Board* (EDPB). Disponível em: https://edpb.europa.eu/our-work-tools/public--consultations-art-704/2020/guidelines-082020-targeting-social-media-users_en. Acesso em: 12 out. 2020.

para que viesse a ser impactada por publicidade apenas porque buscou mais informações sobre um produto/serviço.

A ser mantida esta interpretação, fica o questionamento: não seria mais possível realizar tratamento de dados para operações de *retargeting* em não clientes? (o que é muitíssimo comum). Como ficaria, então, a obtenção do consentimento para essas operações? Se a empresa receber um contato de alguém por *e-mail* com questionamentos sobre um produto/serviço, deverá, imediatamente, obter o consentimento para o tratamento posterior envolvendo *retargeting*? São perguntas que precisam ser feitas, já que isso pode mudar totalmente o fluxo de dados pessoais nestes casos.

Além disso, no exemplo do EDPB, o contato inicial do titular de dados foi feito por *e-mail*, mas como ficam as operações de *retargeting* em mídias sociais? Por exemplo, quando o usuário em um *e-commerce*, ao clicar em determinado produto ou serviço no *site*, ou realizar uma pesquisa por tal produto ou serviço em buscadores, acaba por ser impactado novamente em mídias sociais. Ainda, como ficam operações de *retargeting* fora de redes sociais? Seguiriam a mesma lógica acerca do legítimo interesse? Tais operações estão inviabilizadas? Caso se queira impactar um usuário que frequentou determinado site, mas não concluiu sua compra, deve-se coletar o consentimento desse usuário? E dos usuários que apenas clicaram em produtos ou serviços? Também se coleta consentimento? Como seria garantir a validade desse consentimento? Qual a possibilidade de operacionalização de uma coleta nesse sentido? E a gestão disso tudo?

Eis, portanto, algumas considerações importantes a se fazer, especialmente porque, se formos considerar como isso ficaria em termos operacionais, parece que haveria sérios impactos para o setor da publicidade.

Mas o tema está longe de ter uma estabilidade jurídica, porque recentemente Wojciech Wiewiórowski,[17] supervisor de proteção de dados da União Europeia (*European Data Protection Supervisor*), escreveu um artigo bastante crítico sobre a publicidade *on-line*.[18] No texto, Wojciech diz que a antiga promessa de ambiente livre e aberto da internet foi substituída por um espaço permeado por vigilância contínua, com serviços digitais projetados para maximizar o engajamento, rastrear e segmentar. O supervisor declara

---

[17] Wojciech Wiewiórowski foi nomeado por decisão conjunta do Parlamento Europeu e do Conselho em 5 de dezembro de 2019 para um mandato de cinco anos.

[18] O texto pode ser lido no seguinte endereço: https://edps.europa.eu/press-publications/press-news/blog/it-time-target-online-advertising_en?mkt_tok=MTM4LUVaTS0wNDIAAAGDKF08K12Ns3cbLvmqYpozUKGJQQAfExJN62pw0QlWpk-AC10Z6PFZg2nm9HzuqS-2xOOnZfWoHzVnaUvRw5Dhcg-OZ_GuHlC2m2Lmm4lQxvBw. Acesso em: 14 mar. 2022.

que a mera transparência não é suficiente para tornar o ambiente *on-line* menos invasivo às pessoas, de modo que propõe a proibição da publicidade direcionada por se tratar, segundo ele, de um "rastreamento generalizado". Ele menciona a proposta de um Regulamento único de serviços digitais (Regulamento Serviços Digitais)[19] e que altera a Diretiva 2000/31/CE, mencionando, ainda, sua proposta[20] de que haja ainda mais limitação nas categorias de dados pessoais que podem ser processadas para fins de publicidade e exorta-nos a fazer isso acontecer. Acredita-se, assim, que na União Europeia o tema ainda venha a ser debatido com intensidade.

5. CONCLUSÕES

A realização da publicidade com utilização de dados pessoais não é proibida e traz os benefícios de que as pessoas percebam o valor da personalização, viabilizando decisão econômica dos titulares de dados que são consumidores, estimulando a demanda e aumentando a concorrência, entre outros.

No Brasil, a LGPD não distingue, para o tratamento de dados pessoais, as hipóteses legais, sendo que todas as previstas no art. 7º são equivalentes, isto é, não há uma mais ou menos importante que outra.

Sobre a escolha das bases legais para o tratamento, o posicionamento da EDPB pode ser um *game changer* nessas operações. Isso não necessariamente ocorrerá no Brasil, haja vista que a Autoridade Nacional poderá ter entendimento diverso. Mas é um ponto crucial que pode vir a impactar negócios por todo o mundo.

Entendemos que o consentimento tem vários vieses. Embora o principal seja o de dar ao titular dos dados mais poder sobre o destino deles, há, inclusive, o de estar facilmente sujeito a fraudes e de ser contraintuitivo em muitos casos. Afinal, demonstrar uma manifestação livre, informada e inequívoca não é nada fácil.

Há, ainda, uma falsa ideia de que o consentimento é menos intrusivo do que outras bases legais, como o legítimo interesse, que não é uma carta branca para que as corporações façam o que bem entenderem, já que dependem

---

[19] O texto pode ser encontrado em: https://eur-lex.europa.eu/legal-content/PT/TXT/HTML/?uri=CELEX:52020PC0825&from=en. Acesso em: 14 mar. 2022.

[20] Suas críticas podem ser acompanhadas de forma mais profunda no documento intitulado Opinion 1/2021
on the Proposal for a Digital Services Act. Disponível em: https://edps.europa.eu/system/files/2021-02/21-02-10-opinion_on_digital_services_act_en.pdf. Acesso em: 14 mar. 2022.

de análises de finalidade e proporcionalidade para ser utilizadas. Afinal de contas, muitos de nós, com consentimento, fornecemos nossos dados para os mais variados entes, públicos e privados.

A jurisprudência, oportunamente, dirá em quais casos será adequado o legítimo interesse e em quais deverá haver o consentimento. Sabemos que isso levará ainda um tempo até se consolidar. Por ora, acreditamos que ambas podem ser hipóteses legais válidas e que dependem da análise, fluxo a fluxo, da finalidade pretendida.

Uma coisa, no entanto, que precisa ser feita é a demonstração mais clara e transparente sobre o *trade-off* envolvido e as vantagens para os titulares de dados. Mas, como vimos anteriormente, o EDPS entende que a transparência não é a solução dos problemas. Pelo menos não basta havê-la.

Cabe também às empresas da cadeia de publicidade *on-line* se movimentarem para dar ampla visibilidade aos usuários sobre o funcionamento do direcionamento e a segmentação de usuários. Isso ajudará a empoderar os titulares a decidirem melhor sobre o que lhes interessa compartilhar e tornará a atividade menos obscura e mais natural a todos, trazendo vantagens recíprocas: aos titulares, a compreensão e o empoderamento sobre seus dados; e às empresas da cadeia da publicidade, a confiança dos titulares e sua anuência com um modelo de negócios, que fomentará a economia digital. Caso não se movimentem nesse sentido, é possível que haja forças regulatórias que busquem restringir o uso de dados pessoais para a publicidade *on-line*. Pelo menos inicialmente na União Europeia. Acompanhemos os desdobramentos.

BIBLIOGRAFIA

CRESPO, Marcelo Xavier de Freitas; KAUER, Gisele Shinozaki. Filter bubble y juicio crítico de jóvenes: consideraciones acerca de algoritmos y bienestar. In: Inteligencia artificial y bienestar de las juventudes en America Latina. Editores Generales: Lionel Brossi, Thomás Dodds y Ezequiel Passerón. LOM Ediciones. Santiago del Chile, 2019.

EIJK, Rob van, Web Privacy Measurement in Real-Time Bidding Systems. A Graph-Based Approach to RTB System Classification (January 29, 2019). Web Privacy Measurement in Real-Time Bidding Systems. A Graph-Based Approach to RTB System Classification (diss. Leiden), Amsterdam: Ipskamp Printing, ISBN 978 94 028 1323 4, 2019. Disponível em: https://ssrn.com/abstract=3319284.

GUIDELINES 8/2020 on targeting on social media users do European Data Protection Board (EDPB). Disponível em: https://edpb.europa.eu/our-work-tools/public-consultations-art-704/2020/guidelines-082020-targeting-social-media-users_en. Acesso em: 12 out. 2020.

GOLDBERG, Samuel and Johnson, Garrett and Shriver, Scott, Regulating Privacy Online: The Early Impact of the GDPR on European Web Traffic & E-Commerce Outcomes (July 17, 2019). Disponível em: https://ssrn.com/abstract=3421731 or http://dx.doi.org/10.2139/ssrn.3421731.

KAMARA, Irene; KOSTA, Eleni, Do Not Track Initiatives: Regaining the Lost User Control (November 1, 2016). Irene Kamara, Eleni Kosta, *Do Not Track initiatives*: regaining the lost user control, International Data Privacy Law, Volume 6, Issue 4, November 2016, Pages 276-290, Disponível em: https://ssrn.com/abstract=3466822.

KE, Tony and Sudhir, K., Privacy Rights and Data Security: GDPR and Personal Data Driven Markets (July 5, 2020). Disponível em: https://ssrn.com/abstract=3643979 or http://dx.doi.org/10.2139/ssrn.3643979.

LEE, Sangwoo, A Study on Consent of the GDPR in Advertising Technology Focusing on Programmatic Buying (April 26, 2020). Disponível em: https://ssrn.com/abstract=3616651 or http://dx.doi.org/10.2139/ssrn.3616651.

Moerel, E.M.L. and van der Wolk, Alex, Big Data Analytics Under the EU General Data Protection Regulation (May 21, 2017). This paper has been first published in Dutch by SDU Uitgevers in 2017 as Chapter 3 "Big data en het gegevensbeschermingsrecht", in: "Big data en het recht. Een overzicht van het juridisch kader voor big data toepassingen in de private sector, Reeks Monografieën Recht en Informatietechnologie. Disponível em: https://ssrn.com/abstract=3006570 or http://dx.doi.org/10.2139/ssrn.3006570.

NOTO LA DIEGA, Guido, Data as Digital Assets. The Case of Targeted Advertising: Towards a Holistic Approach? (February 15, 2018). Mor Bakhoum, Beatriz Conde Gallego, Mark-Oliver Mackenrodt, and Gintarė Surblytė-Namavičienė, Personal data in competition, consumer protection and intellectual property law. Towards a holistic approach? (Springer 2018) 445-499 ISBN 9783662576465. Disponível em: https://ssrn.com/abstract=3335262.

7

PRIVACIDADE DE DADOS E *BUSINESS INTELLIGENCE* NAS REDES SOCIAIS: *PROFILING* COMO ATO LESIVO À LUZ DA LEI GERAL DE PROTEÇÃO DE DADOS

Gustavo Rabay Guerra e Juliana Targino Nóbrega

1. INTRODUÇÃO

A cada dia o número de usuários nas redes sociais aumenta e as empresas de tecnologia que oferecem esses produtos enfrentam uma difícil corrida contra os sistemas de proteção de dados pessoais. Criar um banco de dados estruturado, eficiente e, primordialmente, em conformidade com as regulamentações em vigor não é tarefa fácil, diante da justificativa-padrão de que a coleta e o tratamento dos dados são realizados para proporcionar a melhor experiência para o usuário.

Nos últimos anos, a discussão sobre a privacidade das pessoas nas redes sociais só cresce, principalmente após a promulgação pela Comissão Europeia do Regulamento Geral de Proteção de Dados (RGPD) em 2016. No entanto, foi durante a pandemia do coronavírus em 2020 que o debate ganhou ainda mais força quando cidadãos e governos de todo o mundo trataram sobre os limites do princípio do interesse público sobre a vida privada no que se refere ao monitoramento das pessoas infectadas pelo vírus e ao índice de isolamento social.

Dentro do universo da proteção de dados pessoais, além do monitoramento citado, existe um universo de possibilidades para se estudar o tema. Uma delas é o uso da estratégia de *business intelligence* – BI (inteligência de negócios) a partir do comportamento dos usuários nas redes sociais para a tomada de decisões nas empresas. Ser uma empresa de boa *performance* e proporcionar a melhor experiência para o consumidor é o grande desafio delas atualmente. Com a rápida troca de informações que as redes sociais proporcionam, os consumidores estão cada vez mais exigentes. Na busca pelos melhores resultados, as empresas demandam análises da jornada de compra do consumidor e o comportamento dele em um cenário social profundamente impactado pela transformação digital, contexto no qual as redes assumem papel essencial (MARQUES; VIDIGAL, 2018).

Entendido o perfil de consumidor que a empresa deseja conquistar, ela precisará realizar, além de outras pesquisas, um perfilamento dos usuários nas redes sociais utilizando diversas variáveis e dados pessoais deles. *Hobbies*, estilo de vida, conteúdos que interagem ou compartilham, lugares que frequentam, celebridades e influenciadores que seguem, são algumas das variáveis que podem ser levadas em consideração no momento de analisá-lo. É a prática que conhecemos como perfilamento (*profiling*) (BIONI, 2019).

Ocorre que os algoritmos de perfilamento poderão redundar em violação do direito à privacidade dos usuários nas redes sociais. O que eles escolhem compartilhar com seus seguidores não está autorizado necessariamente a ser utilizado por empresas para apresentação de uma campanha de *marketing*, por exemplo. Além disso, é possível perceber a existência de algoritmos de perfilamento com vieses discriminatórios e até com manipulação de informações para influenciar tomada de decisões dos usuários.

Sob a ótica de um sistema de proteção de dados pessoais, entender o uso do BI integrado às redes sociais e seus limites poderá ajudar organizações que utilizam as ferramentas digitais a tomar decisões estratégicas sem desrespeitar a privacidade dos usuários

2. O USO DE *BUSINESS INTELLIGENCE* EM REDES SOCIAIS: AMEAÇA À PRIVACIDADE EM ESCALA INDUSTRIAL

O BI pode ser entendido como a concentração de dados do negócio estruturados de forma que seja capaz de gerar informações e conhecimentos que apoiem a tomada de decisões em departamentos de uma empresa (CONCEIÇÃO, 2020, p. 11).

Diante desse conceito, podemos compreender o motivo pelo qual o uso de BI tem crescido tanto no meio corporativo aliado ao crescimento acelerado da produção de dados advindo de usuários da Internet, que aqui chamamos de *big data*, termo usualmente utilizado para descrever o imenso volume de dados, estruturados ou não gerados diariamente por todo e qualquer dispositivo de registro de informações, de alguma forma conectado à Rede Mundial de Computadores.[1]

Para ter uma noção da imensidão de dados coletados nesse oceano informacional, a consultora EMC estima que, no ano de 2013, havia cerca de 4,4 trilhões de *gigabytes* de dados no mundo e que tal monta, em 2020, alcançará o patamar de 44 trilhões (MARQUESONE, 2016, p. 21). Em razão dessa quantidade de dados, é inquestionável que, atualmente, vivencia-se a era do *Big Data*. Como bem lembra Magrani (2018, p. 17), segundo dados da Cisco, empresa de grande porte do ramo de TI, é provável que em um futuro próximo, a medida do crescente volume de dados coletados não será mais baseada em *gigabytes*; "o cálculo da quantidade de dados será feito na ordem *Zettabyte* e até mesmo em *Yottabyte*".[2]

Aplicando-se às ferramentas de análise desse imenso acervo o conhecimento haurido da ciência de dados, tem-se a base fundamental para que um sistema de BI possa apresentar esquemas informacionais mais assertivos para uma tomada de decisão mais estratégica.

ALCARA *et al.* (2006, p. 145) assinala que um BI eficiente pode ajudar empresas a se posicionarem estrategicamente no mercado que atuam de forma a influenciar direta ou indiretamente o comportamento dos consumidores,

---

[1] Dados estruturados são aqueles organizados em linhas e colunas de forma a tornar eficiente sua recuperação e processamento. Os dados não estruturados, por sua vez, são aqueles que não podem ser organizados de tal forma, o que dificulta seu acesso e recuperação, sendo eles a maior parte dos dados existentes na rede mundial de computadores. Trata-se de um termo tão amplo quanto sugerido por seu nome, podendo ser utilizado para designar tanto um conjunto de dados detidos por empresas, governos ou grandes organizações, que se destinam a uma extensa análise por meio de algoritmos computacionais, quanto a própria totalidade de dados gerados atualmente. Como lembram Mayer-Schönberger e Cukier (2013): "*Big Data* começa com o fato de que há muito mais informações disponíveis atualmente do que em qualquer outro período da história... *Big Data* e Internet são conceitos distintos, embora a *web* torne a coleta e o compartilhamento de dados muito mais fácil. *Big Data* significa mais do que apenas comunicação: a ideia é que podemos aprender com um grande corpo de informações coisas que não compreenderíamos usando apenas quantidades menores de dados".

[2] *Gigabyte* é uma unidade de medida de informação que equivale a 1.000.000.000 bytes; *Yottabyte* é uma unidade de medida de informação que equivale a 10 elevado a 24 *bytes*; o Zettabyte é uma unidade de informação que corresponde a 1.000.000.000.000.000.000.000 (10^{21}) *bytes*; e, por fim, um *Yottabyte* é uma unidade de medida de informação que equivale a 10 elevado a 24 *bytes* (Cf. MAGRANI, 2018, p. 17).

a regulação do setor público e até mesmo o comportamento de empresas concorrentes ou que pertencem a setores da economia diversos.

É importante destacar que o macroambiente em que a organização está inserida é formado pelo ambiente interno e externo. Para se tornar competitiva, a organização deve atuar com ações integradas nos dois ambientes. Assim, enfatizamos a ideia de Valentim (2002) de que o ambiente interno consiste de: organograma institucional – relações entre unidades de trabalho, tais como diretorias, departamentos, setores e outros; estrutura de recursos humanos – relações entre as pessoas das diversas unidades de trabalho; e estrutura informacional – dados, informação e conhecimento gerados no ambiente interno. O ambiente externo diz respeito aos agentes que influenciam as ações e as decisões e estão fora do poder de controle da organização. O governo com suas políticas econômicas e sociais, os concorrentes do segmento de mercado, a sociedade, as instituições não governamentais, os fornecedores de matérias-primas e os acontecimentos mundiais, como a desvalorização das bolsas de valores mais influentes, podem ser considerados agentes pertencentes ao ambiente externo, porquanto possuam capacidade de modificar a trajetória do mercado e da organização (VALENTIM, 2002, *apud* ALCARA *et al.*, p. 145).

Se observarmos o impacto das redes sociais na vida em sociedade, temos um grandioso e valioso *acervo informacional* (baseado em *big data*) à disposição de empresas que desejam conquistar cada vez mais novos consumidores.[3] Os dados gerados em redes sociais são tão valiosos que abrem espaço para a prática de atos que abusam do direito à privacidade, da autodeterminação informativa e da liberdade dos usuários. O clássico exemplo é o da empresa Cambridge Analytica e do Facebook (CA/FB), durante a campanha presidencial americana que elegeu Donald Trump em 2016 e influenciou o resultado do Brexit, acendendo o alerta mundial para o uso desenfreado e

---

[3] Para se ter uma dimensão do impacto dessa ferramenta, a pesquisa realizada em 2019 pelo portal "Inteligência Corporativa Rock Content", sobre o uso das redes sociais por pessoas e empresas, identificou que do total de empresas que responderam à pesquisa 96,2% delas estão nas redes sociais e que os principais benefícios são a divulgação e o engajamento com a marca que proporcionam com os usuários. Destes, "91,3% dos internautas acessam suas redes sociais diariamente e uma parte considerável gasta, em média, mais de 4 horas por dia navegando nessas redes (38,3%)". Com relação ao conteúdo acessado pelos internautas, a pesquisa demonstra que os usuários gostam de acompanhar nas redes sociais "informações sobre sua profissão ou área de atuação (13,4%), notícias em geral (10,2%), tecnologia (9,9%) e humor (8,7%)" (ROCK CONTENT, 2019).

sem escrúpulos dos dados que os usuários geram nas redes sociais (AMER; NOUJAIM, 2019).

Antes de explicar o caso CA/FB, imperioso ressaltar o conceito de *profiling* adotado por Doneda (2006, p. 173): ocorre quando os dados pessoais "são tratados, com o auxílio de métodos estatísticos, técnicas de inteligência artificial e outras mais, com o fim de obter uma 'metainformação', que consistiria numa síntese dos hábitos, preferências pessoais e outros registros da vida desta pessoa". De modo que o resultado pode ser utilizado para traçar um quadro das tendências de futuras decisões, comportamentos e destinos de uma pessoa ou grupo.

Por seu turno, a observação de Magrani (2018, p. 134) é precisa, no sentido que

> [...] observamos hoje a predominância nas esferas conectadas dos lucrativos modelos de negócio baseados em filtragem algorítmica com a finalidade de realizar práticas de *micro-targeting, profiling*, entre outras mencionadas, direcionando a venda de produtos e serviços de forma otimizada a e-consumidores. Essas práticas correntes, conforme vimos, pautam-se pela utilização, em grande medida, dos dados pessoais dos usuários e geram o agravamento do efeito denominado *filter bubble*, possuindo efeitos nocivos sobre a democracia e freando o entusiasmo acerca do papel democrático da Internet como esfera pública para as sociedades contemporâneas.

Nesse contexto, com uso de técnicas de perfilamento (*profiling*) e da produção de notícias falsas (*fake news*), a Cambridge Analytica identificou como usuários do Facebook teriam o potencial de eleger Donald Trump a partir dos quase 5.000 pontos de contato que existem na rede social. "A empresa britânica coletava dados desde 2014 da rede social, totalizando em média 87 milhões de usuários" (CRUZ; CAMARA, 2019, p. 159).[4] O docu-

---

[4] A Cambridge Analytica é uma empresa de consultoria política, especializada em comunicação estratégica eleitoral e que combina, para tanto, mineração, análise e tratamento de dados. Ela teria utilizado o Facebook para obter dados pessoais de usuários, sem o consentimento destes e, ainda, manipulado informações para obter engajamento não orgânico em campanhas públicas. Por meio de uma pesquisa acadêmica realizada sob autorização da empresa, com a coleta de cerca de 87 milhões de usuários, segundo estimativas do Facebook, descobriu-se que Cambridge Analytica destinou os dados dos usuários para influenciar a eleição presidencial dos Estados Unidos da América, em benefício de Donald Trump, que acabou vencendo as eleições, e o referendo que decidiu pela saída do Reino Unido da União Europeia (Brexit), alguns anos antes. O Facebook está

mentário "Privacidade hackeada", dos diretores Amer e Noujaim (2019), foi muito preciso em apresentar como se deu todo esse processo de coleta ilegal, inclusive com os depoimentos de alguns dos principais envolvidos.

Comentários, curtidas, imagens, publicações, *check-in* nos lugares que frequenta, compartilhamentos, são algumas das fontes de dados utilizadas para traçar o perfil de comportamento e gostos de um usuário na rede social. Essas possibilidades têm gerado preocupações por parte dos órgãos fiscalizadores, como a Federal Trade Commission dos Estados Unidos, como bem destaca Magrani (2018, p. 24-25):

> A Federal Trade Commission estima que cerca de 10.000 habitantes podem gerar 150 milhões de *data points* diariamente. Os dispositivos captam as informações, enviam para a central e depois compilam os dados de acordo com as preferências do usuário. Não se tem, hoje, clareza do tratamento dispensado aos dados. Aspectos sobre a coleta, o compartilhamento e o potencial uso deles por terceiros ainda são desconhecidos pelos consumidores. Isso tem potencial de abalar – e, em certo sentido, já abala – a confiança dos usuários nos produtos conectados.

A partir do Caso Facebook-Cambridge Analytica, o número de países e comunidades internacionais discutindo e criando seus próprios sistemas de proteção de dados pessoais está expandindo. A União Europeia, que contava com a Diretiva 95/1946,[5] a partir de 25 de maio de 2018 está sob a vigência

---

sendo investigado nos EUA, no Reino Unido e no Brasil, e excluiu centenas de aplicativos de suas plataformas, além de ter reduzido a quantidade de dados que podem ser obtidos por meio deles e melhorado os controles de privacidade, além do pagamento de multas astronômicas e acordos judiciais e administrativos para permitir o arquivamento de algumas apurações de violações cometidas pela rede de Mark Zuckerberg. O próprio CEO teve que depor perante o Senado dos EUA e se comprometeu a implementar mudanças sensíveis nos processos de coleta e prevenção à manipulação de dados, num prazo de dez anos. O episódio também levou à prisão de Alexander Nix, fundador da Cambridge Analytica, cujas atividades encerradas compulsoriamente após o escândalo (GUERRA; MELLO, 2020).

[5] A Diretiva da Assembleia Parlamentar do Conselho de Europa 46, de 1995, ou simplesmente Diretiva 95/46-CE, foi aprovada em 24 de outubro de 1995, tendo vigência apenas em 1998 e contemplou o mais amplo texto legal em matéria de proteção de dados pessoais até então. A Diretiva passou a obrigar cada país-membro da União Europeia a instituir uma agência ou comissário de proteção de dados, este último um agente estatal que supervisione a aplicação dos princípios e leis de proteção à privacidade individual. Outra obrigação legal imposta aos estados-membros foi com relação à elaboração de leis sobre o processamento

do Regulamento Geral de Proteção de Dados – RGPD (PARLAMENTO EUROPEU; CONSELHO DA UNIÃO EUROPEIA, 2016).[6] Entretanto, os esforços pela regulamentação do fluxo de dados de cidadãos do bloco remonta a 1981, com a "Convenção para a Proteção dos Indivíduos com Respeito ao Processamento Automático de Dados Pessoais",[7] na sequência às célebres "Diretrizes sobre Proteção da Privacidade e o Fluxo Transnacional de Informações Pessoais", da Organização para a Cooperação Econômica e Desenvolvimento (OCDE).[8]

Alguns países, de fato, são precursores, como Singapura, cujo *Personal Data Protection Act* (PDPA) é de 2012.[9] Na Austrália, o *Privacy Act (Lei da Privacidade)* é de 1988.[10] Nos Estados Unidos, ainda não há nenhuma legisla-

---

de dados pessoais, de modo a permitir que no prazo da *vacatio legis* os países pudessem estar aptos a incorporar suas regras no direito interno deles. (Disponível em: https://eur-lex.europa.eu/legal-content/PT/TXT/?uri=celex%3A31995L0046). Acesso em: 1.º set. 2020).

[6] Trata-se do Regulamento (UE) 2016/679, do Parlamento Europeu e do Conselho, de 27 de abril de 2016, que revogou a Diretiva 95/1946 e entrou em vigor na data suprarreferida. O título do documento em inglês corresponde à sigla GDPR (*General Data Protection Regulation*), mais popular no campo de estudos do fenômeno proteção de dados. Entretanto, por questões didáticas, no presente estudo será identificado em português como "Regulamento Geral de Proteção de Dados" e sua respectiva sigla.

[7] Tratado (ETS) 108, intitulado "Convention for the Protection of Individuals with regard to Automatic Processing of Personal Data", de 25 de janeiro de 1981, e que foi ratificado em 1.º de outubro do mesmo ano, quando entrou em vigor (Disponível em: https://www.coe.int/en/web/conventions/full-list/-/conventions/treaty/108. Acesso em: 1.º set. 2020).

[8] "Guidelines on the Protection of Privacy and Transborder Flows of Personal Data", documento divulgado em 1.º de outubro de 1980, foi completamente revisado em 2013, compondo o chamado "Framework de Privacidade" da OCDE (Disponível em: http://www.oecd.org/dsti/sti/it/secur/prod/PRIV-EN.HTM. Acesso em: 1.º set. 2020).

[9] A Lei de Proteção de Dados Pessoais de Singapura de 2012 (PDPA) é uma lei que rege a coleta, uso e divulgação de dados pessoais por organizações privadas. A lei entrou em vigor em 2 de julho de 2014. As empresas que não cumprirem o PDPA podem ser multadas em até US $ 1 milhão e sofrer danos à reputação (Disponível em: https://sso.agc.gov.sg/Act/PDPA2012. Acesso em: 1.º set. 2020).

[10] Conforme informações disponíveis no *site* do próprio governo australiano, A Lei de Privacidade inclui 13 Princípios de Privacidade Australianos ("APPs") que se aplicam a algumas organizações do setor privado, bem como à maioria das agências do governo australiano. Estas são coletivamente chamadas de "entidades APP". A Lei de Privacidade também regula o tema no sistema de relatórios

ção federal, mas alguns Estados já têm a própria legislação sobre o tema, dos quais destacamos o Estado da Califórnia com o *California Consumer Privacy Act*[11] (CCPA), em vigor desde janeiro de 2020.

No Brasil, a Lei Geral de Proteção de Dados (Lei 13.709/2018) é a legislação que objetiva estabelecer no País um sistema de proteção de dados pessoais. Seguindo um padrão inaugurado pelo RGPD europeu, a LGPD traz em seu corpo definições e regras sobre a coleta e o tratamento de dados pessoais.

3. *BUSINESS INTELLIGENCE* E REDES SOCIAIS: A IMPORTÂNCIA DE ESTAR EM CONFORMIDADE COM A LEI GERAL DE PROTEÇÃO DE DADOS

As redes sociais revolucionam a forma como as pessoas interagem entre si e como as informações se espalham pela *web* de modo absurdamente rápido. Nelas, as pessoas buscam liberdade para expressar seus pensamentos e seu cotidiano visando ao pertencimento a um grupo social.

A par dessas relações, Cruz e Camara (2019, p. 163) destacam um olhar bastante arguto sobre as obras *Modernidade líquida*, de Zygmund Bauman (2001), e *Showrnalismo*, de José Arbex (2001), no sentido de que as pessoas que utilizam as redes sociais têm grande tendência de influenciar pessoas a partir do seu estilo de vida e hábitos de consumo denominando os usuários de "Sociedade do Espetáculo" (DEBORD, 1997). "Tal sociedade seria fortemente evidenciada na Modernidade Líquida, que, por ser baseada no consumo e na tecnologia, vê-se obrigada a adentrar no mundo das redes sociais, da superexposição, da doação de dados objetivando estar 'na vitrine'" (CRUZ; CAMARA, 2019, p. 163).

---

de crédito ao consumidor, números de arquivos fiscais e pesquisas médicas e de saúde (Disponível em: https://www.oaic.gov.au/privacy/the-privacy-act/. Acesso em: 1.º set. 2020).

[11] A denominada "Lei de Privacidade do Consumidor da Califórnia", de 2018, confere aos consumidores mais controle sobre as informações pessoais que as empresas coletam sobre eles. Essa lei histórica garante novos direitos de privacidade para os consumidores da Califórnia, incluindo: O direito de saber sobre as informações pessoais que uma empresa coleta sobre elas e como elas são usadas e compartilhadas; a possibilidade de solicitar a exclusão de informações pessoais coletadas deles (com algumas exceções); o direito de optar pela venda de suas informações pessoais; e, ainda, cláusula de não discriminação para o exercício de seus direitos como consumidor. As empresas são obrigadas a fornecer aos consumidores certos avisos explicando suas práticas de privacidade (Disponível em: https://oag.ca.gov/privacy/ccpa. Acesso em: 1.º set. 2020).

Hábitos de consumo e comportamento dos usuários são os dados que as empresas buscam nas redes sociais para entender a jornada de consumo dos seus potenciais consumidores em um cruzamento de informações que já têm em sua própria base de dados construída a partir dos dados que seus consumidores forneceram. Harari (2016, p. 321-322) fala na ascensão de uma nova religião ou de uma nova divindade, para a qual entregamos nossas vidas – o *dataísmo*, a crença absoluta na direção da sociedade a partir de dados.

Na mesma senda, a advertência de Zuboff (2015), de que nos enredamos no que denominou de *capitalismo de vigilância* (*surveillance capitalism*), segundo o qual o fenômeno de grandes acervos informacionais (*Big Data*) não é simplesmente uma ferramenta tecnológica ou uma metodologia: tem origem na esfera social, pois é, acima de tudo, "o componente fundamental de uma nova lógica de acumulação profundamente intencional e repleto de consequências" (ZUBOFF, 2015).

Ante esse cenário, surgem diversos questionamentos sobre os limites de compartilhamento dessas informações entre as redes sociais e as empresas, como forma de evitar um desvio de finalidade como o que está acontecendo com a *startup* americana "Clearview AI".

A partir de uma imagem enviada para o Clearview AI, o sistema utiliza tecnologia de reconhecimento facial para identificar em toda a internet todas as imagens "públicas" que aparecem a mesma pessoa da foto com a indexação dos *links* onde elas estão publicadas. Segundo o seu fundador, Hoan Ton-That, a empresa possui permissão para essa indexação fundada na Primeira Emenda americana (CNN BUSINESS, 2020). Essa mesma Emenda é também o foco da discussão no Tribunal de Justiça da União Europeia no caso Max Schrems *versus* Facebook, relativo ao compartilhamento internacional de dados entre Estados Unidos e União Europeia (NOYB, 2020). Já em 2020 a decisão nesse caso proibiu o compartilhamento de dados pessoais entre esses países.

As principais regulações que fortalecem o sistema de proteção de dados pessoais (RGPD e LGPD) não proíbem a coleta e tratamento de dados pessoais para fins de *estratégia de negócios*. Elas proíbem que essas práticas sejam realizadas de forma a desrespeitar os direitos inerentes à personalidade humana dos quais decorrem: a privacidade, a honra, a imagem, a liberdade de expressão, a autodeterminação informativa, a não discriminação e tantos outros.

Em seu art. 6.º, a LGPD (BRASIL, 2018) prevê as bases legais para tratamento de dados pessoais que são de observância obrigatória por todas as empresas públicas ou privadas, conforme dispõe o art. 3.º do mesmo diploma. São as bases legais: finalidade, adequação, necessidade, livre acesso, qualidade dos dados, transparência, segurança, prevenção, não discriminação e responsabilização e prestação de contas. No âmbito do BI aplicado às redes sociais, destacamos as mais palpitantes: finalidade, necessidade e não discriminação.

No BI os dados necessários para a boa tomada de decisão precisam estar de acordo com o modelo de negócios e planejamento estratégico da empresa. Dessa forma, uma empresa de tecnologia que possui plataforma entrega em domicílio (*delivery*) terá interesse de saber como foi a experiência do usuário durante o uso da plataforma, bem como o que os usuários estão comentando nas redes sociais sobre a plataforma. Na primeira hipótese, a análise dos dados se dará a partir dos dados fornecidos pelo usuário dentro da plataforma: desde a compra da comida até a entrega dela no local escolhido; na segunda hipótese, uma análise a partir da mineração do texto publicado nas redes sociais.

Em ambas as situações será necessário coletar o consentimento expresso dos consumidores e usuários apresentando-lhes a finalidade e demonstrando o procedimento de anonimização dos dados que serão utilizados nas análises. Visualizando a problemática da segunda hipótese, o Facebook expõe expressamente em suas Políticas de Privacidade que está cada vez mais restringindo o acesso aos dados por desenvolvedores como forma de evitar abusos.

Já o Twitter esclarece que o conteúdo dos *tweets* são visíveis e pesquisáveis por qualquer pessoa do mundo e que existem maneiras de torná-los privados, o que contraria o argumento utilizado pela empresa quando enviou documento ao Clearview AI solicitando que a indexação do conteúdo dos seus usuários fosse interrompido por violação das suas políticas de privacidade (HILL, 2020).

Conforme dispõe a LGPD (BRASIL, 2018), o compartilhamento de dados pessoais só poderá ser realizado se houver consentimento específico do titular dos dados pessoais (art. 7.º, § 5.º). Além disso, a hipótese de mineração de textos publicados nas redes sociais pode incorrer em desvio de finalidade. A finalidade de uma pessoa publicar uma imagem ou texto numa rede social é dividir com seus amigos e familiares que lhe cabem, e não que esse conteúdo seja utilizado para apresentar uma publicidade. Por essa razão, o desvio de finalidade poderá ser objeto de infração administrativa na Autoridade Nacional de Proteção de Dados (ANPD), órgãos de defesa do consumidor e, dependendo do impacto que causar, ensejar eventual controvérsia judicial.

Outra hipótese que merece atenção ao uso de BI nas redes sociais é quando se utilizam de técnicas de perfilamento (*profiling*) para entender o comportamento dos consumidores. Essa técnica, que geralmente usa algoritmo de inteligência artificial para tomada de decisões, precisa de atenção redobrada quanto aos dados incluídos na sua base. Trata-se de uma ferramenta tecnológica que se destina à busca e descoberta de padrões úteis em um conjunto de dados "crus" obtidos na rede, ou seja, uma forma de reconhecimento e análise de informações úteis da internet, por meio de mineração dos dados (*data mining*) e, a partir deles, procede-se à classificação de perfis e algoritmos que passarão a identificar comportamentos e usuários. Trata-se, pois, de um processo de identificação de padrões válidos, previamente desconhecidos e potencialmente úteis dos dados existentes na rede.

A forma de minerar esses dados decorre de técnicas como a *web usage mining* (mineração de uso), na qual se realiza a busca automática de padrões de acessos de usuários de *sites* por meio do registro das páginas acessadas, além de preferências e outros dados transmitidos e capturados. Portanto, concentra-se em formas de prever qual o comportamento do usuário durante sua interação na internet. É por meio dessas aplicações que se procuram informações contextualmente relevantes para serem aplicadas aos fins que motivaram a coleta de dados.

Infelizmente, casos reais e em fase de testes demonstram que há uma forte tendência de o algoritmo tomar decisões com vieses discriminatórios. Não raro, ele é influenciado pelos dados que um ser humano alimenta na sua base, principalmente se o tratamento de dados envolver dados pessoais sensíveis (PERONGINI, 2020, p. 416).

Afinal, a tecnologia nem é boa, tampouco é má por si só. No entanto, também não é neutra. As máquinas apenas refletem os *imprints* humanos concebidos por quem as alimentou, programou ou treinou. Do contrário, estaríamos falando de máquinas com consciência.

4. CONSIDERAÇÕES FINAIS

Atualmente, no mundo dos negócios algo é muito certo: quanto maior o seu *big data*, maior o seu valor de mercado. Para manter-se firme e crescer na forma como a sociedade e a economia estão se comportando, hoje é imprescindível o uso inteligente dos dados que possuem para uma tomada de decisões mais assertiva e eficaz. Dois grandes exemplos de uso inteligente dos dados que coletam são a Amazon e a Netflix.

A Amazon está avaliada em US$ 1,65 trilhão e a Netflix em US$ 217,1 bilhões e nenhuma delas paga dividendos aos seus acionistas há mais de dez anos (D'ÁVILA, 2020). O que ambas possuem em comum são as estratégias de *marketing* para gerar experiência aos seus usuários utilizando ciência de dados, inteligência artificial e BI (PANORAMA AUDIOVISUAL, 2020).

Nenhuma dessas ferramentas que a tecnologia oferece é impedida de ser utilizada pelas legislações de proteção de dados pessoais. Entretanto, haverá proibição da coleta e tratamento de dados pessoais com desvio de finalidade, de forma desnecessária e apresentando campanhas de *marketing* com predicados discriminatórios, sendo necessária a coleta do consentimento específico e a transparência permanente de como os dados dos consumidores estão sendo tratados pela empresa, além da necessária percepção por parte das companhias do modelo de minimização de coletas que deve ser instituído (*privacy by default e privacy by design*).

No Brasil, a LGPD (BRASIL, 2018) entrou definitivamente em vigor no dia 18.09.2020 – à exceção das sanções, que restaram prorrogadas até agosto de 2021 –, e partir dessa data todas as pessoas naturais poderão ingressar com pedidos às empresas de onde consomem um relatório completo de como os dados estão sendo tratados por elas. Se a empresa ainda não conduz uma boa política de respostas a esse tipo de demanda, os usuários poderão acionar órgãos de defesa do consumidor e, até mesmo, o Poder Judiciário, se as ações concretas de tratamento indevido ou o risco em potencial de práticas lesiva forem significativos.

Além disso, estar em conformidade não se trata apenas de escrever um documento com regras internas da empresa; é um estado vigilante de consciência, diretamente associado à ética corporativa e à integridade construída ao longo da jornada da organização. Estar em conformidade com as legislações em vigor eleva o nível de maturidade e aceitação da empresa entre todos os seus *stakeholders* e, consequentemente, o seu valor de mercado.

REFERÊNCIAS

ABREU, Giovanna; NICOLAU, Marcos. *Big Data*, publicidade e o consumidor datificado: o caso da série House of Cards. *Culturas Midiáticas*, João Pessoa, v. 10, n. 1, 30 jun. 2017.

ALCARA, Adriana Roseler *et al.* As redes sociais como instrumento estratégico para a inteligência competitiva. *Transinformação*, Campinas, v. 18, n. 2, p. 143-153, ago. 2006. Disponível em: http://www.scielo.br/scielo.php?script=sci_arttext&pid=S0103378620060002000006&lng=en&nrm=iso. Acesso em: 23 ago. 2020.

AMER, Karim; NOUJAIM, Jehane. Privacidade *hackeada*. Netflix, 2019 [1h54min]. Disponível em: https://www.netflix.com/br/title/80117542. Acesso em: 23 ago. 2020.

BIONI, Bruno Ricardo. *Proteção de dados pessoais*: a função e os limites do consentimento. Rio de Janeiro: Forense, 2019.

BRASIL. Lei n.º 13.709, de 14 de agosto de 2018. *Diário Oficial da União*. Disponível em: http://www.planalto.gov.br/ccivil_03/_ato2015-2018/2018/lei/L13709compilado.htm. Acesso em: 20 ago. 2020.

CNN BUSINESS. Clearview AI's founder Hoan Ton-That speaks out [Extended interview]. 6 mar. 2020 (32min52s). Disponível em: https://youtu.be/q-1bR-3P9RAw. Acesso em: 18 ago. 2020.

CONCEIÇÃO, Luís Filipe Marques dos Santos. *A importância do* business intelligence *na tomada de decisão*. Pedrouços: Instituto Universitário Militar (Portugal), 2020. Disponível em: http://hdl.handle.net/10400.26/33092. Acesso em: 23 ago. 2020.

CRUZ, Maria Renata Keithlyn de Gois; CAMARA, Maria Amália Arruda. Distopia cibernética e a vida social: a exposição e a venda de dados são legais? *In*: CANTO DE LIMA, Ana Paula M.; HISSA, Carmina Bezerra; SALDANHA, Paloma Mendes (coord.). *Direito digital*: debates contemporâneos. São Paulo: Thomson Reuters Brasil, 2019. p. 155-166.

D'ÁVILLA, Mariana Zonta. Amazon, Google, Netflix: conheça as companhias com maior valor de mercado dos EUA que não pagam dividendos há 10 anos. *Infomoney*, 25 ago. 2020. Disponível em: https://www.infomoney.com.br/onde-investir/amazon-google-netflix-conheca-as-companhias-com-maior--valor-de-mercado-dos-eua-que-nao-pagam-dividendos-ha-10-anos/. Acesso em: 23 ago. 2020.

DEBORD, Guy. *A sociedade do espetáculo*: comentários sobre a sociedade do espetáculo. Tradução Estela dos Santos Abreu. Rio de Janeiro: Contraponto, 1997.

DONEDA, Danilo. *Da privacidade à proteção de dados pessoais*. Rio de Janeiro: Renovar, 2006.

FACEBOOK. Política de dados. Disponível em: https://www.facebook.com/privacy/explanation. Acesso em: 24 ago. 2020.

GUERRA, Gustavo Rabay; MELLO, Matheus Roque Pacheco de. *Proteção de dados e big data: o caso Facebook-Cambridge Analytica*. Rio de Janeiro: Lumen Juris, 2020.

HARARI, Yuval Noah. *Homo Deus*: uma breve história do amanhã. Tradução Paulo Geiger. Rio de Janeiro: Companhia das Letras, 2016.

HILL, Kashmir. Twitter tells facial recognition trailblazer to stop using site's photos. *The New York Times*, 23 jan. 2020. Disponível em https://www.nytimes.com/2020/01/22/technology/clearview-ai-twitter-letter.html. Acesso em: 24 ago. 2020.

MAGRANI, Eduardo. *Entre dados e robôs*: ética e privacidade na era da hiperconectividade. Rio de Janeiro: Konrad Adenauer Stiftung, 2018.

MARQUES, Lidiany Kelly da Silva; VIDIGAL, Frederico. *Prosumers* e redes sociais como fontes de informação mercadológica: uma análise sob a perspectiva da inteligência competitiva em empresas brasileiras. *Transinformação*, Campinas,

v. 30, n. 1, p. 1-14, abr. 2018. Disponível em: http://www.scielo.br/scielo.php?script=sci_arttext&pid=S0103-37862018000 100001&lng=en&nrm=iso. Acesso em: 23 ago. 2020.

MARQUESONE, Rosangela. *Big Data*: técnicas e tecnologias para extração de valor dos dados. São Paulo: Casa do Código, 2016.

MAYER-SCHÖNBERGER, Viktor; CUKIER, Kenneth. The rise of big data: how it is changing the way we think about the world. *Foreign Affairs*, 3 abr. 2013. Disponível em: https://www.foreignaffairs.com/articles/2013-04-03/rise-big-data. Acesso em: 23 ago. 2020.

NOYB. *CJEU* Judgment – First Statement, 16 jul. 2020. Disponível em: https://noyb.eu/en/cjeu. Acesso em: 22 ago. 2020.

PARLAMENTO EUROPEU; CONSELHO DA UNIÃO EUROPEIA. *Directiva 95/46/CE do Parlamento Europeu e do Conselho*. Luxemburgo: Parlamento Europeu, 1995. Disponível em: https://eur-lex.europa.eu/legal-content/PT/TXT/?uri=celex%3A31995L0046. Acesso em: 20 ago. 2020.

PARLAMENTO EUROPEU; CONSELHO DA UNIÃO EUROPEIA. *Regulamento 679 de 27 de abril de 2016 (Regulamento Geral de Proteção de Dados)*. Bruxelas: Parlamento Europeu, 2016. Disponível em: https://eur-lex.europa.eu/legal-content/PT/TXT/?qid=1587829085109&uri=CELEX:32016R0679. Acesso em: 20 ago. 2020.

PANORAMA AUDIOVISUAL. Netflix mejora la experiencia de sus clientes, aumenta la eficiencia y reduce costes con Amazon Kinesis Data Streams. 2020. Disponível em: panoramaaudiovisual.com/2020/09/14/netflix-mejora-experiencia-eficiencia-y-reduce-costes-amazon-kinesis-data-streams/. Acesso em: 23 ago. 2020.

PERONGINI, Maria Fernanda Hosken de Souza. "*Male by design*": um ensaio sobre equidade, discriminação algorítmica por viés de gênero e proteção de dados pessoais. *In*: FALCÃO, Cintia Ramos; CARNEIRO, Tayná (coord.). *Direito exponencial*: o papel das novas tecnologias no jurídico do futuro. São Paulo: Thomson Reuters, 2020. p. 403-427.

ROCK CONTENT. *Social Media Trends* 2019: panorama das empresas e dos usuários nas redes sociais, 8 fev. 2019. Disponível em: https://inteligencia.rockcontent.com/social-media-trends-2019-panorama-das-empresas-e-dos-usuarios-nas-redes-sociais/. Acesso em: 23 ago. 2020.

TWITTER. Política de privacidade Twitter. Disponível em: https://twitter.com/pt/privacy. Acesso em: 24 ago. 2020.

ZUBOFF, Shoshana. Big other: surveillance capitalism and the prospects of an information civilization. *Journal of Information Technology*, Cambridge, n. 30, p. 75-89, 2015.

Parte 3

APLICAÇÃO DA LGPD NO SETOR DE SERVIÇOS

8

A ADEQUAÇÃO DO *E-COMMERCE* À LEI GERAL DE PROTEÇÃO DE DADOS PESSOAIS: COMO FICAR EM *COMPLIANCE* COM AS EXIGÊNCIAS LEGAIS

Ana Paula Moraes Canto de Lima

1. INTRODUÇÃO

E-commerce é uma sigla para *electronic commerce* – comércio eletrônico, em português. Essa maneira de negociar está em ampla expansão, em especial pela facilidade na utilização. Afinal, de qualquer lugar do mundo e a qualquer horário, é possível realizar uma compra por meio da rede mundial de computadores, independentemente do dispositivo utilizado, bastando para tanto estar conectado à Internet. O acesso à Internet foi facilitado com o passar dos anos, as transformações relacionadas às melhorias no serviço ampliaram o acesso, a velocidade e a disponibilidade do serviço, o que possibilitou a popularização da rede que antes era restrita, fato que permitiu o surgimento de inúmeras empresas no ambiente digital, chamadas de "lojas virtuais".

O *e-commerce* vem apresentando crescimento desde sua aparição, demonstrando que está conquistando cada vez mais adeptos a essa forma de consumir. Em virtude da pandemia da Covid-19, o crescimento foi ainda mais expressivo. Nesse cenário, empresas que nunca haviam cogitado ter uma presença digital sentiram a premência de estar *on-line*, visto que a atividade empresarial precisava continuar. Inúmeras empresas foram criadas diante da necessidade, ou mesmo da oportunidade percebida. O resultado surpreendeu, em 2021, houve recorde de vendas no primeiro semestre, atingindo R$ 53,4 bilhões, crescimento de 31% em relação ao mesmo período de 2020.[1]

O e-commerce tem se firmado e crescido exponencialmente. Contudo, não se pode perder de vista a responsabilidade de promover um ambiente com segurança robusta para os consumidores, titulares de dados, cabe, portanto, destacar o Decreto 10.271, de 6 de março de 2020, que alberga a proteção do consumidor nas operações de comércio eletrônico. O Decreto visa aprofundar a harmonização das legislações relacionadas ao tema, tais como o Código de Defesa do Consumidor e o Decreto 7.962, de 15 de março de 2013. Trata-se de um importante diploma legal para proteger os consumidores nas transações realizadas em e-commerce, inclusive às transfronteiriças.

Outro importante e indispensável diploma legal que busca conceder proteção ao consumidor é a Lei Geral de Proteção de Dados Pessoais (LGPD), sua entrada em vigor, em 18 de setembro de 2020, impactou pessoas físicas e jurídicas que realizam tratamento de dados pessoais, inclusive nos meios digitais, com finalidade econômica.

Nessa perspectiva, o presente artigo busca oferecer contribuições à aplicação da LGPD no *e-commerce* na categoria *Business-to-Consumer* (B2C),[2] sem nenhuma pretensão de esgotar o tema, mas trazendo uma visão geral com sugestões à luz da legislação de proteção de dados pessoais, considerando ainda o Regulamento Geral sobre a Proteção de Dados (RGPD).

Note-se que, a depender do tamanho da empresa, é possível incorporar proporcionalmente algumas sugestões, mas é importante destacar que um projeto de adequação é algo desenvolvido de maneira personalizada, afinal, cada empresa conta com suas particularidades e nenhum programa genérico é indicado, não há receita de bolo para um programa de adequação.

2. CONSIDERAÇÕES INICIAIS

Inicialmente, conceitua-se o *e-commerce* como "toda e qualquer relação realizada virtualmente, por meio da transmissão eletrônica de dados, por computador ou outro veículo de comunicação em que não há o contato físico entre as partes, pode ser conceituada como atividade de comércio eletrônico" (SOUZA; NEVES, 2018, p. 393).

---

[1] Segundo a 44ª edição do Webshoppers, relatório sobre comércio eletrônico do país elaborado pela Ebit | Nielsen e realizado em parceria com o Bexs Banco.

[2] Formato de Comércio Eletrônico em que empresas ofertam produtos e/ou serviços para consumidores.

Ou, ainda, "toda operação comercial realizada através da *Internet*, relacionada a um produto ou serviço, que, por sua vez, podem ser tangíveis ou intangíveis, utilizando potencialmente meios digitais para concretizar a transação" (CANTO DE LIMAb, 2020).

Segundo a pesquisa EBIT/NIELSEN (2020),[3] o faturamento do comércio eletrônico cresceu 47%, maior alta em 20 anos, claramente impulsionado pela pandemia, o *e-commerce* se apresentou como uma maneira segura para manutenção das atividades de consumo. Em 2021, as PMEs venderam 44,5 milhões de produtos, quantidade 59% superior à do mesmo período do ano anterior (28 milhões). O volume de pedidos também aumentou, atingindo 10,5 milhões no mesmo período, contra 6 milhões em 2020.[4]

Criar uma loja *on-line* pode parecer simples, mas quem tem *e-commerce* enfrenta inúmeros desafios diários. É preciso compreender e lidar com o novo perfil do consumidor, com a exposição da empresa/marca nas redes, que pode ser positiva ou negativa, além da diversidade de golpes, fraudes nas compras, estorno de pagamentos (*chargeback*). É preciso lidar com ferramentas, sistemas, logística, além dos bastidores, que envolve controle de estoque, envio, acompanhamento da entrega, reposição e troca, bem como a gestão indispensável, ainda que se utilizem sistemas de automação de processos, devendo considerar a segurança de todo o processo como algo primordial.

Por fim, não se pode falar sobre *e-commerce* sem citar o e-consumidor, afinal, ele possui um perfil mais crítico, tem mais conhecimento acerca dos próprios direitos, é mais exigente, preza por agilidade, transparência, facilidade e rapidez nos processos de compra pela Internet. A celeridade também deve ser considerada nas comunicações, as informações sobre o produto ou serviço devem ser claras, sem letras miúdas, tudo simples e fácil de ser localizado. A análise desses fatores, entre outros, atrairá a confiança necessária para a realização da transação. Nas palavras de Pinheiro (2013, p. 34):

> O consumidor mudou, está mais informado, utiliza ambientes remotos de relacionamento [...]; tem mais conhecimento sobre seus direitos; quer tudo para ontem (síndrome da vida em tempo real); negocia seu poder de "clique" (o concorrente está a um clique de distância); quer atendimento personalizado, mas sem exageros na comunicação (invasão de privacidade).

---

[3] Empresa global de medição e análise de dados.
[4] Segundo estudo da Nuvem Commerce divulgado no Mercado & Consumo.

Notadamente, o *marketing* é um diferencial no ambiente digital, e, com a evolução da tecnologia, os produtos e serviços são oferecidos de acordo com os interesses do consumidor. Esse tipo de abordagem realizada a partir de análise de perfis de consumidores pode trazer uma publicidade mais assertiva, mas, por vezes, invasiva e agressiva. Nesse norte, considerando a LGPD, é necessário encontrar um equilíbrio para que não haja excesso. Para tanto, boa-fé, informação e transparência serão excelentes aliadas.

Em que pese o presente artigo ter como objetivo trazer pontos relacionados à legislação de proteção de dados pessoais, não se pode esquecer das legislações cabíveis, pois todas devem ser observadas, em especial o Código de Defesa do Consumidor e o Decreto 7.962/2013, conhecido como Lei do *E-commerce*, o Decreto 10.271/2020, além do Marco Civil da Internet, Código Civil e demais legislações setoriais.

Deve-se dar destaque especial à EC 115/2022, que incluiu a Proteção de Dados no rol do art. 5º da Constituição Federal, figurando como direito e garantia fundamental do cidadão, tal inclusão demonstra a relevância do tema no ordenamento jurídico brasileiro.

3. CONSIDERAÇÕES SOBRE EMPRESAS DE PEQUENO PORTE

Importante destacar a atuação da Autoridade Nacional de Proteção de Dados (ANPD), a Autoridade vem desenvolvendo um trabalho interessante, disponibilizando guias orientativos, ouvindo a sociedade civil, fazendo consultas públicas sobre diversos temas.

A Lei Geral de Proteção de Dados Pessoais (LGPD) é uma legislação há muito aguardada e tem suma relevância no contexto da sociedade contemporânea, e não deve ser vista como um entrave à atividade empresarial, portanto, é preciso sensibilidade de quem vai assessorar a empresa, tanto da equipe de adequação quanto do encarregado, se houver, para que tenham uma visão *probusiness*, buscando viabilizar a atividade empresarial, sem perder de vista a proteção ao titular e as obrigações e responsabilidades trazidas pela LGPD.

Visando facilitar a adequação das empresas de pequeno porte, em janeiro de 2022, a Autoridade Nacional de Proteção de Dados (ANPD) publicou uma resolução que aprovou o regulamento de aplicação da Lei Geral de Proteção de Dados Pessoais (LGPD) para agentes de tratamento de pequeno porte, o objetivo é flexibilizar algumas obrigações trazidas pela LGPD.

Entretanto, não poderão se beneficiar do tratamento jurídico diferenciado previsto no Regulamento os agentes de tratamento de pequeno porte, as empresas que realizam tratamento de alto risco para os titulares; as que em cada ano-calendário aufira receita bruta superior a R$ 4.800.000,00 (quatro milhões e oitocentos mil reais); e as que pertençam a grupo econômico de fato ou de direito, cuja receita global ultrapasse o valor supracitado.

Para ser considerado um tratamento de alto risco, ele deve atender cumulativamente a pelo menos um critério geral e um critério específico definidos no regulamento:

> I – Critérios gerais:
>
> a) tratamento de dados pessoais em larga escala; ou
>
> b) tratamento de dados pessoais que possa afetar significativamente interesses e direitos fundamentais dos titulares;
>
> II – Critérios específicos:
>
> a) uso de tecnologias emergentes ou inovadoras;
>
> b) vigilância ou controle de zonas acessíveis ao público;
>
> c) decisões tomadas unicamente com base em tratamento automatizado de dados pessoais, inclusive aquelas destinadas a definir o perfil pessoal, profissional, de saúde, de consumo e de crédito ou os aspectos da personalidade do titular; ou
>
> d) utilização de dados pessoais sensíveis ou de dados pessoais de crianças, de adolescentes e de idosos.

O Regulamento retirou também a obrigatoriedade do encarregado (DPO) para as empresas de pequeno porte, mas contratar um encarregado ou permanecer com ele será considerado uma boa prática, podendo inclusive impactar positivamente em caso de eventual sanção aplicada pela ANPD.

Importante destacar que, mesmo que a empresa não tenha um encarregado, precisará atender as disposições da LGPD, para tanto, deverá: disponibilizar um canal de comunicação com o titular de dados para atender as demandas direcionadas ao encarregado pela legislação.

Outro ponto relevante do Regulamento foi a concessão de prazo em dobro para os agentes de tratamento de pequeno porte, com destaque para a resposta ao titular sobre a declaração simplificada, o "imediatamente" da LGPD foi alterado para 15 dias.

Salienta-se que há a possibilidade de as empresas de pequeno porte estabelecerem política simplificada de segurança da informação, com requisitos essenciais e necessários para o tratamento de dados pessoais, visando proteger os dados de acessos não autorizados e de situações acidentais ou ilícitas de destruição, perda, alteração, comunicação ou qualquer forma de tratamento inadequado ou ilícito, conforme pontua o Regulamento.

É relevante destacar que a ANPD disponibilizou, em outubro de 2021, um Guia Orientativo sobre Segurança da Informação para Agentes de Tratamento de Pequeno Porte.

Por fim, é preciso não confundir flexibilização com dispensa, a LGPD continua válida para os agentes de tratamento de pequeno porte, e as sanções continuam aplicáveis, e, principalmente, há que se considerar que eventual falha, denúncia ou sanção por inobservância à lei, impactará diretamente na reputação e na imagem da organização e, consequentemente, no seu faturamento.

Inúmeras iniciativas privadas podem impactar o mercado atualmente, a exemplo da plataforma "Cadê meu dado", em que o titular/cidadão pode reclamar e elogiar as condutas das organizações no contexto de privacidade e proteção de dados, o objetivo é que, com essa iniciativa, as empresas realmente passem a ter maior cautela em relação à proteção de dados, afinal denúncias realizadas à ANPD não são de pronto publicizadas, mas denúncias realizadas na plataforma poderão ter ampla visibilidade, viabilizando a criação de um *ranking*.

4. ENTRE O AMBIENTE FÍSICO E O DIGITAL

Muitas empresas estão presentes no ambiente digital, mas contam com grandes estruturas no ambiente físico para dar suporte às suas atividades, em se tratando do *e-commerce,* a depender da quantidade de tráfego no site e da conversão em vendas, é necessário que haja uma estrutura física com boa logística para viabilizar a continuidade do processo até a sua conclusão, que é o momento da entrega, e o pós-vendas, se houver. Por óbvio, considerando sempre o porte do e-commerce, alguns procedimentos são iguais independentemente de ser um *e-commerce* de pequeno, médio ou grande porte.

A LGPD, por usa vez, traz impacto tanto para o ambiente digital quanto para o físico, pois tem "o objetivo de resguardar direitos fundamentais das pessoas físicas, buscando impedir que pessoas jurídicas tratem abusivamente dos dados, violando a privacidade e o livre desenvolvimento das pessoas naturais" (CRESPO, 2019).

Para que a adequação realmente funcione e seja efetiva, é preciso contar com uma mudança de cultura, que só poderá ser repassada aos colaboradores se houver total e irrestrito apoio da alta diretoria – independentemente de se tratar do ambiente físico ou digital – afinal, são pessoas nos bastidores que movem toda a estrutura do *e-commerce*, por isso, essas pessoas precisam compreender a relevância das mudanças e a importância da adequação já promovida ou a ser promovida, ainda que com atraso, pois é indispensável, trata-se de cumprimento da lei, não é opcional.

De início, é interessante realizar uma apresentação abarcando a relevância da LGPD para a empresa, se na empresa houver setores, o indicado é treinar os colaboradores por setor. O treinamento e a conscientização devem ser constantes, apresentando situações do cotidiano, sugere-se que os treinamentos aconteçam conjuntamente com a adequação, esperar finalizar o projeto para treinar os colaboradores não é uma boa estratégia, treinamento e capacitação devem ser constantes. Uma boa estratégia é nomear alguns embaixadores de privacidade, a empresa pode aproveitar os funcionários que mais demonstraram interesse na temática para ajudar nessa mudança de cultura.

Outro ponto relevante são os terceiros com os quais a empresa compartilha dados pessoais, estes também devem estar adequados, sob pena de perderem o contrato com a empresa se optarem por agir de forma ilícita contrariando a lei. É relevante que o contrato com os terceirizados contemple responsabilidades e obrigações dos agentes de forma clara, constando limites, finalidade do compartilhamento, como proceder no término do tratamento, entre outras informações relevantes.

Tudo deve ser devidamente comprovado, todas as cautelas tomadas devem ser registradas, tudo o que foi providenciado em cada fase da adequação, inclusive treinamentos, tudo que for implementado e que couber, que se registre, seja no ambiente físico ou no digital. Treinamentos devem ser comprovados, através de uma ata com assinaturas, por exemplo. A empresa deve prestar contas do que fez.

A ICO (*Information Commissioner's Office*), Autoridade de Proteção de Dados Pessoais do Reino Unido, disponibiliza *guidelines* e *templates* com exemplos de como demonstrar responsabilidade, observe-se:

> The Accountability Framework can help any organisation, whether small or large, with their obligations. The framework is divided into 10 categories and contains expectations and examples of how your organisation can demonstrate your accountability. Leadership and oversight; Policies and procedures; Training and awareness; Individuals' rights; Transparency; Records of processing and lawful basis; Contracts and data sharing; Risks and data protection impact assessments; Records management and security; Breach response and monitoring. (ICO, 2019)[5]

---

[5] Tradução livre: *Accountability Framework* pode ajudar qualquer organização, seja pequena ou grande, com suas obrigações. Está dividida em dez categorias e contém expectativas e exemplos de como sua organização pode demonstrar sua responsabilidade. De acordo com a ICO, são elas: liderança e supervisão; políticas e procedimentos; treinamento e conscientização; direitos dos titulares;

É uma boa estratégia, a depender do porte da empresa, que haja a criação de um Comitê de Privacidade voltado à adequação. Esse comitê deve ser multidisciplinar, composto por pessoas de diversos setores da empresa, se possível, deve ter representante da alta diretoria, do jurídico, de recursos humanos, do *marketing*, da segurança da informação e da tecnologia da informação, de comunicação etc., e ainda que seja um pequeno *e-commerce*, os envolvidos na adequação precisam estar alinhados.

Esse comitê ficará responsável por debater os caminhos e as decisões provenientes da adequação. O ideal é que o encarregado, também conhecido como DPO (*Data Protection Officer*), seja definido na fase inicial da adequação, para que possa acompanhar e colaborar desde o início, participando ativamente de todos os procedimentos realizados, inclusive da análise dos questionários e entrevistas, que devem ser realizados para se compreender o contexto empresarial, as falhas e os pontos de melhoria.

A etapa de mapeamento funciona como um inventário que propiciará uma visão geral sobre os dados pessoais da empresa, onde estarão tanto os dados utilizados no ambiente físico quanto os dados utilizados no ambiente digital.

Durante o mapeamento, é preciso questionar: qual a necessidade da guarda desses dados? Qual a finalidade? Tenho base legal para justificar o tratamento? Preciso de todas essas informações?

Os dados pessoais que estão em excesso, ou sem justificativa de tratamento, podem ser eliminados ou anonimizados. Neste último caso, servindo para fins de estatística, por exemplo.

Os dados anonimizados não são capazes de identificar uma pessoa natural, mas para perder o caráter de dado pessoal, o processo de anonimização deve ser irreversível. A Autoridade de Proteção de Dados da Singapura (*Personal Data Protection Commission*) conta com um guia que fornece informações sobre técnicas que podem ser aplicadas na anonimização de dados.[6]

É importante definir o ciclo do dado na empresa (ex.: coleta, tratamento, arquivamento/guarda e exclusão). Lembrando sempre que, "quanto mais dados pessoais mantidos, mais riscos envolvidos".

---

transparência; registros de processamento e base legal; contratos e compartilhamento de dados; avaliações de riscos e impacto da proteção de dados; gestão de registros e segurança; resposta à violação e monitoramento.

[6] Guide to Basic Data Anonymisation Techniques. Disponível em: https://www.pdpc.gov.sg/-/media/Files/PDPC/PDF-Files/Other-Guides/Guide-to-Anonymisation_v1-(250118).pdf. Acesso em: 20 fev. 2022.

É indispensável realizar os registros das operações de tratamento de dados pessoais, a LGPD em seu art. 37 destacou que o controlador e o operador devem manter registro das operações de tratamento de dados pessoais que realizarem, especialmente quando baseado no legítimo interesse. Em se tratando de agente de tratamento de pequeno porte, a ANPD informou que fornecerá modelos para o registro simplificado das atividades de tratamento.

Segundo Bioni (2019):

> A obrigação de registro das atividades de tratamento de dados é a **base de qualquer programa de governança de dados**. Sem essa fotografia em série é impossível compreender o fluxo da informação, esboçar o que precisa ser modificado e o que pode ser mantido para estar em conformidade com a legislação de proteção de dados.

Outro ponto relevante é o relatório de impacto, que, segundo a LGPD, deverá conter, no mínimo, a descrição dos tipos de dados coletados, a metodologia utilizada para a coleta e para a garantia da segurança das informações e a análise do controlador com relação a medidas, salvaguardas e mecanismos de mitigação de riscos adotados.

O Relatório de Impacto à Proteção de Dados Pessoais é uma documentação do controlador que contém a descrição dos processos de tratamento de dados pessoais que podem gerar riscos às liberdades civis e aos direitos fundamentais, bem como medidas, salvaguardas e mecanismos de mitigação de risco, conforme o art. 5.º, XVII, da LGPD.

Em se tratando do *e-commerce*, por exemplo, imagine que o site de vendas obtém informações pessoais através de *cookies* e poderá utilizá-las para fins de *marketing*, é preciso fazer uma análise sobre o impacto desse tratamento, dos riscos às liberdades e direitos do titular. No próprio relatório, o controlador vai justificar o uso, apresentar os meios de mitigar eventuais danos, contudo, se ficar claro que haverá grandes chances do tratamento trazer prejuízo para o titular, sugere-se que outra tática de *marketing* seja utilizada.

Ainda em relação ao Relatório de Impacto, um ponto que merece atenção é a base legal do legítimo interesse.[7] Conforme o art. 10, § 3º, a Autoridade

---

[7] Segundo o considerando 47, RGPD, "[...] a existência de um interesse legítimo requer uma avaliação cuidada, nomeadamente da questão de saber se o titular dos dados pode razoavelmente prever, no momento e no contexto em que os dados pessoais são recolhidos, que esses poderão vir a ser tratados com essa finalidade".

Nacional de Proteção de Dados (ANPD) poderá solicitar um Relatório de Impacto quando o controlador usar essa base legal.

É possível avaliar se o legítimo interesse pode ser utilizado, através da avaliação de legítimo interesse – *Legitimate Interest Assessment* (LIA) – trata-se de ponderações sobre o tratamento, por meio de perguntas e respostas, o teste busca verificar se há equilíbrio na utilização da base legal.

O LIA deverá ser aprovado ou rejeitado pelo encarregado, que também poderá fazer sugestões. No tocante ao Legítimo Interesse, seria recomendável observar a orientação da Autoridade do Reino Unido, há modelos disponíveis no *site* da ICO, enquanto não há uma orientação específica da ANPD.

A própria ICO afirma que não há um processo definido acerca do LIA, mas utilizar o teste é um bom caminho para demonstrar conformidade. O teste é dividido em três partes, e entre cada tópico algumas perguntas devem ser respondidas.

> The purpose test (identify the legitimate interest); The necessity test (consider if the processing is necessary); and The balancing test (consider the individual's interests). (ICO, 2019)

No quesito operador, empresas que terceirizam parte de suas atividades têm o dever de acompanhar e verificar se o operador está em conformidade com a legislação. Um mero termo de ajuste assinado não é suficiente para eximir o controlador da responsabilidade pelo compartilhamento de dados pessoais que estão sob sua responsabilidade, com terceiros não adequados.

O ideal é fazer uma visita para avaliar se realmente o parceiro está adequado, a depender da situação, uma auditoria pode ser indicada, cabe avaliar o tamanho da empresa e da quantidade de dados compartilhados. Considere que, em eventual incidente com os dados pessoais, a responsabilidade recairá sobre a empresa com quem o consumidor (titular) se relacionou, no caso em tela, com o *e-commerce*.

Com relação à parte documental, é indispensável promover a produção, a análise e a revisão de documentos e contratos. Considera-se relevante que a empresa possua políticas de privacidade, documento pelo qual os colaboradores terão conhecimento sobre as expectativas da empresa sobre a postura deles no contexto da privacidade e proteção de dados.

Empresas que possuem setor de Recursos Humanos devem criar políticas de RH, afinal, "os funcionários da área possuem acesso a dados extremamente importantes e sensíveis de funcionários – como doenças, problemas conjugais, distúrbios mentais, salários, entre outros" (CRESPO, 2019, p. 271).

Além disso, sugere-se que haja a criação ou o ajuste de políticas de Segurança da Informação e de Tecnologia da Informação, políticas de BYOD,[8] de mesa limpa, código de conduta, regimento interno, políticas de *cookies*, aviso de privacidade e termos de uso no *site*, são algumas sugestões. O intuito é de orientar e educar. Percebe-se que essa etapa é extensa, e esse rol é exemplificativo; é preciso harmonizar as regras às necessidades da empresa, considerando a estratégia para que sejam compreendidas e seguidas.

4.1. Segurança da informação

A segurança da informação é um tema de extrema relevância e é um ponto de atenção para todas as empresas, em especial quando se trata de *e-commerce*. É preciso assegurar que os dados da organização estejam acessíveis apenas às pessoas previamente estabelecidas, evitando que terceiros, mal-intencionados ou não, os acessem.

Segundo a ANPD, em seu guia orientativo[9]:

> A segurança da informação pode ser definida como o conjunto de ações que visam à preservação da confidencialidade, integridade e disponibilidade da informação.

A ANPD destaca a relevância da política de mesa limpa entre as informações úteis que podem ser passadas aos funcionários: "manter documentos físicos que contenham dados pessoais dentro de gavetas, e não sobre as mesas", esse é apenas um ponto, dentro da imensidão de possibilidades que merecem atenção no ambiente físico da organização. Por isso, não se pode esperar que uma empresa que utilizou apenas uma ferramenta tecnológica para a sua adequação esteja em conformidade.

> O conceito de Segurança da Informação (SegInfo) é mais amplo. Deve proteger o ativo "informação" como um todo, quer seja físico ou digital. Na verdade, precisa proteger tecnologia, procedimentos e pessoas. Ela difere da Segurança Cibernética, pois esta visa proteger somente assuntos relacionados ao digital. (BARREIRA, 2017)

---

[8] *Bring Your On Device* – Traga seu próprio dispositivo, usado em empresas que utilizam os dispositivos dos colaboradores.

[9] Autoridade Nacional de Proteção de Dados – ANPD publica Guia de Segurança da Informação para Agentes de Tratamento de Pequeno Porte. Disponível em: https://www.gov.br/anpd/pt-br/assuntos/noticias/anpd-publica-guia-de-seguranca--para-agentes-de-tratamento-de-pequeno-porte. Acesso em: 10 fev. 2022.

Segundo Barreira (2017), segurança de redes está dentro de segurança cibernética, que está dentro de segurança da informação. A segurança da informação é de suma relevância à conformidade e, segundo o art. 46 da LGPD, os agentes de tratamento devem adotar medidas de segurança, técnicas e administrativas aptas a proteger os dados pessoais de acessos não autorizados e de situações acidentais ou ilícitas de destruição, perda, alteração, comunicação ou qualquer forma de tratamento inadequado ou ilícito.

Documentos como políticas de segurança da informação e plano de resposta a incidentes são indicados, pois, além de direcionar os envolvidos, orientam sobre como agir se houver algum incidente, invasão ou outros problemas relacionados à segurança da informação, e são úteis para comprovação que medidas técnicas e administrativas foram adotadas pela empresa para mitigar danos.

Medidas técnicas que tornem os dados pessoais ininteligíveis também podem ser adotadas, desta maneira inviabiliza o acesso de terceiros não autorizados aos dados pessoais. Ademais, cabe ressaltar que, segundo a legislação, responde pelos danos decorrentes da violação da segurança dos dados, o controlador ou o operador que, ao deixar de adotar as medidas de cabíveis na lei, der causa ao dano.

Quando se pensa em segurança da informação, é preciso entender que jamais haverá ferramenta de segurança capaz de impedir todos os riscos existentes, por isso é sempre bom considerar meios de minimizar riscos em caso extremo e mitigar os danos. Uma boa prática é anonimizar os dados, pois havendo um incidente, o impacto será mínimo para o titular. Também é aconselhável que haja *backup* para que, em caso de um ataque que criptografe os arquivos dos dados, não haja um prejuízo incalculável. Atenção ao *backup* em nuvem, busque escolher a que esteja mais adequada à LGPD. Outra boa prática é possuir um seguro *cyber*, inclusive, o próprio encarregado pode obter o seguro.

O *e-commerce* deve ter um olhar diferenciado para avaliação e diagnóstico no sistema. Através de testes de intrusão que simulam ataques, por exemplo, é possível identificar vulnerabilidades para corrigi-las. No ambiente físico, uma auditoria realizada por um profissional qualificado pode trazer à tona falhas nos processos e nos procedimentos adotados. E até mesmo falha na adequação em si.

Outro comitê relevante é o comitê de crise, por ele é possível realizar simulações para que, em caso de necessidade, os envolvidos saibam como proceder e a quem procurar, visando a uma resposta rápida para contenção do dano.

Um plano de resposta a incidentes deve ser previamente montado e constantemente atualizado. É indicado que situações hipotéticas sejam criadas para o treinamento, objetivando que a empresa esteja preparada para o máximo de situações adversas. São inúmeras as possibilidades de incidentes de segurança da informação, ataques de *hackers* (tentativas de invasão e a própria invasão), perda de dispositivos, vírus, códigos maliciosos e até acidentes, como incêndio, por exemplo.

A norma ISO é uma diretriz segura e referência internacional. É possível utilizá-la para a gestão da segurança da informação, para gerenciamento de risco, entre outras aplicabilidades.

É importante se cercar de ferramentas capazes de garantir maiores níveis de segurança aos sistemas, tais como as que fazem gerenciamento de *logs*, de consentimento, indispensável ter um bom antivírus nas máquinas, sistemas de controle de acesso, *firewall*, *softwares* de monitoramento de redes e infraestruturas, não esquecendo do seguro cibernético, que possibilita que a empresa esteja assegurada em casos de incidente. Cabe salientar que o tempo de resposta é relevante, tanto para mitigar danos para os titulares, quanto para reduzir eventuais sanções administrativas e judiciais.

Por fim, não se pode deixar de mencionar que nenhuma ferramenta, por melhor que seja, será capaz de proteger o sistema sem treinamento, pessoas sem conhecimento e treinamento adequados serão a ponta solta, a porta aberta, o risco potencial em relação à segurança da informação, foi assim que um *hacker* invadiu o FBI, vale recordar a história de 2016.[10]

4.2. Ajustes no *site*

No tocante ao *site* em que a loja *on-line* fica acessível ao público, é importante contar com alguns ajustes, por exemplo, disponibilizar informações necessárias aos titulares e ao público em geral em um local de fácil acesso, com linguagem compreensível, clara e direta.

> O ideal é que haja no *site* uma área especialmente desenvolvida para a LGPD, contendo informações sobre privacidade e proteção de dados. Pode ser uma aba, por exemplo, onde tudo poderá ser facilmente encontrado; onde estarão todas as respostas que o titular pode, eventualmente, estar procurando. (CANTO DE LIMA, 2020a, p. 81)

---

[10] Ele conseguiu o controle de uma conta de *e-mail* governamental de um funcionário do departamento de justiça dos EUA. Com isso, tentou fazer *login* no portal da instituição, mas não conseguiu. Era preciso um código de *token*. Ele, então, ligou para a central de ajuda do departamento e disse que era novato e não estava tendo acesso ao portal. "Eu liguei para eles, disse que era novato e que não conseguia entender como acessar o portal. Eles me perguntaram se eu tinha o código do *token*, eu disse que não, e eles disseram que tudo bem. Eu poderia usar o deles" (TECMUNDO, 2016).

O aviso de privacidade deve trazer informações relacionadas aos dados pessoais coletados, qual a finalidade do tratamento, prazo de guarda, bem como informações acerca do compartilhamento com parceiros, e, se o *e-commerce* oferece produtos ou serviços para outros países, cabe seguir os fundamentos, princípios e demais orientações da LGPD, enquanto aguarda as orientações da ANPD.

Quando for necessário requisitar o consentimento, é relevante destacar as consequências de não o conceder. Se houver tomada de decisão automatizada, ou *profiling*, é uma boa prática explicar de maneira simples a sua finalidade.

Destacar no *site* o contato com a empresa e, se houver, com o encarregado, discriminar as informações relevantes para o titular com relação ao tratamento. Acaso o *e-commerce* contrate terceiros para fazer a logística de entrega, sugere-se que seja informado que haverá compartilhamento com terceiros e a finalidade.

Alguns *sites* inserem informações sobre *cookies*[11] nos avisos de privacidade (podem ser encontrados como políticas de privacidade nos *sites*), contudo o ideal é que as informações sobre os *cookies* estejam claras e acessíveis. Alguns *sites* disponibilizam políticas/aviso de *cookies*, outros incluem um *banner falando sobre os cookies* na página principal, o importante é dar realmente oportunidade ao titular para escolher os *cookies* que desejar.

Cuidado com caixas de textos previamente marcadas visando confundir o titular ou dificultar a escolha, consentimento viciado ou manipulado não é um consentimento livre. Embora no Brasil não haja ainda disposição sobre os *cookies*, visto que a própria ANPD não possui nenhuma informação sobre *cookies* no seu *site*, trazer a descrição das funcionalidades dos *cookies* de maneira simples, incluindo as informações sobre os *cookies* necessários, é uma boa prática.

Outro importante documento são os "termos de uso", nele contêm todas as informações comerciais relevantes para o consumidor, tais como pagamento, cobrança, devolução, troca, reembolso, frete e prazo de entrega, conferindo transparência acerca do que se pode esperar da relação comercial. Observe-se:

> Os termos de uso, por sua vez, retratam a maneira como será conduzido o serviço no *site*, *software*, aplicativo, o que se pode esperar da empresa e o que a empresa espera do usuário. Descreve como a empresa

---

[11] *Cookies*, conceituados de maneira simples, são arquivos de texto encontrados em todos os *sites* e, entre outras coisas, armazenam as preferências dos usuários. O RGPD dispõe sobre o tema no recital 30; sobre o tema destaca-se a diretiva *e-privacy*.

atua e quais são as regras que o usuário deve observar. Enfim, é uma abordagem detalhada das condições de uso, garantias e procedimento/comportamento esperado pelo usuário, obrigações do usuário e responsabilidades da empresa. (CANTO DE LIMA, 2020a, p. 82)

Alguns *e-commerces* preferem incluir informações sobre a venda em local específico, como as políticas de troca, mas as informações que deverão estar no *site* dependem do tamanho e do formato do negócio. Independentemente do nome do documento, o importante é que todas as informações relevantes estejam disponíveis e acessíveis em linguagem simples no *site*, se possível com ícones, cores, sem longos textos, preferencialmente sem tecnicidades e sem "juridiquês".

É preciso não perder de vista que, se houver interesse do *e-commerce* em obter consumidores de outros países, é necessário observar a legislação alienígena cabível.

Por fim, tais considerações são relevantes, mas, dependendo do produto ofertado no *e-commerce*, outras informações poderão ser adicionadas.

5. CASOS CONCRETOS

Importante observar como os países da União Europeia estão procedendo com relação ao RGPD e analisar as razões pelas quais as empresas estão sendo multadas. Esse é um exercício interessante para compreender do que se proteger e como.

Segundo a reportagem do *Il Fatto Quotidiano*, a acusação de "*marketing* selvagem" levou a empresa Wind Tre a ser multada em quase 17 milhões de euros. Entre as queixas dos titulares, pode-se destacar:

> Os usuários reclamaram de receber contatos promocionais indesejados, feitos sem consentimento por meio de mensagens de texto, *e-mails*, fax, ligações telefônicas e chamadas automatizadas. Em vários casos, os inquiridos declararam também que não podiam exercer o seu direito de retirar o consentimento ou de se opor ao tratamento dos seus dados para fins de *marketing* (também devido a imprecisões na indicação dos canais de contacto presentes na informação).
>
> [...]
>
> o aplicativo MyWind e My3 foram configurados de forma a obrigar o usuário a fornecer, a cada novo acesso, uma série de consentimentos para diferentes fins de processamento (*marketing*, *profiling*, comunicação a terceiros, enriquecimento de base de dados e geolocalização), possibilitando revogação apenas após 24 horas. [...]

Além de sancionar a companhia telefônica em 16.729.600 euros, a Autoridade proibiu a Wind de processar dados adquiridos sem consentimento e ordenou-lhe a adoção de medidas técnicas e organizacionais para o controle efetivo da cadeia de suprimentos dos parceiros, bem como procedimentos para respeitar a vontade dos usuários de não serem incomodados. (*IL FATTO QUOTIDIANO*, 2020)

Resta claro que a empresa não atendeu a determinação legal, além da ausência de consentimento para o contato promocional, houve dificuldade de manter contato com a empresa, e os titulares foram impossibilitados de retirar o consentimento ou de se opor ao tratamento. A estratégia usada no *app* demonstra invasão de privacidade, obrigando o titular a fornecer o consentimento, não lhe deixando outra escolha.

Outro caso emblemático em 2020 foi o da empresa de *fast fashion* H&M (H&MGROUP, 2020) multada pelo monitoramento abusivo de seus funcionários. Segundo o *site* da Autoridade de Proteção de Dados de Hamburgo, informações dos colaboradores da empresa foram registradas e armazenadas digitalmente, alguns desde 2014, sobre problemas familiares, crenças religiosas, sintomas de doença, diagnósticos, entre outros, acessíveis a até 50 gestores da empresa. As informações eram utilizadas para ajudar em decisões na relação de trabalho. A coleta de dados tornou-se conhecida devido a um erro de configuração técnica em outubro de 2019, em que os dados armazenados ficaram acessíveis a toda a empresa por algumas horas, causando um incidente de segurança da informação (*DER HAMBURGISCHE BEAUFTRAGTE FÜR DATENSCHUTZ UND INFORMATIONSFREIHEIT*, 2020).

A autoridade de proteção de dados de Hamburgo (*Data Protection Authority of Hamburg* – HmbBfDI) multou a empresa em 35,3 milhões de euros, a segunda maior multa de violação do GDPR/RGPD. A empresa direcionou um pedido de desculpas sem reservas ao centro de serviços em Nuremberg e seguiu a sugestão de indenizar os funcionários. Segundo o Prof. Dr. Johannes Caspar, "o presente caso documenta um sério desrespeito à proteção de dados de funcionários no *site* da H&M em Nuremberg. O valor da multa imposta é, portanto, apropriado e adequado para dissuadir as empresas de violar a privacidade de seus funcionários".

A empresa, por sua vez, divulgou uma comunicação em seu *site* relatando o ocorrido e apontando uma série de mudanças:

> [...] em outubro de 2019, a H&M descobriu uma violação de segurança local em seu centro de serviços em Nuremberg, Alemanha. A violação estava relacionada ao armazenamento de dados pessoais do funcionário

no centro de serviço e a H&M relatou imediatamente à autoridade de proteção de dados em Hamburgo. A H&M cooperou totalmente com a autoridade durante o processo. (H&M GROUP, 2020)[12]

Fica a reflexão sobre os dados pessoais coletados dos funcionários, cabe ressaltar que na LGPD deve-se considerar o mínimo necessário, bem como o princípio da boa-fé, não discriminação e da transparência. Importante também ter atenção à segurança da informação para que os dados coletados não sejam expostos, lembrando do treinamento, pois inúmeros incidentes podem ser ocasionados por pessoas.

Exemplos reais são valiosos para aprimorar a adequação à LGPD. Olhar para a União Europeia possibilita que empresas e profissionais que atuam com privacidade e proteção de dados possam aprender com os erros alheios, evitando-se, assim, repeti-los.

No Brasil, em agosto de 2021, houve um caso de ataque *hacker* ao *e-commerce* das Lojas Renner, o *site* ficou fora do ar por aproximadamente dois dias, a equipe de TI se mobilizou para recuperar o sistema o quanto antes, o Procon notificou as Lojas Renner pedindo explicações. A empresa apresentou um documento no qual afirmava:

> As equipes permanecem mobilizadas, executando o plano de proteção e recuperação, com todos seus protocolos de controle e segurança e trabalhando para restabelecer todas as operações da companhia.

No comunicado, a Renner afirmou que faz uso de tecnologias e padrões rígidos de segurança e que continuará aprimorando sua infraestrutura para incorporar cada vez mais protocolos de proteção de dados e sistemas (CNN, 2021).

O Grupo Fleury também sofreu um ataque que deixou o *site* indisponível, em virtude de ser um grupo de medicina diagnóstica, o ocorrido prejudicou o acesso aos exames, impactando a operação do laboratório e dos hospitais (E-TRUST, 2021). O Grupo enviou o seguinte comunicado:

> Com o objetivo de compartilhar atualização sobre o restabelecimento dos nossos serviços após indisponibilidade decorrente da tentativa de ataque externo aos nossos sistemas, informamos que

---

[12] Texto original: "In October 2019 H&M discovered a local security breach at its service centre in Nuremberg, Germany. The breach was related to storage of employee's personal data at the service centre and H&M reported it immediately to the Data protection authority in Hamburg. H&M has fully co-operated with the authority during the process".

estamos com um grupo de profissionais altamente especializados em tecnologia e segurança da informação avançando consistentemente nas soluções para realizarmos uma retomada gradual e segura dos nossos serviços. Vale salientar que nossa base de dados está íntegra e que o atendimento em todas as nossas unidades segue acontecendo ainda por meio de ação de contingência para garantir a prestação de serviços aos nossos clientes, que seguem recebendo nosso foco de atenção. (TADEU, 2021)

Em fevereiro de 2022, os *e-commerces* Submarino e Americanas foram tirados da Internet por suspeita de invasão *hacker*, após três dias sem informações, os consumidores passaram a questionar as entregas dos produtos adquiridos. A Americanas suspendeu por duas vezes parte dos servidores, e afirmou que:

acionou prontamente seus protocolos de resposta "assim que identificou o acesso não autorizado" e que "atua com recursos técnicos e especialistas para avaliar a extensão do evento e normalizar com segurança o ambiente de *e-commerce* o mais rápido possível" (*VALOR INVESTE*, 2022).

O Instituto Brasileiro de Defesa do Consumidor (Idec) se manifestou através do assessor Jurídico da Área de Relacionamento, David Douglas Guedes, afirmando que o problema sofrido pela empresa não poderia gerar atraso nas entregas nem qualquer outro tipo de descumprimento das condições pactuadas no momento da compra (*FOLHA DE PERNAMBUCO*, 2022).

Ataques e invasões estão ocorrendo com certa frequência, inclusive, *e-commerces* não foram poupados, dessa maneira, é indicado utilizar todos os meios cabíveis para prevenir riscos e em última instância, mitigar os danos. Uma equipe alinhada e preparada faz toda a diferença no tempo de resposta ao incidente.

5. CONSIDERAÇÕES FINAIS

Em que pese a LGPD ter sido promulgada em 18 de agosto de 2018, foi em 18 de setembro de 2020 que a lei entrou em vigor, mas as sanções, apenas em 1º de agosto de 2021. O longo período passado até a sua eficácia integral poderia e deveria ter sido utilizado para que as empresas ao menos iniciassem o processo de adequação, evitando mais que sanções, mas o dano ao titular e à empresa. Ainda há um longo caminho para o Brasil alcançar alguma maturidade em relação à proteção de dados.

Outra prática nociva é buscar dar uma aparência de legalidade à empresa, ajustar apenas o que está público e empurrar para baixo do tapete o que não está, resta claro que mais cedo ou mais tarde essa aparência desmonta, e o impacto na confiança dos clientes e na imagem da empresa será devastador.

Cabe mencionar que o dano à imagem da empresa pode ser mais prejudicial que qualquer outra sanção. O dano reputacional é difícil de ser restaurado. A reputação é o ativo mais valioso que a empresa pode ter.

Não há receita ou fórmula mágica para um projeto de adequação eficiente, não há ferramenta tecnológica que deixe a empresa *adequada, nem adequação em três ou sete passos*. A adequação está muito relacionada com pessoas, por isso é indispensável treinamento e conscientização constantes, a esperada mudança de cultura leva tempo. O importante é compreender que para essa construção ser bem-sucedida, deve-se ter o irrestrito apoio de quem está à frente da empresa, sem o suporte da alta diretoria, não haverá mudança, pode ser clichê, mas, de fato, o exemplo vem de cima.

Por fim, em breves linhas, o artigo se dispôs a trazer uma visão geral sobre o tema. Para pensar na adequação, é preciso considerar o porte e o segmento do *e-commerce*, o apetite de risco, a capacidade de investimento, entre muitas variáveis para se chegar a um projeto adequado. Por isso, cada projeto deve ser personalizado, equilibrando sempre os interesses da empresa, o ordenamento jurídico pátrio, a ética e a integridade.

REFERÊNCIAS

BARREIRA, Vaine Luiz. Diferença entre segurança da informação, segurança cibernética e segurança de redes. 2017. Disponível em: hhttps://www.linkedin.com/pulse/diferen%C3%A7a-entre-seguran%C3%A7a-da-informa%C3%A7%-C3%A3o-cibern%C3%A9tica-e-barreira-mba. Acesso em: 12 set. 2021.

BIONI, Bruno. A obrigação de registro das atividades de tratamento de dados. 2019. Disponível em: http://genjuridico.com.br/2019/08/27/registro-tratamento-de-dados/. Acesso em: 12 set. 2021.

BRASIL. Lei nº 8.078, de 11 de setembro de 1990. Dispõe sobre a proteção do consumidor e dá outras providências. Disponível em: https://www.planalto.gov.br/ccivil_03/Leis/L8078compilado.htm. Acesso em: 20 de fev. 2022.

BRASIL. Decreto nº 7.962, de 15 de março de 2013. Regulamenta a Lei nº 8.078, de 11 de setembro de 1990, para dispor sobre a contratação no comércio eletrônico. Disponível em: http://www.planalto.gov.br/ccivil_03/_Ato2011-2014/2013/Decreto/D7962.htm. Acesso em: 20 fev. 2022.

BRASIL. Lei nº 12.965, de 23 de abril de 2014. Estabelece princípios, garantias, direitos e deveres para o uso da Internet no Brasil. Disponível em: http://www.planalto.gov.br/ccivil_03/_ato2011-2014/2014/lei/l12965.htm. Acesso em: 15 nov. 2021.

BRASIL. Decreto nº 10.271, de 6 de março de 2020. Dispõe sobre a execução da Resolução GMC nº 37/19, de 15 de julho de 2019, do Grupo Mercado Comum, que dispõe sobre a proteção dos consumidores nas operações de comércio eletrônico. Disponível em: https://www.in.gov.br/web/dou/-/decreto-n-10.271-de-6-de-marco-de-2020-246772854. Acesso em: 20 nov. 2021.

BRASIL. Lei n.º 13.709, de 14 de agosto de 2018. Lei Geral de Proteção de Dados Pessoais (LGPD). Disponível em: http://www.planalto.gov.br/ccivil_03/_ato2015-2018/2018/lei/l13709.htm. Acesso em: 12 jun. 2021.

CANTO DE LIMA, Ana Paula Moraes. Aspectos gerais sobre a Lei Geral de Proteção de Dados que as empresas precisam saber. *In*: CANTO DE LIMA, Ana Paula Moraes; ALMEIDA, Dionice de; MAROSO, Eduardo Pereira. *LGPD – Lei Geral de Proteção de Dados*. Sua empresa está pronta? São Paulo: Literare Books International, 2020a.

CANTO DE LIMA, Ana Paula Moraes. O Código de Defesa do Consumidor e o Decreto *e-commerce*: como estar em conformidade legal no ambiente digital. *In*: CRESPO, Marcelo. Compliance *no direito digital*. 2. ed. São Paulo: Thomson Reuters, 2020b.

CNN. Site da Renner sai do ar após ataque hacker – entenda o caso. Disponível em: https://www.cnnbrasil.com.br/business/site-da-renner-continua-fora-do-ar-apos-ataque-hacker/. Acesso em: 04 jan. 2022.

CRESPO, Liana Irani Affonso Cunha. Direito digital e *compliance*: pilares do programa e mapeamento de risco. *In*: CANTO DE LIMA, Ana Paula Moraes; HISSA, Carmina Bezerra; SALDANHA, Paloma Mendes. *Direito digital*: debates contemporâneos. São Paulo: Thomson Reuters, 2019.

CRESPO, Marcelo. *Compliance* digital. *In*: NOHARA, Irene Patrícia; PEREIRA, Flávio de Leão Bastos. *Governança*, compliance *e cidadania*. 2. ed. São Paulo: Thomson Reuters, 2019. Edição Kindle. Posição 5405.

DER HAMBURGISCHE BEAUFTRAGTE FÜR DATENSCHUTZ UND INFORMATIONSFREIHEIT. Bußgeld wegen Datenschutzverstößen bei H&M: 35,3 Millionen Euro Bußgeld wegen Datenschutzverstößen im Servicecenter von H&M. Disponível em: https://datenschutz-hamburg.de/pressemitteilungen/2020/10/2020-10-01-h-m-verfahren. Acesso em: 2 out. 2021.

EBIT I NIELSEN. *E-commerce* no Brasil cresce 47% no primeiro semestre, maior alta em 20 anos. Disponível em: https://static.poder360.com.br/2020/08/EBIT-ecommerce-Brasil-1semestre2020.pdf. Acesso em: 12 set. 2021.

BRASIL. Emenda Constitucional nº 115, de 10 de fevereiro de 2022. Altera a Constituição Federal para incluir a proteção de dados pessoais entre os direitos e garantias fundamentais e para fixar a competência privativa da União para legislar sobre proteção e tratamento de dados pessoais. Disponível em: http://www.planalto.gov.br/ccivil_03/constituicao/Emendas/Emc/emc115.htm. Acesso em: 02 fev. 2022.

EUR-LEX. GDPR. Disponível em: https://eur-lex.europa.eu/legal-content/PT/ALL/?uri=CELEX%3A32016R0679. Acesso em: 10 ago. 2021.

FOLHA DE PERNAMBUCO. Americanas: no 3º dia com sites sem funcionar, consumidores e vendedores não têm informações. Disponível em: https://www.folhape.com.br/economia/americanas-no-3o-dia-com-sites-sem-funcionar-consumidores-e/216744/. Acesso em: 02 fev. 2022.

GDPR. Enforcement Tracker. Disponível em: https://www.enforcementtracker.com/. Acesso em: 20 ago. 2020.

H&M GROUP. H&M has received a decision from the regional Data Protection Authority in Hamburg, Germany. 2020. Disponível em: https://hmgroup.com/media/news/general-news-2020/h-m-has-received-a-decision-from-the-regional-data-protection-au.html. Acesso em: 1.º out. 2021.

ICO. Accountability Framework. 2019. Disponível em: https://ico.org.uk/for-organisations/accountability-framework/. Acesso em: 10 ago. 2021.

ICO. How do we apply legitimate interests in practice? Disponível em: https://ico.org.uk/for-organisations/guide-to-data-protection/guide-to-the-general-data-protection-regulation-gdpr/legitimate-interests/how-do-we-apply-legitimate-interests-in-practice/#LIA_process. Acesso em: 10 jan. 2022.

IL FATTO QUOTIDIANO. Wind Tre, dal Garante della Privacy multa da 17 milioni di euro: "Marketing selvaggio". Disponível em: https://www.ilfattoquotidiano.it/2020/07/13/wind-tre-dal-garante-della-privacy-multa-da-17-milioni-di-euro-marketing-selvaggio/5866914/. Acesso em: 10 ago. 2021.

JACKSON, William. 5 ferramentas de segurança da informação que você precisa conhecer. *TECJUMP.* Disponível em: 14 principais ferramentas para saber se você cumpre os requisitos do GDPR. Acesso em: 22 ago. 2021.

MARTORANO, Luciana; CRIVELIN, Letícia. Programa de adequação à lei geral de proteção de dados pessoais: como lidar com as vulnerabilidades? *Migalhas.* Disponível em: https://www.migalhas.com.br/depeso/318241/programa-de-adequacao-a-lei-geral-de-protecao-de-dados-pessoais-como-lidar-com-as-vulnerabilidades. Acesso em: 22 ago. 2021.

MERCADO & CONSUMO. Faturamento do *e-commerce* brasileiro avança quase 80% em 2021. Disponível em: https://mercadoeconsumo.com.br/2022/01/13/faturamento-do-e-commerce-brasilerio-avanca-quase-80-em-2021/. Acesso em: 02 fev. 2022.

NATIONAL INSTITUTE OF STANDARDS AND TECHNOLOGY. Framework for Improving Critical Infrastructure Cybersecurity. Disponível em: https://www.nist.gov/system/files/documents/cyberframework/cybersecurity-framework-021214.pdf. Acesso em: 10 ago. 2020.

PINHEIRO, Patricia Peck. *Direito digital.* 5. ed. rev., atual. e ampl. de acordo com as Leis n. 12.735 e 12.737, de 2012. São Paulo: Saraiva, 2013.

ROMANI, Bruno. Um em cada quatro brasileiros não tem acesso à internet, mostra pesquisa. 2020. *UOL*. Disponível em: https://noticias.uol.com.br/ultimas-noticias/agencia-estado/2020/05/26/um-em-cada-quatro-brasileiros-nao-tem-acesso-a-internet-mostra-pesquisa.htm. Acesso em: 22 ago. 2021.

SOUZA, Sylvio Capanema de; WERNER, José Guilherme Vasi; NEVES, Thiago Ferreira Cardoso. *Direito do consumidor*. Rio de Janeiro: Forense, 2018.

VALOR INVESTE. Americanas suspende novamente servidores de *e-commerce* após acesso não autorizado. Disponível em: https://valorinveste.globo.com/mercados/renda-variavel/empresas/noticia/2022/02/20/americanas-suspende-novamente-servidores-de-e-commerce-apos-acesso-nao-autorizado.ghtml. Acesso em: 02 fev. 2022.

9

A PROTEÇÃO DE DADOS NO SETOR FINANCEIRO

Patricia Peck Pinheiro

1. INTRODUÇÃO: BANCOS E DADOS

Primeiramente, por certo, de todos os setores econômicos, um dos que têm longa tradição histórica no uso de informações pessoais é o setor financeiro. Provavelmente, isso se deve ao fato de que esse tipo de informação é extremamente relevante e essencial para a execução das suas atividades, pois afeta diretamente seu modelo de gerenciamento de riscos e tomada de decisões. Outro setor similar em que isso também ocorre é o da saúde.

Por esse motivo, o setor financeiro é também um dos que estão mais habituado a cumprir com um modelo rígido de governança, repleto de regras bem restritivas, sendo considerado um dos mais bem regulamentados.

Isso quer dizer que bancos, administradoras de fundos, instituições financeiras em geral têm uma cultura de gestão de riscos e de *compliance* que contribui e facilita para atender às novas regulamentações de proteção de dados pessoais. Permitem adaptar a sua estrutura mais facilmente, bem como orientar novos investimentos de maneira incremental para implementar camadas adicionais de procedimentos e ferramentas de segurança, tendo em vista que são, por sua vez, um alvo extremamente visado.

Por outro lado, instituições não financeiras, mas que operam de certo modo diretamente dentro do ecossistema financeiro, como nos modelos de negócios de parceria ou ainda nas carteiras de investimentos, tais como no varejo, mídia e tecnologia bancária, por exemplo, estão normalmente menos maduras quando o assunto é privacidade e proteção de dados.

Portanto, o desafio de conformidade não consiste apenas em realizar a adequação dentro do ambiente da instituição, mas no seu entorno, ou seja, no perímetro com quem ela realiza diretamente operações estratégicas e/ou críticas, com fluxos maciços de dados pessoais compartilhados.

Além disso, quando analisamos os principais impactos das novas regulamentações de proteção de dados pessoais, observamos, de início, que há diferenças se um determinado tipo de negócio é mais voltado para consumidor final (B2C) ou se é mais entre empresas (B2B). Por essa razão, os níveis de ajustes serão distintos quando considerarmos a perspectiva de aplicação em um banco de varejo ou mesmo em uma seguradora do que quando tratarmos de uma operadora que só tenha clientes pessoa jurídica.

Isso se deve ao fato de que, seja sob a ótica do Regulamento Europeu (GDPR)[1] ou da Lei Brasileira (LGPD)[2], a legislação traz consigo a previsão de tratamento de dados pessoais como toda informação relacionada a uma pessoa natural, identificada ou identificável, o que significa que tanto os dados pessoais assumiram um espectro muito maior do que se tinha o hábito de proteger (como as informações de sigilo bancário) como também podem ser titulares de dados pessoais vários perfis de indivíduos com vínculos distintos, tais como o cliente pessoa física, o funcionário, o visitante, o acionista, o representante de um fornecedor, um dependente (no caso, por exemplo, filho de um colaborador), entre outros.

Há ainda um novo desafio que pode ser mais difícil de se adaptar e está diretamente relacionado ao modo como os dados pessoais são tratados. Enquanto para os negócios é importante tirar o máximo proveito das informações, quer dizer, maximizar os resultados, sob a ótica da nova lei, a premissa é a de que os dados pessoais só devam ser tratados para finalidades específicas e informadas, bem como mantidos pelo tempo mínimo necessário, findo o qual devem ser apagados ou anonimizados[3]. E essa limitação

---

[1] Regulamento Europeu de Proteção de Dados 2016/679 (*General Data Protection Regulation*).

[2] Lei de Proteção de Dados Pessoais 13.709/2018 alterada pela Lei 13.853/2019 e pela Lei 14.010/2020.

[3] Art. 16 da Lei 13.709/2018: "Os dados pessoais serão eliminados após o término de seu tratamento, no âmbito e nos limites técnicos das atividades, autorizada a conservação para as seguintes finalidades:
I – cumprimento de obrigação legal ou regulatória pelo controlador;
II – estudo por órgão de pesquisa, garantida, sempre que possível, a anonimização dos dados pessoais;
III – transferência a terceiro, desde que respeitados os requisitos de tratamento de dados dispostos nesta Lei; ou

no tempo de guarda/retenção gera uma mudança na lógica operacional da gestão de dados das instituições financeiras e nas suas políticas de retenção de dados de clientes.

Esse princípio é conhecido por princípio da minimização, previsto no art. 5.º do GDPR e art. 6.º da LGPD, e, assim como ele, há outros princípios essenciais que precisam ser seguidos para conformidade à nova legislação. Entre eles, um dos mais importantes é o da transparência.

E isso vai nortear toda a aplicação da proteção de dados no setor financeiro, principalmente porque, em muitas situações, o tratamento de dados será possível, mesmo sem o consentimento do titular, nas hipóteses legais de exceção de consentimento. No entanto, em qualquer dos casos, sempre será necessário cumprir com a transparência, que é a base legitimadora fundamental para conformidade à proteção de dados pessoais.

2. A QUESTÃO DA TRANSPARÊNCIA

Os clientes do sistema financeiro são conhecidos por gostarem de conveniência, praticidade e agilidade, motivo pelo qual cresceu a adesão nos últimos anos do uso de plataformas digitais.

É uma transição que se torna mais acelerada e sem volta, em virtude, inclusive, da transformação digital da sociedade, que usa a tecnologia para solucionar muitos dos principais problemas que emergem na conjuntura atual, como durante os meses iniciais da quarentena, devido à pandemia da Covid-19. Com as restrições da circulação ocorridas em 2020, muitas das transações bancárias realizadas por pessoas físicas passaram a ser feitas por canais digitais. E houve um crescimento expressivo no uso dos dispositivos celulares[4].

Do ponto de vista das oportunidades, são várias as possibilidades que podem ser exploradas pelas financeiras para atrair e fidelizar os clientes por meio das plataformas digitais, que hoje vão muito além da consulta de saldos e pagamentos de contas. Os aplicativos já disponibilizam consórcios, contratação de crédito, operações de câmbio, financiamento de veículos, orientação financeira e de investimentos, e até serviços não bancários.

IV – uso exclusivo do controlador, vedado seu acesso por terceiro, e desde que anonimizados os dados".

[4] VALOR INVESTE. 74% das transações bancárias em abril foram feitas pelos canais digitais. Disponível em: https://valorinveste.globo.com/produtos/servicos-financeiros/noticia/2020/06/23/74percent-das-transacoes-bancarias-em-abril-foram-feitas-pelos-canais-digitais.ghtml. Acesso em: 11 jun. 2020.

As funcionalidades são muitas e no fundo significam a mesma coisa dentro do universo *on-line*: uma imensidão de dados. E a tendência é aumentar, visto que o mercado está evoluindo para operações dentro do modelo do *Open Banking* e para utilização do sistema de pagamentos instantâneos com a implementação do PIX[5].

As novas regulamentações trazem, portanto, exigências para que, de um lado, seja possível maior compartilhamento de dados, de forma transparente, seguindo protocolos que exigem consentimento ou que estejam dentro de exceções específicas, por isso o conceito de "dados abertos", e, de outro, que tenham que ser atendidos os requisitos de cibersegurança e proteção de dados.

Com isso, fica estabelecida uma relação que exige muita cautela e precaução de todas as partes envolvidas, e que extrapola o perímetro da instituição financeira, alcançando também os ambientes interoperáveis, como das APIs[6], além de todas as suas relações com parceiros, fornecedores, correspondentes.

3. COMO INICIAR A IMPLEMENTAÇÃO DA LGPD

É muito importante que a aplicação da regulamentação de proteção de dados pessoais seja feita de forma adequada e ponderada, visando o benefício dos clientes e a preservação da melhor relação possível. O aperfeiçoamento da governança de dados pessoais, somado com a maior proteção das informações, traz ganhos para todos, tanto para as instituições financeiras como para os titulares.

Um ponto de partida essencial para o início da implementação é realizar o inventário dos dados pessoais e então mapear o seu fluxo dentro da instituição, ou seja, desenhar o mapa do fluxo dos dados pessoais, do seu nascimento (criação ou coleta) até que haja seu descarte (eliminação ou apagamento) ou que haja compartilhamento com terceiro, ou seja, deve ser

---

[5] O BACEN estabeleceu, pela Resolução Conjunta BACEN/CMN 1 e pela Circular 4.015, de 04.05.2020, sobre a implementação do Sistema Financeiro Aberto (*Open Banking*). A Resolução 195/2022 revogou a Circular 4.027/2020 e outras, aprovando o Regulamento do Sistema de Pagamentos Instantâneos (SPI) e da Conta Pagamentos Instantâneos (Conta PI). Disponível em: https://www.bcb.gov.br/estabilidadefinanceira/exibenormativo?tipo=Resolu%C3%A7%C3%A3o%20BCB&numero=195. Acesso em: 02 maio 2022.

[6] O termo API significa em inglês *Application Programming Interface* (interface de programação de aplicativos), ou seja, é um conjunto de rotinas e padrões de programação para acesso a um aplicativo de *software* ou plataforma baseado na *web* e normalmente permite um fluxo direto de bases de dados entre as partes envolvidas.

desenhado todo o fluxo do ciclo de vida do dado pessoal e o percurso que ele realiza desde a entrada até a saída.

A partir disso, aderir a controles e processos eficazes para comprovar a sua conformidade no uso dos dados para as autoridades. Nesse cenário, o preparo não é se houver algum vazamento de dados, mas sim quando ocorrer o incidente, e já ter um plano de contingência para efetuar as medidas necessárias e demonstrar que essas ações estão sendo tomadas. A ideia é ter meios de demonstrar a adequação com as regras para clientes, funcionários e agentes de fiscalização.

Ademais, um dos primeiros pontos que precisam ser identificados e receber uma análise de conformidade específica refere-se à clareza de informações sobre todo tratamento que será aplicado ao dado pessoal coletado. Isso porque a nova Lei tem uma abordagem especial sobre transparência no tratamento de dados pessoais.

Isso significa que a gestão dos dados pessoais deve ocorrer a partir de processos e práticas no nível técnico, jurídico e comportamental, de modo a criar um ambiente favorável ao entendimento do cliente, para que não tenha dificuldades se quiser saber quais informações são coletadas, para que finalidade são utilizadas e quais os meios para exercer seus direitos, conforme previsto pelos arts. 6.º, 8.º, 9.º e 18 da LGPD.

Dessa maneira, os bancos precisam investir na capacitação de seus profissionais, além de soluções tecnológicas e revisão de seus contratos. É possível diferenciar essa ação em três eixos: da solução de segurança de informação para proteção dos dados pessoais; da governança e gestão de riscos pelos contratos, documentos, normas, políticas; e da cultura, com a capacitação e as campanhas de conscientização, seja das equipes ou mesmo dos usuários clientes.

4. A QUESTÃO DA SEGURANÇA

Segurança faz parte da alma do negócio da instituição financeira, motivo pelo qual é um dos elementos mais essenciais para estabelecer o elo de confiança com sua clientela. Também é uma das principais premissas para a gestão de risco no sistema financeiro, o que faz com que muitas das regulamentações do setor tragam algum tipo de exigência ou controle relacionado a medidas de segurança. Não por acaso os bancos são os mais adiantados na corrida para o cumprimento da nova lei. O principal motivo: ser um setor muito regulamentado.

Em contrapartida, são também mais visados pelas quadrilhas de criminosos, tanto por terem reservas financeiras quanto por deterem grande quantidade de dados sobre as pessoas. E os dados se tornaram um ativo valioso da nossa sociedade.

Assim, as instituições financeiras devem investir em medidas preventivas e reativas relacionadas ao combate de eventuais ataques para mitigar os riscos, o que é uma exigência tanto do art. 46 da LGPD[7] quanto para atendimento das premissas da Resolução CMN 4.893/2021, que dispõe sobre a política de segurança cibernética e sobre os requisitos para a contratação de serviços de processamento e armazenamento de dados e de computação em nuvem a serem observados pelas instituições autorizadas a funcionar pelo Banco Central do Brasil.

Ainda, foi publicada a Resolução 86/2021 do Banco Central, que alterou a Resolução 32/2020, estabeleceu os requisitos técnicos e procedimentos operacionais para a implementação do *Open Banking* no Brasil, visando seguir as diretrizes da Lei Geral de Proteção de Dados Pessoais (Lei 13.709/2018), com disposições sobre direitos de proteção de dados, consentimento de titulares de uma mesma conta e maior controle sobre atualização dos dados compartilhados. Tal medida se fez essencial visto que o *Open Banking* é caracterizado como um compartilhamento de dados e serviços bancários, com autorização – consentimento – dos clientes, entre instituições financeiras por meio da integração de plataformas e infraestruturas de tecnologia.[8]

Portanto, as financeiras precisam desenhar e aplicar essas adequações com medidas técnicas e administrativas de cibersegurança. Isso inclui listar objetivos concernentes à segurança digital, identificar e priorizar as oportunidades de melhoria e prática dos processos, além de garantir meios de comunicação internos e externos acerca do risco da tecnologia da informação digital.

Além disso, é preciso definir soluções tecnológicas e controles de segurança que permitam fazer a gestão dos *logs* de consentimento e proteger mais as bases de dados pessoais, observando quais contratos de *cloud*, usos de dispositivos de mobilidade, bem como aplicação de modelos de *analytics*, *score*, Inteligência Artificial e reconhecimento facial ou outros modelos com biometria devem ser analisados.

Importante destacar que tem havido um aumento crescente das ameaças, inclusive no contexto de utilização dos pagamentos instantâneos, com

---

[7] Lei 13.709/2018, art. 46: "Os Agentes de Tratamento devem adotar medidas de segurança, técnicas e administrativas aptas a proteger os dados pessoais de acessos não autorizados e de situações acidentais ou ilícitas de destruição, perda, alteração, comunicação ou qualquer forma de tratamento inadequado ou ilícito".

[8] Disponível em: https://www.bcb.gov.br/estabilidadefinanceira/exibenormativo?tipo=Resolu%C3%A7%C3%A3o%20BCB&numero=86. Acesso em 8 abr. 2022.

situações envolvendo clonagem de dados[9], o que faz com que os investimentos em medidas e controles de cibersegurança se tornem ainda mais relevantes para o setor financeiro. De um lado, há a aceleração trazida com a transformação digital; do outro, o crescente risco de ataques que podem ocasionar de vazamento de dados até fraudes eletrônicas.

O comprometimento desses recursos pode significar não apenas perdas para a instituição financeira envolvida, mas também para todo o mercado por causa do risco sistêmico que um incidente pode causar. Logo, investir na segurança cibernética deixou de ser uma opção, tornando-se quesito indispensável para a própria sobrevivência da corporação, uma vez que os ataques cibernéticos geram diversas perdas financeiras e envolvem diminuição de receita e prejuízos à marca e sua reputação. Há um custo social elevado a ser pago, que é o da reconstrução da confiança dos clientes.

Com um planejamento jurídico eficaz, é possível viabilizar as provas adequadas para uma eventual defesa da empresa ou acusação de um infrator. É preciso preparar o terreno, colocar vacinas legais nos ambientes eletrônicos, planejar o armazenamento de dados dentro do ciclo de vida da informação para saber o que guardar e o que pode ser eliminado, desde *logs* e *e-mails* até documentos. A auditoria técnica-legal dos sistemas corporativos é de extrema importância para que seja garantido o uso correto das ferramentas e informações disponibilizadas.

5. O COMBATE À FRAUDE ELETRÔNICA

Em meio à necessidade de melhoria legislativa quanto à criminalização de condutas lesivas praticadas no setor financeiro, foi sancionada a Lei 14.155/2021, para tratar do combate às fraudes eletrônicas.

Podemos dizer que uma das finalidades do novo preceito legal é qualificar ilícitos praticados mediante fraude eletrônica, ou seja, aqueles que ocorrem com a enganação da vítima por intermédio de dispositivos de informática, aumentando as penas aplicáveis e trazendo alterações ao Código Penal (Decreto-Lei 2.848/1940) e ao Código de Processo Penal (Decreto-Lei 3.689/1941).[10]

Com a alteração do art. 171 do Código Penal Brasileiro, vejamos que não se trata de nova modalidade do crime de estelionato, mas, sim, a delimitação

---

[9] Fonte: https://valor.globo.com/publicacoes/suplementos/noticia/2020/10/19/clonagem-e-codigo-falso-sao-ameacas-ao-pix.ghtml. Acesso em: 4 dez. 2020.

[10] Disponível em: https://www.migalhas.com.br/depeso/347511/a-nova-lei-de--combate-as-fraudes-eletronicas. Acesso em: 08 abr. 2022.

do meio e espaço do cometimento da fraude, com grau aumentado de reprovabilidade e da pena da conduta.

As alterações da nova lei repousam em parte sobre o art. 154-A do Código Penal, que qualifica como ato ilícito a invasão de dispositivo informático, furto e estelionato cometidos de forma eletrônica ou pela internet e na adição de aumento de pena ao crime de estelionato cometido por meio de fraude eletrônica. As disposições trazem uma nova perspectiva no combate a uma modalidade de crime que vem crescendo substancialmente, em especial por encontrar novos caminhos para serem cometidos.

> Art. 171 – Obter, para si ou para outrem, vantagem ilícita, em prejuízo alheio, induzindo ou mantendo alguém em erro, mediante artifício, ardil, ou qualquer outro meio fraudulento (...).
>
> **Fraude eletrônica**
>
> § 2º-A. A pena é de reclusão, de 4 (quatro) a 8 (oito) anos, e multa, se a fraude é cometida com a utilização de informações fornecidas pela vítima ou por terceiro induzido a erro por meio de redes sociais, contatos telefônicos ou envio de correio eletrônico fraudulento, ou por qualquer outro meio fraudulento análogo. (Incluído pela Lei 14.155/2021).
>
> Art. 154-A. Invadir dispositivo informático de uso alheio, conectado ou não à rede de computadores, com o fim de obter, adulterar ou destruir dados ou informações sem autorização expressa ou tácita do usuário do dispositivo ou de instalar vulnerabilidades para obter vantagem ilícita:
>
> Pena – reclusão, de 1 (um) a 4 (quatro) anos, e multa.
>
> § 1º Na mesma pena incorre quem produz, oferece, distribui, vende ou difunde dispositivo ou programa de computador com o intuito de permitir a prática da conduta definida no *caput*.
>
> § 2º Aumenta-se a pena de 1/3 (um terço) a 2/3 (dois terços) se da invasão resulta prejuízo econômico.
>
> § 3º Se da invasão resultar a obtenção de conteúdo de comunicações eletrônicas privadas, segredos comerciais ou industriais, informações sigilosas, assim definidas em lei, ou o controle remoto não autorizado do dispositivo invadido:
>
> Pena – reclusão, de 2 (dois) a 5 (cinco) anos, e multa.

§ 4º Na hipótese do § 3º, aumenta-se a pena de um a dois terços se houver divulgação, comercialização ou transmissão a terceiro, a qualquer título, dos dados ou informações obtidos.

§ 5º Aumenta-se a pena de um terço à metade se o crime for praticado contra:

I – Presidente da República, governadores e prefeitos;

II – Presidente do Supremo Tribunal Federal;

III – Presidente da Câmara dos Deputados, do Senado Federal, de Assembleia Legislativa de Estado, da Câmara Legislativa do Distrito Federal ou de Câmara Municipal;

IV – dirigente máximo da administração direta e indireta federal, estadual, municipal ou do Distrito Federal.

Ação penal

Art. 154-B. Nos crimes definidos no art. 154-A, somente se procede mediante representação, salvo se o crime é cometido contra a administração pública direta ou indireta de qualquer dos Poderes da União, Estados, Distrito Federal ou Municípios ou contra empresas concessionárias de serviços públicos.[11]

Desde épocas antigas, alguns seres humanos procuravam obter vantagens sobre os outros e se valiam de táticas enganosas e fraudulentas destinadas a causar prejuízo à vítima em favorecimento próprio.

Não poderia ser diferente que, com o passar dos anos, os métodos de enganação evoluíssem, assim como a própria sociedade evolui. Os dispositivos informáticos tornaram-se um meio de obtenção de vantagem ilícita devido ao crescimento da informatização da sociedade. Nesses termos, os crimes cibernéticos surgiram e a todo momento são modernizados, trazendo a necessidade constante de alteração legislativa no sentido de criminalizar as novas condutas.

Interessante observar que nesse processo de fraude eletrônica, em boa parte dos casos, há o enriquecimento ilícito do fraudador mediante técnicas de engenharia social, onde a armadilha utilizada para atingir a vítima leva ou ao convencimento de que essa vítima forneça diretamente suas informações, ou que essa vítima execute algum arquivo malicioso em seu dispositivo

---

[11] Disponível em: http://www.planalto.gov.br/ccivil_03/_ato2019-2022/2021/lei/L14155.htm. Acesso em: 08 abr. 2022.

informático de modo a permitir que o criminoso fraudador obtenha alguma vantagem e aufira algum montante em dinheiro ou valores.

A experiência regulatória da proteção de dados pessoais no ambiente das instituições financeiras envolve também a atuação da Autoridade Nacional de Proteção de Dados (ANPD), de forma coordenada com o Banco Central do Brasil e demais órgãos reguladores do Sistema Financeiro Nacional, pois se deve equilibrar as regras do cadastro positivo, normas de proteção do crédito, inteligência artificial e a LGPD.

Os perigos a que o setor financeiro está exposto em tempos de informatização são tantos que, entre setembro de 2021 e fevereiro de 2022, o Banco Central registrou três vazamentos de dados de usuários que utilizam o Pix, sendo que a ANPD foi comunicada e atua na investigação dos casos.[12]

Em suma, o surgimento de novos modelos de pagamento, carteiras digitais e transações instantâneas aliado ao desconhecimento de grande parcela da população quanto aos perigos do uso de tecnologias, propiciou a atuação fraudulenta das operações em ambiente virtual.

6. A QUESTÃO DA AUTENTICAÇÃO

Um dos pontos relevantes relacionados às instituições financeiras, quando da análise de conformidade à proteção de dados pessoais, é a necessidade de uso de tecnologias que possam permitir maior segurança do próprio titular no tocante a coibir situações de *identity thief*, ou seja, que outra pessoa possa se fazer passar pela pessoa, o que pode ser tipificado como falsa identidade ou ainda como fraude no processo de autenticação.

Desse modo, a legislação trouxe alternativas para permitir o tratamento legítimo com o uso da base legal relacionada à exceção de consentimento, até porque para esse tipo de situação não seria esperado consentimento, como ocorre em muitos casos em que se busca atender à segurança pública e ao combate do crime.

Sendo assim, quando há tratamento de dados pessoais sensíveis, devido ao uso de biometria e/ou reconhecimento facial, para finalidade específica de identificação, autenticação e/ou combate à fraude, é possível basear-se no art. 11, II, *g*, da LGPD[13].

---

[12] Disponível em: https://www.gov.br/anpd/pt-br/assuntos/noticias/a-anpd-apura-caso-de-vazamento-por-meio-do-sistema-de-pagamentos-instantaneos-pix. Acesso em: 08 abr. 2022.

[13] Lei 13.709/2018, art. 11, II, *g*:
"Art. 11. O tratamento de dados pessoais sensíveis somente poderá ocorrer nas seguintes hipóteses: [...]

No entanto, se o método de autenticação utilizar apenas dados pessoais, pode-se usar como base legal o interesse legítimo do controlador previsto no art. 7.º, IX ou, dependendo do caso, se a finalidade for a proteção do crédito, o inciso X do art. 7.º da LGPD[14].

A instituição financeira também deve cumprir com a legislação de combate à lavagem de dinheiro,[15] o que exige um processo de identificação e registro de cliente e de operações. Nesse sentido, o tratamento de dados pessoais passa inclusive a ter como embasamento o cumprimento de obrigação legal, previsto tanto no art. 7º, II, e art. 11, *a*.

No caso do tratamento de dados baseado no interesse legítimo, será necessário realizar o relatório de impacto de proteção de dados[16], conforme o art. 10 da LGPD[17], e, quando há tratamento de dados pessoais sensíveis,

---

II – sem fornecimento de consentimento do titular, nas hipóteses em que for indispensável para: [...]

g) garantia da prevenção à fraude e à segurança do titular, nos processos de identificação e autenticação de cadastro em sistemas eletrônicos, resguardados os direitos mencionados no art. 9.º desta Lei e exceto no caso de prevalecerem direitos e liberdades fundamentais do titular que exijam a proteção dos dados pessoais".

[14] Lei 13.709/2018, art. 7.º:
"IX – quando necessário para atender aos interesses legítimos do controlador ou de terceiros, exceto no caso de prevalecerem direitos e liberdades fundamentais do titular que exijam a proteção dos dados pessoais; ou
X – para a proteção do crédito, inclusive quanto ao disposto na legislação pertinente".

[15] Circular Bacen 3.978/2020: "Dispõe sobre: Política, os procedimentos e os controles internos a serem adotados pelas instituições autorizadas a funcionar pelo Banco Central do Brasil visando à prevenção da utilização do sistema financeiro para a prática dos crimes de 'lavagem' ou ocultação de bens, direitos e valores e de financiamento do terrorismo. No processo de identificação do cliente devem ser coletados, no mínimo:
I – o nome completo e o número de registro no Cadastro de Pessoas Físicas (CPF), no caso de pessoa natural; e
II – a firma ou denominação social e o número de registro no Cadastro Nacional da Pessoa Jurídica (CNPJ), no caso de pessoa jurídica".

[16] Lei 13.709/2018, art. 5.º, XVII: "relatório de impacto à proteção de dados pessoais: documentação do controlador que contém a descrição dos processos de tratamento de dados pessoais que podem gerar riscos às liberdades civis e aos direitos fundamentais, bem como medidas, salvaguardas e mecanismos de mitigação de risco".

[17] Lei 13.709/2018, art. 10: "O legítimo interesse do controlador somente poderá fundamentar tratamento de dados pessoais para finalidades legítimas, consideradas a partir de situações concretas, que incluem, mas não se limitam a:

deve-se observar que, de acordo com o § 3º do art. 11, a comunicação ou o uso compartilhado de dados pessoais sensíveis entre controladores com objetivo de obter vantagem econômica poderá ser objeto de vedação ou de regulamentação por parte da autoridade nacional, ouvidos os órgãos setoriais do Poder Público, no âmbito de suas competências.

Importante destacar que a Resolução CMN 4.893/2021 traz o dever de estabelecer plano de ação e de resposta a incidentes visando à implementação da política de segurança cibernética[18], bem como a resolução BCB 85/2021[19] e a LGPD traz o dever de *report* no caso de haver um incidente de cibersegurança,

---

I – apoio e promoção de atividades do controlador; e

II – proteção, em relação ao titular, do exercício regular de seus direitos ou prestação de serviços que o beneficiem, respeitadas as legítimas expectativas dele e os direitos e liberdades fundamentais, nos termos desta Lei.

§ 1.º Quando o tratamento for baseado no legítimo interesse do controlador, somente os dados pessoais estritamente necessários para a finalidade pretendida poderão ser tratados.

§ 2.º O controlador deverá adotar medidas para garantir a transparência do tratamento de dados baseado em seu legítimo interesse.

§ 3.º A autoridade nacional poderá solicitar ao controlador relatório de impacto à proteção de dados pessoais, quando o tratamento tiver como fundamento seu interesse legítimo, observados os segredos comercial e industrial".

[18] Resolução CMN 4.893, de 26 de fevereiro de 2021: "Art. 2º As instituições referidas no art. 1º devem implementar e manter política de segurança cibernética formulada com base em princípios e diretrizes que busquem assegurar a confidencialidade, a integridade e a disponibilidade dos dados e dos sistemas de informação utilizados.
Art. 3º A política de segurança cibernética deve contemplar, no mínimo:
I – os objetivos de segurança cibernética da instituição;
II – os procedimentos e os controles adotados para reduzir a vulnerabilidade da instituição a incidentes e atender aos demais objetivos de segurança cibernética;
III – os controles específicos, incluindo os voltados para a rastreabilidade da informação, que busquem garantir a segurança das informações sensíveis;
IV – o registro, a análise da causa e do impacto, bem como o controle dos efeitos de incidentes relevantes para as atividades da instituição; (...)".

[19] Resolução BCB 85, de 8 de abril de 2021: "Art. 6º As instituições de pagamento devem estabelecer plano de ação e de resposta a incidentes visando à implementação da política de segurança cibernética.
Parágrafo único. O plano mencionado no caput deve abranger, no mínimo:
I – as ações a serem desenvolvidas pela instituição para adequar suas estruturas organizacional e operacional aos princípios e às diretrizes da política de segurança cibernética;

conforme previsão pelo art. 48 da LGPD[20], o que faz com que seja necessário o estabelecimento de um procedimento para uma resposta rápida e adequada, se ocorrer um evento, principalmente que se possa fazer logo de início a verificação:

1. É um incidente de cibersegurança? Aplicam-se então a Resolução Bacen 4.658/2018 e a Resolução BCB 85/2021.
2. É um incidente que envolve base de dados pessoais? Aplica-se então a LGPD.
3. Se a resposta for positiva para ambas as perguntas, terá que harmonizar a aplicação de ambas as legislações com possível dever de *report* tanto para BACEN como para ANPD.

Após essas duas considerações, deve-se seguir o fluxo para averiguação:

1. Qual a relevância do incidente?
2. Qual o tipo de base de dados envolvida?
3. Quais os titulares envolvidos?
4. Qual a natureza da violação?
5. Quais os danos?
6. Quais foram as medidas aplicadas de prevenção, neutralização, mitigação?

---

[20] II – as rotinas, os procedimentos, os controles e as tecnologias a serem utilizados na prevenção e na resposta a incidentes, em conformidade com as diretrizes da política de segurança cibernética; e
III – a área responsável pelo registro e controle dos efeitos de incidentes relevantes".
Lei 13.709/2018 art. 48: "O controlador deverá comunicar à autoridade nacional e ao titular a ocorrência de incidente de segurança que possa acarretar risco ou dano relevante aos titulares.
§ 1.º A comunicação será feita em prazo razoável, conforme definido pela autoridade nacional, e deverá mencionar, no mínimo:
I – a descrição da natureza dos dados pessoais afetados;
II – as informações sobre os titulares envolvidos;
III – a indicação das medidas técnicas e de segurança utilizadas para a proteção dos dados, observados os segredos comercial e industrial;
IV – os riscos relacionados ao incidente;
V – os motivos da demora, no caso de a comunicação não ter sido imediata; e
VI – as medidas que foram ou que serão adotadas para reverter ou mitigar os efeitos do prejuízo".

7. A QUESTÃO DOS *SCORES* E ALGORITMOS

Por certo, um dos setores que mais utilizam métodos automatizados de análise de dados e tomadas de decisão é o mercado financeiro, havendo a necessidade de aplicar a conformidade com a LGPD.

Nesse sentido, primeiro, para fins de análise de *privacy risk*, há que separar o que é uma base de dados pessoal legada (anterior à lei) do que é uma base de dados com modelagem atualizada (já em conformidade com a LGPD).

Segundo, é importante verificar se a utilização da base de dados vai ou não ter algum nível de anonimização, visto que nem sempre há a necessidade de identificação do titular. E, se for anonimizada, não será aplicável nenhuma das demais exigências da LGPD[21].

O terceiro ponto está relacionado aos critérios do algoritmo de *score*, ou seja, a capacidade de demonstrar a transparência dos parâmetros e que atenda ao princípio de não discriminação previsto pelo art. 6.º, IX, e também a possibilidade de revisão da decisão automatizada estabelecida pelo art. 20 da LGPD[22].

---

[21] Lei 13.709/2018, art. 12: "Os dados anonimizados não serão considerados dados pessoais para os fins desta Lei, salvo quando o processo de anonimização ao qual foram submetidos for revertido, utilizando exclusivamente meios próprios, ou quando, com esforços razoáveis, puder ser revertido.
§ 1.º A determinação do que seja razoável deve levar em consideração fatores objetivos, tais como custo e tempo necessários para reverter o processo de anonimização, de acordo com as tecnologias disponíveis, e a utilização exclusiva de meios próprios.
§ 2.º Poderão ser igualmente considerados como dados pessoais, para os fins desta Lei, aqueles utilizados para formação do perfil comportamental de determinada pessoa natural, se identificada.
§ 3.º A autoridade nacional poderá dispor sobre padrões e técnicas utilizados em processos de anonimização e realizar verificações acerca de sua segurança, ouvido o Conselho Nacional de Proteção de Dados Pessoais".

[22] Lei 13.709/2018, art. 20: "O titular dos dados tem direito a solicitar a revisão de decisões tomadas unicamente com base em tratamento automatizado de dados pessoais que afetem seus interesses, incluídas as decisões destinadas a definir o seu perfil pessoal, profissional, de consumo e de crédito ou os aspectos de sua personalidade. § 1.º O controlador deverá fornecer, sempre que solicitadas, informações claras e adequadas a respeito dos critérios e dos procedimentos utilizados para a decisão automatizada, observados os segredos comercial e industrial. § 2.º Em caso de não oferecimento de informações de que trata o § 1.º deste artigo baseado na observância de segredo comercial e industrial, a autoridade nacional poderá realizar auditoria para verificação de aspectos discriminatórios em tratamento automatizado de dados pessoais".

É fundamental que a solução esteja preparada para atender aos direitos dos titulares, previstos pelo art. 18, inclusive considerando a portabilidade, mesmo ainda sendo um direito sujeito a regulamentação pela ANPD, visto que já era algo conhecido do setor financeiro desde a Lei do Sigilo Bancário.[23]

Um dos pontos fundamentais para se estar em conformidade e que uma das premissas a nortearem a legitimidade é ter a evidência do consentimento expresso do titular para que a instituição financeira transfira o dado pessoal de um titular correntista para outra instituição, como previsto na legislação do *Open Banking*, a não ser que esteja nas hipóteses de exceção já apresentadas relacionadas a cumprimento de obrigação legal (como na de combate à lavagem de dinheiro) ou de proteção de segurança do titular (como na de combate à fraude de autenticação e proteção do crédito).

8. A RECENTE LEGISLAÇÃO DE PROTEÇÃO DE DADOS PESSOAIS E INTELIGÊNCIA ARTIFICIAL

Interessante citar que, em se tratando de proteção de dados pessoais no setor financeiro, a legislação brasileira vem sofrendo mutações exponenciais, tanto com a publicação de leis específicas, como já citado, quanto com o advento da Emenda Constitucional 115, de 10 de fevereiro de 2022, que alterou a Constituição Federal para incluir a proteção de dados pessoais entre os direitos e garantias fundamentais e para fixar a competência privativa da União para legislar sobre proteção e tratamento de dados pessoais. Tal inclusão era muito aguardada, pois corrobora com diretrizes internacionais relacionadas aos direitos humanos e aos direitos digitais.

Assim, a CFRB passou a ter a seguinte redação:[24]

> Art. 1º O *caput* do art. 5º da Constituição Federal passa a vigorar acrescido do seguinte inciso LXXIX:
>
> "Art. 5º. (...) LXXIX – é assegurado, nos termos da lei, o direito à proteção dos dados pessoais, inclusive nos meios digitais."

---

[23] Lei Complementar 105/2001, art. 1.º, § 3.º, I e V: "Não constituem violação ao dever de sigilo a troca de informações entre instituições financeiras, para fins cadastrais, inclusive por intermédio de centrais de risco, e a revelação de informações sigilosas com o consentimento expresso dos interessados".

[24] Disponível em: http://www.planalto.gov.br/ccivil_03/constituicao/Emendas/Emc/emc115.htm#:~:text=EMENDA%20CONSTITUCIONAL%20N%C2%BA%20115%2C%20DE,e%20tratamento%20de%20dados%20pessoais. Acesso em: 08 abr. 2022.

Art. 2º O *caput* do art. 21 da Constituição Federal passa a vigorar acrescido do seguinte inciso XXVI:

"Art. 21. (...) XXVI – organizar e fiscalizar a proteção e o tratamento de dados pessoais, nos termos da lei." (NR)

Art. 3º O *caput* do art. 22 da Constituição Federal passa a vigorar acrescido do seguinte inciso XXX:

"Art. 22. (...) XXX – proteção e tratamento de dados pessoais."

Ainda, convém citar o Projeto de Lei 21/2020, que estabelece fundamentos e princípios para o desenvolvimento e a aplicação da inteligência artificial no Brasil, listando as diretrizes para o fomento e a atuação do poder público referente ao tema. Na mais recente atuação, o Senado instalou uma comissão de juristas para elaborar um substitutivo para projetos de lei que discutem Inteligência Artificial.[25]

O PL 21/2020 tem inspiração na recomendação sobre Inteligência Artificial da Organização dos Estados para o Desenvolvimento Econômico (OCDE) e integra o projeto do Marco Legal da Inteligência Artificial no Brasil, com diretrizes e princípios que nortearão a gestão estratégica, o desenvolvimento, a gestão e a aplicação da inteligência artificial no País, uma vez que vários aspectos dependerão de regulamentação do Executivo Federal por meio de órgãos e entidades setoriais com competência técnica na área, como as agências reguladoras e o Banco Central.

9. CONCLUSÃO

Ainda há uma longa jornada a percorrer para a conformidade completa às novas regulamentações de proteção de dados pessoais. Por mais que exista uma estrutura robusta nas instituições financeiras, especialmente no tocante à segurança das informações, com várias camadas de proteção e linhas de defesa, há necessidade de investir em mudança de cultura, e isso leva algum tempo.

A comunicação mais clara, objetiva e transparente com os clientes sobre o tratamento dos dados pessoais, bem como a melhoria das informações de privacidade e de *cookies*, além da própria gestão de consentimentos nos canais de relacionamento, são uma das frentes de atuação.

---

[25] Disponível em: https://legis.senado.leg.br/comissoes/comissao?codcol=2504#:~:text=Subsidiar%20a%20elabora%C3%A7%C3%A3o%20de%20minuta,da%20intelig%C3%AAncia%20artificial%20no%20Brasil.. Acesso em 8 abr. 2022.

O treinamento permanente das equipes e o alinhamento com essa nova figura que é o encarregado de dados, ou também chamado de DPO, são outras frentes necessárias. Com a evolução tecnológica e a inovação no setor financeiro e bancário com uso de novas soluções que envolvem inclusive uso de Inteligência Artificial, será extremamente importante alinhar a aplicação do princípio de *privacy by design* para que a conformidade ocorra de maneira permanente e sustentável.

Um dos grandes desafios, considerando que os fluxos financeiros são globais e rápidos, é justamente ter que lidar com uma regulamentação que é fragmentada, por mais que haja uma referenciação comum ao Regulamento Geral de Proteção de Dados Europeu (GDPR). Entretanto, a necessidade de harmonizar com leis nacionais, país a país, ainda gera uma barreira e um risco de *compliance*, visto que as autoridades nacionais podem trazer regras e interpretações específicas que precisam ser observadas.

Outro grande desafio é evitar a judicialização da matéria, em especial no que tange às questões de consumidor e trabalhista, principalmente em países com vocação para esse tipo de conflito, como é o caso do Brasil e outros vizinhos na América Latina. O alinhamento de códigos de conduta e o seu protocolo nas autoridades nacionais respectivas é uma forma de prevenir essas ocorrências e aprimorar o alinhamento das práticas de mercado.

Uma gestão mais eficaz de riscos relacionados à privacidade e à cibersegurança, bem como a uma melhor governança dos dados, é o resultado final que se espera com a conformidade a essas novas regulamentações. Ao final, ganha-se em proteção de patrimônio e reputação, maior volume de negócios e uma sociedade com mais equilíbrio e harmonia das relações entre instituições e indivíduos.

REFERÊNCIAS

AUTORIDADE NACIONAL DE PROTEÇÃO DE DADOS. A ANPD apura caso de vazamento por meio do Sistema de Pagamentos Instantâneos (Pix). Disponível em: https://www.gov.br/anpd/pt-br/assuntos/noticias/a-anpd-apura-caso-de--vazamento-por-meio-do-sistema-de-pagamentos-instantaneos-pix. Acesso em: 08 abr. 2022.

BANCO CENTRAL DO BRASIL. Circular n.º 3.978, de 23 de janeiro de 2020. Disponível em: https://www.bcb.gov.br/pre/normativos/busca/downloadNormativo.asp?arquivo=/Lists/Normativos/Attachments/50905/Circ_3978_v1_O.pdf. Acesso em: 10 ago. 2020.

BANCO CENTRAL DO BRASIL. Resolução n.º 85, de 08 de abril de 2021. Disponível em: https://www.in.gov.br/en/web/dou/-/resolucao-bcb-n-85-de-8-de-abril-de-2021-313194098. . Acesso em: 20 maio 2022.

BANCO CENTRAL DO BRASIL. Resolução nº 86 de 14.04.2021. Disponível em: https://www.bcb.gov.br/estabilidadefinanceira/exibenormativo?tipo=Resolu%C3%A7%C3%3o%20BCB&numero=86. Acesso em: 08 abr. 2022.

BIONI, Bruno. *Proteção de dados pessoais*. São Paulo: GEN/Forense, 2019.

BRASIL. Lei Complementar n.º 105, de 10 de janeiro de 2001. Dispõe sobre o sigilo das operações de instituições financeiras e dá outras providências. Disponível em: https://www.bcb.gov.br/pre/normativos/busca/downloadNormativo.asp?arquivo=/Lists/Normativos/Attachments/50846/Res_4752_v1_O.pdf. Acesso em: 10 jun. 2020.

BRASIL. Lei n.º 13.709, de 14 de agosto de 2018. Lei Geral de Proteção de Dados Pessoais (LGPD). Disponível em: http://www.planalto.gov.br/ccivil_03/_ato2015-2018/2018/lei/l13709.htm. Acesso em: 10 jun. 2020.

BRASIL. Lei nº 14.155, de 27 de maio de 2021. Altera o Decreto-Lei nº 2.848, de 7 de dezembro de 1940 (Código Penal), para tornar mais graves os crimes de violação de dispositivo informático, furto e estelionato cometidos de forma eletrônica ou pela internet; e o Decreto-Lei nº 3.689, de 3 de outubro de 1941 (Código de Processo Penal), para definir a competência em modalidades de estelionato. Disponível em: http://www.planalto.gov.br/ccivil_03/_ato2019-2022/2021/lei/L14155.htm. Acesso em 8 abr. 2022.

CONSELHO MONETÁRIO NACIONAL. Resolução CMN 4.893, de 26 de fevereiro de 2021. Disponível em: https://www.in.gov.br/en/web/dou/-/resolucao-cmn-n-4.893-de-26-de-fevereiro-de-2021-305689973. Acesso em: 02 maio 2022.

DONEDA, Danilo; MENDES, Laura; CUEVA, Ricardo. *Lei Geral de Proteção de Dados*. São Paulo: RT, 2020.

EUR-LEX. GDPR. Disponível em: https://eur-lex.europa.eu/legal-content/PT/ALL/?uri=CELEX%3A32016R0679. Acesso em: 10 ago. 2020.

GOV.BR. Resolução Conjunta n.º 1, de 4 de maio de 2020. Disponível em: https://www.in.gov.br/en/web/dou/-/resolucao-conjunta-n-1-de-4-de-maio-de-2020-255165055. Acesso em 11 jun. 2020.

MIGALHAS. A nova lei de combate às fraudes eletrônicas. Patricia Peck Pinheiro, Genival Silva Souza Filho, Luciane Shinohara e Rafaella Avanço. Disponível em: https://www.migalhas.com.br/depeso/347511/a-nova-lei-de-combate-as-fraudes-eletronicas. Acesso em: 08 abr. 2022.

PALHARES, Felipe. *Temas atuais de proteção de dados*. São Paulo: RT, 2020.

PINHEIRO, Patricia Peck. *Proteção de dados pessoais*. Comentários à Lei n. 13.709/2018 (LGPD). 3. ed. São Paulo: Saraiva Jur, 2021.

SENADO FEDERAL. Comissão de juristas. Disponível em: https://legis.senado.leg.br/comissoes/comissao?codcol=2504#:~:text=Subsidiar%20a%20

elabora%C3%A7%C3%A3o%20de%20minuta,da%20intelig%C3%AAncia%20 artificial%20no%20Brasil. Acesso em: 08 abr. 2022.

VALOR INVESTE. 74% das transações bancárias em abril foram feitas pelos canais digitais. Disponível em: https://valorinveste.globo.com/produtos/servicos--financeiros/noticia/2020/06/23/74percent-das-transacoes-bancarias-em--abril-foram-feitas-pelos-canais-digitais.ghtml. Acesso em: 11 jun. 2020.

10

DESAFIOS DE ADEQUAÇÃO À LGPD EM INSTITUIÇÕES DE ENSINO

CLÁUDIO LUCENA E ROBERTA GOMES

1. INTRODUÇÃO

Entre as diversas atividades humanas profundamente impactadas pelo período de pandemia em 2020, a educação seguramente ocupa posição de destaque. O fato de se tratar de um segmento cujo modelo tradicional está (ou estava) primordialmente baseado em reunir todos os dias milhões de pessoas ao redor do mundo em espaços físicos quase sempre fechados, com muita proximidade, contato e interação presencial, transformou-o em um dos primeiros e mais óbvios alvos da necessidade de distanciamento social por que passaram praticamente todos os países ao longo dos últimos meses. É, pelo mesmo motivo, um dos últimos setores da sociedade a retomar a normalidade, com debates amplos e controversos sobre o momento oportuno de retorno, critérios de segurança e efeitos colaterais dessa experiência radical que atingiu todos os integrantes da comunidade educacional, das instituições de ensino aos professores, dos alunos às suas famílias.

O cenário educacional antes da pandemia já apresentava grandes desafios para a adequação do setor a um quadro normativo de proteção de dados pessoais. Particularmente no Brasil, onde o momento em geral é o de construir essa cultura a partir dos passos mais elementares, sabia-se que o caminho era longo, trabalhoso e cheio de desafios, desde a conscientização à determinação de modelos de maturidade. No entanto, o ambiente pós-Covid-19, fruto de uma migração emergencial que se deu com pouco ou nenhum tempo de planejamento, muito mais carregado de fluxos de informação digital e potencialmente de tratamento de dados pessoais, encerra agora questões ainda mais delicadas com relação a muitos dos aspectos relevantes na jornada de conformidade.

A amplitude desse impacto não tem precedentes e afetou duramente a dinâmica de funcionamento dos estabelecimentos durante o período de pandemia. Pesquisa do Instituto DataSenado[1] revelou que quase 60 milhões de alunos tiveram atividades presenciais suspensas no País, dos quais 58% passaram a ter aulas remotas. Durante meses, virtualmente ninguém que estivesse estudando ou de qualquer forma se capacitando no País estava fazendo isso de maneira presencial. Também passaram à atividade quase que exclusivamente remota professores e os setores administrativos de todas as instituições públicas e privadas do Brasil, sem ainda vislumbrar com clareza prazo nem forma de retorno.

Diante dessa enormidade de desafios, sem sequer contar com a possibilidade de mobilizar a comunidade educacional envolvida, não será fácil planejar e executar as ações necessárias para adequação do setor à Lei Geral de Proteção de Dados, que entrou em vigor em meio a esse desenrolar intenso de acontecimentos, no dia 18 de setembro deste ano, com a grande maioria de suas determinações exigíveis imediatamente, e observando ainda a convergência com as demais leis setoriais aplicáveis ao segmento. Que prioridades definir? Por onde começar? Que roteiro percorrer e como contornar a situação de exceção que se vive atualmente para garantir consistência, utilidade e efetividade nas medidas de adequação que forem tomadas neste momento?

São as questões sobre as quais nos debruçaremos ao longo deste texto.

2. UM *ROADMAP* PARA A CONFORMIDADE

É importante ter em mente que os quadros regulatórios nacionais de proteção de dados pessoais e, especialmente, os que derivam do recente movimento global de reforma e que seguem o modelo europeu do GDPR, em regra, trazem exigências de cumprimento de finalidades, e não de métodos, com o objetivo muito mais de garantir o interesse protegido do que as medidas organizacionais que viabilizam o resultado. Há, portanto, considerável margem procedimental para que as organizações definam, customizem, reajustem e, enfim, demonstrem o êxito de sua jornada de conformidade e o grau de maturidade que eventualmente atingiram, guiadas por princípios

---

[1] CHAGAS, Elisa. DataSenado: quase 20 milhões de alunos deixaram de ter aulas durante pandemia. 12 ago. 2020: *Agência Senado*. Disponível em: https://www12.senado.leg.br/noticias/materias/2020/08/12/datasenado-quase-20-milhoes-de--alunos-deixaram-de-ter-aulas-durante-pandemia. Acesso em: 21 set. 2020.

gerais que servem como norte de validação das decisões tomadas ao longo desse percurso.

Entretanto, há uma espinha dorsal de processos organizacionais que precisam ser estruturados ou redesenhados, e que é comum à maior parte das instituições que devem se adequar, independentemente do segmento ou da natureza. O infográfico a seguir sugere seis desses processos que merecem atenção para que se possa avançar solidamente na conformidade. De maneira pragmática, não será possível considerar uma organização – e certamente não uma organização educacional, seja pública ou privada – sem a construção ou o realinhamento desses processos.

PROCESSOS LGPD
UM PANORAMA GERAL DAS PRINCIPAIS OBRIGAÇÕES

01 CONHECER OS DADOS
02 MEDIDAS DE SEGURANÇA E RISCOS
03 ATENDER TITULARES
04 RESPOSTA A INCIDENTES
05 GESTÃO DE TERCEIROS
06 DOCUMENTAÇÃO E REGISTRO

A seguir, uma proposta sobre o conteúdo de cada um desses pontos de atenção, pensada para a realidade particular do processo de adequação pelo qual devem passar todas as instituições de ensino no Brasil a partir de agora.

2.1. Conhecer os dados

Dados pessoais são comumente coletados pelas escolas e demais estabelecimentos de ensino e, por isso, o primeiro passo para iniciar o projeto de conformidade nessas instituições é conhecer esse acervo, seu fluxo e seu ciclo de vida na instituição. Curioso perceber que esse inventário ou mapeamento não é a rigor uma obrigação definida em lei, mas há uma série de obrigações cujo cumprimento não é sequer minimamente viável sem que esse levantamento esteja bem feito e disponível.

As atividades de identificação da situação de partida conduzidas em uma fase inicial de diagnóstico permitem à instituição de ensino compreender a dinâmica dos tratamentos que realiza, quem são os titulares cujos dados estão sob sua responsabilidade, identificar parceiros externos de quem recebe e com quem compartilha esses dados e, principalmente, fornecer subsídios para uma atividade que será chave para o processo de adequação, e que muito provavelmente até a entrada em vigor da LGPD não estava no radar de providências da maioria dessas instituições, que é a definição clara e sistemática das razões que levam o estabelecimento a coletar dados pessoais de alunos, pais, professores e funcionários, colaboradores em geral e candidatos a vagas de trabalho na instituição, visitantes e fornecedores. Somente com clareza no conhecimento desses motivos, do que pretende com cada uma das categorias de dados que trata, como nome, *e-mail*, documentação pessoal, gênero, data de nascimento, informações sobre saúde, em caso de menores, cartão de vacina, nome do pediatra responsável e seu contato, que fazem parte da rotina escolar, além de outras categorias eventualmente identificadas, é que a escola estará em condições de elencar as atividades e processos organizacionais dependentes de dados e fazer a indispensável correspondência entre cada um deles e a base legal que pretensamente autoriza o tratamento.

Essa correspondência é essencial no processo de adequação, porque molda e define obrigações legais distintas para cada atividade de tratamento. Por exemplo, há muitos processos de tratamento de dados no ambiente educacional que têm como fundamento jurídico o cumprimento de obrigações legais ou contratuais, e nesse caso é preciso especificar tais obrigações em atendimento aos princípios do art. 6.º, particularmente em atenção à transparência. É também a correlação finalidade/base legal que estabelece a necessidade de elaborar ou de reestruturar termos de consentimento para que cumpram à risca os requisitos do art. 5.º, XII, e demais dispositivos relacionados da LGPD, a depender ainda da categoria de dados tratada, e, quando esse consentimento for a justificativa para o tratamento, o que será o caso para muitas das atividades educacionais que não decorrerem diretamente de lei ou contrato. Por sua vez, a conclusão de que determinada atividade no âmbito da educação tem como base legal o legítimo interesse pode dar margem à necessidade de elaborar avaliação de impacto, quando for esta a justificativa legal apontada, a teor do art. 10, § 3.º. Dados pessoais que constam do acervo sem que a existência dessa informação possa ser justificada por uma razão concreta e legítima pela instituição de ensino provavelmente não encontram base legal que autorize o tratamento, não passam nos testes de necessidade e de minimização, nem devem ser mantidos.

É ainda nesse processo de conhecer o seu acervo de dados que a instituição terá condições de classificá-los quanto ao tipo, identificando quais são os dados pessoais estritamente considerados, quais são aqueles que devem estar sob os cuidados exigidos para categorias especiais, como os dados sensíveis do art. 5.º, II, da LGPD (entre os quais estarão dados de saúde, histórico médico e acompanhamento de aluno, filiação sindical de professores, funcionários e colaboradores, orientação religiosa de estudantes e suas famílias e dados biométricos, que estão cada vez mais presentes nesse segmento, conforme comentário adiante), atentando para os requisitos do art. 11, e quais são os dados de crianças e adolescentes, nesse caso observadas a necessidade de consentimento específico e destacado de pelo menos um dos pais ou responsáveis, bem como as demais determinações, restrições e toda a dinâmica do art. 14.

Por fim, vale a pena registrar a preocupação e os riscos em potencial de uma tendência que vem ganhando terreno no cenário de instituições de ensino brasileiras, a despeito de sua significativa controvérsia em diversas partes do mundo, que é a da utilização de tecnologias de reconhecimento facial para acesso às dependências do estabelecimento ou mesmo para controle de frequência. Há uma percepção geral das instituições e mesmo dos pais de que a opção pelo tratamento dessa categoria de dados aprimora a segurança e favorece o controle do ambiente estudantil, mas é uma percepção que convive com preocupações que são graves e que já começam a ser objeto de análise e deliberação por parte de autoridades de dados e sociedade em alguns locais do mundo.

Para além da polêmica sobre o grau de precisão das ferramentas disponíveis no mercado e do potencial que as limitações técnicas têm de impactar negativamente direitos fundamentais e causar consequente discriminação[2], o próprio risco a que o tratamento desses dados expõe os titulares em caso

---

[2] Em estudo de grande repercussão em 2018, Joy Buolamwini e Timnit Gebru demonstraram que algoritmos de aprendizado de máquina utilizados em soluções de reconhecimento facial podem discriminar indivíduos em razão de aspectos como raça e gênero (ver Gender Shades: Intersectional Accuracy Disparities in Commercial Gender Classification. Disponível em: http://proceedings.mlr.press/v81/buolamwini18a.html). Como resposta aos protestos pelo assassinato de George Floyd por um policial americano em Mineápolis, nos Estados Unidos, e com a intensificação do movimento *Black Lives Matter* nas semanas que se seguiram, demandando ações contra este viés algorítmico discriminatório, gigantes de tecnologia como Microsoft, IBM e Amazon anunciaram/reforçaram suspensões em seus planos de utilização e comercialização dessas tecnologias.

de um incidente de segurança é inquietante, principalmente quando estão em jogo dados pessoais de crianças e adolescentes. No ano passado, a autoridade sueca de proteção de dados multou a administração pública da cidade de Skellefteå, no norte do país, em 200.000 Coroas Suecas (o que equivale a aproximadamente 20.000 euros) pelo uso de uma solução de reconhecimento facial para monitorar a presença de alunos em uma escola pública local[3]. Apesar de se tratar apenas de um teste-piloto de três semanas e da escola haver invocado a coleta do consentimento dos responsáveis como justificativa para o tratamento dos dados, o regulador nacional não reconheceu a base legal como adequada para o tipo de processamento, considerando a situação particular, o desequilíbrio entre controlador e titulares e a ausência de relatório de impacto.

É importante que essa avaliação ampla que permite conhecer os dados e identificar as necessidades particulares do setor que está em questão integre os primeiros passos da instituição de ensino na direção da conformidade. Um bom diagnóstico viabilizará o adequado posicionamento institucional, o correto dimensionamento do trabalho e a otimização dos esforços seguintes.

2.2. Medidas de segurança e riscos

O trabalho de conformidade em proteção de dados pessoais é forçosamente interdisciplinar, e seja o principal suporte de trabalho da instituição de ensino o papel ou os meios digitais, é sua obrigação adotar medidas de segurança aptas a proteger os dados pessoais dos titulares, a teor do art. 6.º, VII. A segurança dos dados do titular é elemento transversal na anatomia de leis gerais de proteção de dados, e na LGPD não é diferente.

Como mencionado, as diretrizes legais são de resultado, prescrevendo deveres abrangentes de cuidado para preservar os interesses dos titulares sem pretensão de interferir na opção técnica concreta que pode e deve estar adequada à realidade de cada agente de tratamento. O comando do art. 46 exige a prevenção contra acessos não autorizados e *situações acidentais ou ilícitas de destruição, perda, alteração, comunicação ou qualquer forma de tratamento inadequado ou ilícito*. A indicação mais concreta dessas medidas integra também os deveres mínimos de prestação de informação por parte do controlador, seja em caso de incidente de segurança, conforme previsão do art. 48, III, seja como exercício regular de direitos do titular.

---

[3] Facial recognition in school renders Sweden's first GDPR fine. 22 ago. 2019. Disponível em: https://edpb.europa.eu/news/national-news/2019/facial-recognition-school-renders-swedens-first-gdpr-fine_en Acesso em: 20 set. 2020.

Uma parcela significativa das escolas e estabelecimentos educacionais já tem em seus quadros equipes, profissionais ou ao menos suporte em segurança da informação. A convivência com sistemas e ferramentas digitais de ensino e de gestão e o surgimento de responsabilidades e obrigações legais decorrentes dessa nova realidade vêm obrigando as instituições a implementar controles, promover conscientização e monitorar o ambiente digital em seu entorno com a finalidade de assegurar o seu uso legítimo e regular. A proteção de dados dos titulares agora ganha destaque entre essas obrigações.

A fase anterior, de conhecimento do acervo de dados, do seu fluxo e de seu ciclo de vida dentro da instituição de ensino, bem como do período de guarda aplicável, vai permitir uma avaliação dessas medidas de segurança e posterior análise dos riscos que a atividade oferece para os direitos dos titulares, com a possibilidade de essa avaliação ser exigida na forma de um relatório de impacto à privacidade, caso o risco seja significativo. A LGPD não explicita objetivamente instituições que devem se submeter a essa exigência complementar, o decreto que criou a Autoridade Nacional de Proteção de Dados (ANPD) também não avançou nesse sentido, mas o microssistema do art. 4º da Resolução CD/ANPD nº 2, de 27 de janeiro 2022, que aprova o Regulamento de aplicação da LGPD para agentes de tratamento de pequeno porte, já aponta no sentido de que há uma preocupação especial da Autoridade direcionada aos agentes de tratamento que utilizam, como é o caso de estabelecimentos de ensino, dados pessoais sensíveis, de crianças e de adolescentes. Os dispositivos da referida norma sinalizam explicitamente que a utilização dessas categorias de dados tende a ser considerada como critério para o reconhecimento do chamado tratamento de alto risco, e esse *status*, por sua vez, inviabiliza tratamento jurídico mais flexível para o agente.

É possível encontrar reguladores europeus mais bem encaminhados nessa definição. A *Commission Nationale de l'Informatique et des Libertés* (CNIL), regulador francês, por exemplo, definiu uma lista que atualmente conta com 141 atividades de tratamento de dados que ela considera que requerem, pelos critérios do GDPR, uma avaliação de impacto. Entre essas atividades, não estão as pedagógicas, didáticas ou de mera gestão de um estabelecimento de ensino, mas as de videovigilância de empregados e colaboradores e de coleta e uso de dados biométricos para fins de identificação de titulares vulneráveis, situações que já não são raras no ambiente educacional no Brasil. Evidentemente não é possível antecipar a adesão automática do regulador nacional do ponto de vista de um ou outro correspondente internacional específico sem o exercício da subsunção criteriosa do fato à LGPD como norma pátria, mas a verdade é que as condições de exigência dessa avaliação nos dois quadros regulatórios são bastante semelhantes, e é razoável buscar ao menos uma orientação preliminar em posicionamentos de autoridades de dados com práticas e experiência reconhecidas.

Como registro final com relação a esse ponto em particular, é preciso atentar para o fato de que a pandemia seguramente acelerou hábitos de interação remota, abrindo horizontes promissores e potencializando de forma exponencial as oportunidades de colaboração em educação. Isso posto, tampouco se deve esquecer que é preciso avaliar com atenção os controles de segurança e o risco associado a todos os novos parceiros, plataformas, aplicativos e soluções desenvolvidos ou incorporados nesse período, porque representam novos processos que foram adotados em um estado de necessidade e urgência sem precedentes. No contexto de instituições de ensino, essa transformação e essa migração digital se desenvolveram sob pena de descontinuidade ou mesmo de sobrevivência da atividade, e muitas vezes sem prazo hábil nem alternativa para uma análise mais cuidadosa, uma vulnerabilidade que deve ser enfrentada o mais rápido possível, principalmente agora na vigência da LGPD.

2.3. Atender titulares

O novo quadro regulatório geral de proteção de dados brasileiro também traz a necessidade, exigível imediatamente, de garantir ao titular dos dados processados o exercício dos direitos que constam dos seus arts. 17 e seguintes, abordados em relação mais expressa no art. 18, mas que se estendem ainda a outros dispositivos, a exemplo da prerrogativa de solicitar a revisão de uma decisão tomada unicamente com base em tratamento automatizado e de ter acesso aos critérios e procedimentos utilizados para a deliberação o que é assegurado um pouco mais adiante pelo art. 20.

No cenário da educação, a repercussão mundial negativa de um desdobramento recente de uma iniciativa nacional ampla de tratamento automatizado de dados levou a prática à berlinda. O governo britânico utilizou um processo decisório automatizado durante a pandemia para estimar notas de admissão às universidades do país para os estudantes que não puderam fazer os tradicionais exames em virtude das regras de distanciamento social. Segundo diversos alunos, a estimativa levou em consideração um cruzamento de dados pessoais e instituições aos quais eles estavam vinculados[4] que ao final apontou um resultado incompatível e injusto com sua *performance* no período que deveria ser avaliado, cruzamento a cujas regras e critérios eles

---

[4] WAKEFIELD, Jane. A-levels: Ofqual's 'cheating' algorithm under review. *BBC News*, 20 ago. 2020. Disponível em: https://www.bbc.com/news/technology-53836453. Acesso em: 22 set. 2020.

sequer tiveram acesso. Os protestos no Reino Unido se avolumaram e o governo decidiu rever a intervenção.

À luz da LGPD, os direitos dos titulares devem ser atendidos a qualquer tempo, sob requisição, bastando que esteja devidamente identificado o solicitante, sem custos, com prazo ainda a ser definido e que, mesmo com a edição do decreto que estrutura a ANPD, ainda não foi especificado, ressalvados a confirmação de tratamento e o acesso aos dados pessoais de que trata o art. 19, pedido que deve ser atendido imediatamente (I) ou em até 15 dias (II) contados da data do requerimento, em formato digital ou impresso, a critério do titular.

Mais uma vez, como se vê, não há um mecanismo único e definido de atendimento a essas solicitações dos titulares, desde que essas determinações definidas em nível mais alto sejam atendidas. Levando em conta o cenário de uma instituição de ensino, em que as solicitações por parte de titulares podem se converter em uma tarefa regular, significativa e onerosa, é recomendável o desenho de processos organizacionais padronizados de recebimento, encaminhamento e resposta para avaliar os critérios e o roteiro de atendimento, a legalidade da solicitação (a eliminação de dados pessoais, por exemplo, pode encontrar uma objeção legal em uma das hipóteses do art. 16), a uniformidade no atendimento e, de forma geral, uma compreensão institucional comum sobre essa obrigação do agente de tratamento e sobre as responsabilidades que dela decorrem.

2.4. Resposta a incidentes

Medidas de segurança da informação em geral são obrigações de meio. É bem verdade que há medidas que se podem objetivamente tomar, como implementar controles de gerenciamento, incluindo controles de acesso aos sistemas para manter as informações disponíveis de acordo com o nível de permissão pertinente a cada colaborador na execução de suas atividades, e a observação de boas práticas de governança e padrões técnicos reconhecidos. No entanto, em regra, segurança da informação é uma atividade que importa essencialmente em conviver com riscos, identificando-os e gerindo-os da maneira mais adequada. Não é por outra razão que os quadros regulatórios em proteção de dados pessoais, diante da impossibilidade de evitar completamente incidentes de segurança, dedicam atenção substancial à forma como eles são tratados, considerando o potencial de causar danos a titulares, o grau de prontidão para uma resposta eficiente e o planejamento e a execução de medidas pelo agente de tratamento para controlar e mitigar eventuais prejuízos.

Nesse cenário em que incidentes de segurança nem sempre são completamente evitáveis, assume importância essencial a observância do dever genérico de lealdade e do princípio mais específico da transparência, cujo conteúdo inclui o compromisso de reportar incidentes de segurança. Esse dever está expresso no art. 48 da LGPD, que institui obrigações como a de estruturar processos de gestão de crise e de notificação de falhas como parte do programa de conformidade que as instituições terão que adotar. Para muitas organizações, o dever de comunicar de forma transparente uma falha que acontece dentro da organização, seja à ANPD, seja aos titulares dos dados, caso o incidente represente risco de dano relevante a estes, é um marco de uma nova cultura de *compliance*, que pressupõe também colaboração e o reconhecimento do valor jurídico de esforços razoáveis de mitigação de danos na construção do juízo de gravidade, a teor do § 3.º do art. 48.

Particularmente no que tange às instituições de ensino, a possibilidade de tratamento de dados sensíveis de funcionários, professores e alunos, além da perspectiva de tratamento de dados de titulares especialmente vulneráveis, no caso de dados de crianças e adolescentes, devem ser consideradas como pontos a requerer atenção especial tanto no desenho de medidas de segurança e avaliação de risco, conforme comentado em tópico anterior, quanto para efeito de planejamento de resposta e gestão de incidentes.

2.5. Gestão de terceiros

Conformidade é, antes de tudo, uma noção sistêmica. Para que uma organização possa estar em conformidade com relação às suas práticas de proteção de dados, é necessário tomar providências para assegurar que seus parceiros institucionais e de negócio com quem compartilham dados pessoais mantenham reciprocamente este cuidado, estejam com seus controles em dia e com suas operações transparentes. Mesmo com um programa de governança em privacidade e proteção de dados bem implementado, um parceiro de operação vulnerável do ponto de vista técnico, jurídico ou gerencial coloca uma instituição em risco.

Em geral, já não é um *due diligence* simples de conduzir, e isso se aplica especialmente às instituições de ensino, que assumem, por via de regra, o papel de controladoras, porque parceiros comerciais não estão sob seu controle direto. São terceiros que podem estar ligados a uma série de atividades cujo processamento uma instituição educacional pode delegar parcial ou totalmente, a exemplo de sistemas de matrícula, de gestão, de acompanhamento curricular, de pagamentos, ambientes virtuais de aprendizagem, manejo de informações sobre alimentação, segurança, viagens e transporte, atividades esportivas, comunicação com pais e família, monitoramento de saúde, fotografias, identificação, e até mesmo documentos em papel.

Os esforços razoáveis que os agentes podem empregar para avaliar o estágio de adequação de seus parceiros nessa etapa importante para o projeto de conformidade vão desde a simples solicitação de informações ou declarações unilaterais, passando por questionários mais elaborados e detalhados, revisão e readequação contratual, envio de relatórios periódicos para acompanhamento e até mesmo auditorias no empreendimento parceiro, em seus sistemas e equipamentos, tudo para assegurar que as condições técnicas e de gestão que ele oferece correspondem tanto à realidade quanto aos requisitos da LGPD.

Tais ações podem estimular, impulsionar e acabar por conduzir a adequação de toda uma cadeia de fornecedores e prestadores de serviço em um segmento, como o educacional, independentemente de existência de autoridade setorial, possibilidade de aplicação de multa ou outra força essencialmente regulatória. Pragmaticamente, para que os atores em um determinado segmento que prezam pelos seus esforços de adequação possam resguardá-los, só deverão manter relações comerciais e corporativas com parceiros que façam e demonstrem esforços semelhantes e compatíveis, dispensando e até mesmo encerrando contratos e relações com os parceiros que não acompanham essas preocupações. Isso pressiona na direção da conformidade de todo o setor, é um movimento que vem sendo percebido e que revela um aspecto positivo de um projeto de conformidade em proteção de dados, com agregação de valor, posicionamento empresarial e que representa um verdadeiro diferencial de competitividade.

2.6. Documentação e registro

Por último, embora não menos importante, há o dever por parte dos agentes de tratamento de documentar e registrar seus esforços, dificuldades e realizações na jornada de conformidade em privacidade e proteção de dados pessoais. Ao fim e ao cabo, para instituições de ensino, proteção de dados pessoais não é um destino, senão um caminho para que a organização esteja em condições de buscar sua atividade educacional – essa, sim, um fim –, observando o cenário e as regras vigentes. Mais do que isso, na realidade de mundo que se põe, em que se exige mais e mais das instituições uma boa governança de dados, demonstrar a preocupação com a efetiva elaboração de políticas, a realização de treinamentos, a tomada de decisões, a estruturação de processos, a adoção de providências e o registro de documentação contratual, entre outras intervenções, vai ajudar a contar a história de como a organização percorreu o seu caminho de conformidade, de como desenvolveu metas para proteger a privacidade, de como buscou as melhores práticas e de como se organizou para manifestar sua capacidade de atingir os objetivos de privacidade especificados[5]. Essa demonstração, seguindo a lógica de *compliance*, é também um dever objetivo de adequação e, para muitas instituições, uma iniciativa que ainda precisa ser trabalhada para que possa ser incorporada como prática corrente em seu cotidiano.

3. O DESAFIO DE IMPLEMENTAR UMA MUDANÇA DE CULTURA

Tanto o setor público quanto a iniciativa privada no Brasil antecipam muita dificuldade de percorrer caminhos como esses que aqui são apontados, passos essenciais para a conformidade com relação à LGPD que envolvem a adoção de processos organizacionais que são relativamente complexos. E esse processo se torna infinitamente mais desafiador quando o setor, além de tudo, é apanhado pela vigência e exigibilidade de um quadro normativo tão novo e desafiador durante um período de absoluta exceção, com a grande maioria dos estabelecimentos ainda operando de maneira emergencial, adaptados como foi possível sob pressão e em prazo curtíssimo de tempo a um formato alternativo e ainda pouco consolidado, fora de funcionamento regular, com praticamente nenhum deles em sua rotina normal, e sem condições de promover a mobilização ideal da comunidade para alinhar, amadurecer e construir coletivamente os compromissos necessários para essa transformação institucional.

Entretanto, a transformação cultural necessária para a consolidação definitiva dessa nova realidade talvez seja ainda mais difícil.

Estamos nos adaptando como sociedade a um novo panorama de conhecimento e reconhecimento do valor de dados pessoais como um ativo econômico, social e humano que tem para o atual contexto histórico uma relevância distinta daquela que apresentou até agora. Se vamos a algum lugar a partir deste momento, é na direção do aumento, nunca da diminuição dessa importância, do uso cada vez mais intenso de dados, muitos deles pessoais, como insumo para o aprimoramento de experiências, serviços e produtos, da conscientização sobre essa nova conjuntura e da consolidação de novas

---

[5] O Center for Information Policy Leadership (CIPL) explica que, no cenário de proteção de dados, *accountability* envolve o ajuste de objetivos baseados em autorregulação, boas práticas e habilidade e responsabilidade de determinar que medidas são apropriadas e efetivas para atingir esses objetivos, o que deve ser complementado pela capacidade de a organização demonstrar sua aptidão para atingi-los.

dimensões de nossa coletividade e de nossa personalidade. Há, no acervo de dados disponíveis sobre o indivíduo de nosso tempo, uma representação cada vez mais rica de quem somos e a busca pelo delicado equilíbrio entre o uso legítimo desse novo ativo e a proteção desse desdobramento de nossa individualidade é uma componente importante de uma iniciativa regulatória de importância geracional como a Lei Geral de Proteção de Dados.

E o setor educacional tem nessa transformação iminente um papel essencial, porque o País e a sociedade avançarão mais rapidamente na construção dessa cultura quando ela existir de maneira sedimentada em um setor da atividade que tem a missão nata de formar, elaborar, amadurecer e disseminar conhecimento. Se a proteção de dados pessoais será cada vez mais uma arena de convívio e conflito humano, de onde constantemente surgirão novos problemas e soluções para uma sociedade interconectada e em convergência digital, precisamos da contribuição do segmento educacional inicialmente compreendendo, vivenciando e integrando em seu cotidiano os princípios necessários à boa governança de dados pessoais, e depois como agente multiplicador desse senso de mundo a partir de sua vocação de educar, semeando boas práticas e incorporando inclusive essa discussão em seus currículos, como começa a acontecer em promissoras iniciativas espalhadas por diversas partes do mundo, de modo a colaborar com a preparação das novas gerações para lidar com os desafios constantes e cada vez mais surpreendentes que a riqueza e a complexidade de um mundo conectado seguirão nos apresentando.

REFERÊNCIAS

BRASIL. Decreto n.º 10.474, de 26 de agosto de 2020. Estrutura Regimental e o Quadro Demonstrativo dos Cargos em Comissão e das Funções de Confiança da Autoridade Nacional de Proteção de Dados e remaneja e transforma cargos em comissão e funções de confiança. Disponível em: https://www.in.gov.br/en/web/dou/-/decreto-n-10.474-de-26-de-agosto-de-2020-274389226. Acesso em: 22 set. 2020.

BRASIL. Estatuto da Criança e do Adolescente (ECA). Lei n.º 8.069, de 13 de julho de 1990; Dispõe sobre o Estatuto da Criança e do Adolescente e dá outras providências. Disponível em: http://www.planalto.gov.br/ccivil_03/leis/l8069.htm. Acesso em: 21 set. 2020.

BRASIL. Fundef (Emenda Constitucional n.º 14/1996) e Lei n.º 9.424, de 24 de dezembro de 1996 Disponíveis em: http://www.planalto.gov.br/ccivil_03/constituicao/emendas/emc/emc14.htm; e http://www.planalto.gov.br/ccivil_03/LEIS/L9424compilado.htm. Acesso em: 21 set. 2020.

BRASIL. Fundeb (Emenda Constitucional n.º 53/2006) e Lei n.º 11.494/2007. Lei n.º 11.494, de 20 de junho de 2007. Regulamenta o Fundo de Manutenção e Desenvolvimento da Educação Básica e de Valorização dos Profissionais da Educação – FUNDEB, de que trata o art. 60 do Ato das Disposições Constitucionais Transitórias; altera a Lei n.º 10.195, de 14 de fevereiro de 2001; revoga dispositivos das Leis n.ᵒˢ 9.424, de 24 de dezembro de 1996, 10.880, de 9 de junho de 2004, e 10.845, de 5 de março de 2004; e dá outras providências. Disponível em: http://www.planalto.gov.br/ccivil_03/_ato2007-2010/2007/lei/l11494.htm. Acesso em: 21 set. 2020.

BRASIL. Lei n.º 9.394, de 20 de dezembro de 1996. Lei de Diretrizes e Bases da Educação (LDB) – que regulamenta o sistema educacional público e privado do Brasil, desde o ensino básico ao superior. Disponível em: http://www.planalto.gov.br/ccivil_03/leis/l9394.htm. Acesso em: 21 set. 2020.

BRASIL. Lei n.º 13.709, de 14 de agosto de 2018. Lei Geral de Proteção de Dados Pessoais (LGPD). Disponível em: http://www.planalto.gov.br/ccivil_03/_ato2015-2018/2018/lei/l13709.htm. Acesso em: 21 set. 2020.

BRASIL. Plano Nacional de Educação. Lei n.º 10.172, de 9 de janeiro de 2001. Aprova o Plano Nacional de Educação e dá outras providências. Disponível em: http://www.planalto.gov.br/ccivil_03/leis/leis_2001/l10172.htm. Acesso em: 21 set. 2020.

BUOLAMWINI, Joy; GEBRU, Timnit. Gender Shades: Intersectional Accuracy Disparities in Commercial Gender Classification; Proceedings of the 1st Conference on Fairness, Accountability and Transparency. *PMLR*, v. 81, p. 77-91, 2018.

CAGNONI, Ana Carolina. Tratamento de dados pessoais de crianças e adolescentes: a LGPD e os demais diplomas legais existentes no Brasil. *In*: PALHARES, Felipe (coord.). *Temas atuais de proteção de dados*. São Paulo: Thomson Reuters/RT, 2020.

CHAGAS, Elisa. DataSenado: quase 20 milhões de alunos deixaram de ter aulas durante pandemia. 12 ago. 2020: *Agência Senado*. Disponível em: https://www12.senado.leg.br/noticias/materias/2020/08/12/datasenado-quase-20-milhoes-de-alunos-deixaram-de-ter-aulas-durante-pandemia. Acesso em: 21 set. 2020.

CIPL – Centre for Information Policy Leadership. The Case for Accountability: How it Enables Effective Data Protection and Trust in the Digital Society Centre for Information Policy Leadership, 23 July 2018, p. 4-5. Disponível em: https://www.informationpolicycentre.com/uploads/5/7/1/0/57104281/cipl_accountability_paper_1_-_the_case_for_accountability_-_how_it_enables_effective_data_protection_and_trust_in_the_digital_society.pdf. Acesso em: 21 set. 2020.

COMMISSION Nationale de l'Informatique et des Libertés, Liste des types d'opérations de traitement pour lesquelles une analyse d'impact relative à la protection des données est requise. Disponível em: https://www.cnil.fr/sites/default/files/atoms/files/liste-traitements-aipd-requise.pdf. Acesso em: 21 set. 2020.

CONSELHO EUROPEU. Convention for the Protection of Individuals with regard to Automatic Processing of Personal Data. Estrasburgo, 1981. Disponível em: https://www.coe.int/en/ web/conventions/full-list/-/conventions/treaty/108. Acesso em: 2 maio 2018.

EBERLIN, Fernando Buscher von Teschenhausen. *Direito da criança na sociedade da informação*: ambiente digital, privacidade e dados pessoais. São Paulo: Thomson Reuters/RT, 2020.

FACIAL recognition in school renders Sweden's first GDPR fine. 22 ago. 2019. Disponível em: https://edpb.europa.eu/news/national-news/2019/facial-recognition-school-renders-swedens-first-gdpr-fine_en Acesso em: 20 set. 2020.

UNIÃO EUROPEIA. Diretiva 95/46/CE do Parlamento Europeu e do Conselho, de 24 de outubro de 1995, relativa à protecção das pessoas singulares no que diz respeito ao tratamento de dados pessoais e à livre circulação desses dados (Regulamento Geral sobre a Proteção de Dados). *Jornal Oficial da União Europeia*, Estrasburgo, 24 out. 1995. Disponível em: https://eur-lex.europa.eu/legal-content/PT/ALL/?uri=celex:31995L0046. Acesso em: 15 maio 2018.

URZAD OCHRONY DANYCH OSOBOWYCH e MINISTERSTWO EDUKACJI NARODOWEJ. Proteção de Dados Pessoais nas Escolas e Estabelecimentos de Ensino – Autoridade Polonesa de Proteção de Dados. Disponível em: https://uodo.gov.pl/pl/p/kampanie-edukacyjne. Acesso em: 16 abr. 2018.

URZAD OCHRONY DANYCH OSOBOWYCH e MINISTERSTWO EDUKACJI NARODOWEJ. Regulamento (UE) n.º 2016/679 do Parlamento Europeu e do Conselho, de 23 de abril de 2016, relativo à proteção das pessoas singulares no que diz respeito ao tratamento de dados pessoais e à livre circulação desses dados e que revoga a Diretiva 95/46/CE (Regulamento Geral sobre a Proteção de Dados). *Jornal Oficial da União Europeia*, Estrasburgo, 4 maio 2016. Disponível em: https://eur-lex.europa.eu/legal-content/ PT/TXT/HTML/?uri=-CELEX:32016R0679&from=PT. Acesso em: 16 abr. 2018.

WAKEFIELD, Jane. A-levels: Ofqual's 'cheating' algorithm under review. *BBC News*, 20 ago. 2020. Disponível em: https://www.bbc.com/news/technology-53836453. Acesso em: 22 set. 2020.

11

A PROTEÇÃO DE DADOS PESSOAIS E O DIREITO AUTORAL DOS TITULARES DE DADOS NA INDÚSTRIA CRIATIVA

CAMILA MARIA DE MOURA VILELA

1. INTRODUÇÃO

A Criativa faz parte do coração de uma cadeia produtiva, transforma a produção, o consumo e a compreensão da cultura na era de todos os fios. Envolve os grandes escritores, cineastas, artistas, bem como os *designers* de interação que contribuíram para a revolução no setor bancário e financeiro, os redatores técnicos que ajudam a fortalecer nossa indústria educativa e as legiões de influenciadores que estão provocando a explosão do conteúdo digital.

As indústrias digitais e criativas estão entre as que mais crescem e têm diversidade cultural em nossa economia, além disso, as empresas desses setores são conhecidas por colaborarem rotineiramente com outros públicos. Assim, faz-se necessário observar que esses negócios terão que olhar cuidadosamente as regras específicas que se aplicam ao tratamento de dados pessoais[1].

No Brasil, a Lei 13.709/2018, também conhecida como Lei Geral de Proteção de Dados Pessoais ("LGPD"), traz uma mudança profunda acerca do conhecimento e controle de dados, que outorga ao titular uma garantia que é elemento-chave para o exercício de seus direitos no que se refere à utilização, participação e decisão sobre o destino de seus dados pessoais.

---

[1] A definição de "dados pessoais", "titular dos dados" e "tratamento" encontram-se densificadas na própria LGPD, no artigo 5.º, bem como outras definições abarcadas pela proteção de dados pessoais no cenário legislativo brasileiro.

Com isso, toda as bases de dados das empresas e organizações passaram a ter implicações legais devido à LGPD. O que para alguns parece ameaça, para outros esse novo olhar para os dados e a segurança da informática apresenta-se como uma nova oportunidade no mercado.

Portanto, também devemos levar em conta que esse trabalho de sensibilização permeia não só a legislação brasileira, mas também o Regulamento Geral de Proteção de Dados (*General Data Protection Regulation* – EU 2016/679, ou "GDPR", na sigla em inglês) da União Europeia ("UE")[2], que unifica e solidifica a proteção dos dados pessoais para todos os cidadãos na UE, sendo um direito consagrado no artigo 8.º da Carta dos Direitos Fundamentais da UE[3].

A proteção de dados pessoais, como direito fundamental autônomo do direito à vida privada, teve uma evolução assimétrica nos diferentes sistemas de direitos humanos. Apesar da rápida evolução da tecnologia, da globalização da economia e da digitalização das relações humanas, ainda não existe um nível comum de proteção de dados no mundo.

Nesse cenário, a mudança mais notável para impactar a indústria criativa será a forma como os dados passarão a ser tratados com a vigência da LGPD. Considerando as sérias preocupações acerca do tratamento de dados pessoais, em que tal avaliação é altamente necessária, propõe-se a analisar neste ensaio algumas questões inerentes à implementação por meio da abordagem do *Privacy by Design*, bem como alguns pontos sobre a criação de obras, da perspectiva do autor, bem como do personagem não fictício e, por fim, o processamento de dados envolvidos do processo criativo.

Portanto, a contribuição deste artigo é examinar criticamente a missão do Brasil de melhorar o controle individual na economia baseada em dados, avaliando a eficácia da LGPD de uma perspectiva comportamental. Conceitualizamos o controle individual expondo até que ponto um indivíduo está

---

[2] Regulamento (UE) 2016/679 do Palamento Europeu e do Conselho, de 27 de abril de 2016, relativo à proteção das pessoas singulares no que diz respeito ao tratamento de dados pessoais e à livre circulação desses dados e que revoga a Diretiva 95/46/CE (Regulamento Geral sobre a Proteção de Dados). Disponível em: http://eur-lex.europa.eu/legalcontent/PT/TXT/?uri=celex%3A32016R0679. Acesso em: 26 jun. 2020.

[3] Para uma análise histórica da evolução sobre a legislação de proteção de dados pessoais na EU, v. Agência dos Direitos Fundamentais da União Europeia e Conselho da Europa. Handbook on European Data Protection Law, 2014. Disponível em: https://unctad.org/en/PublicationsLibrary/dtlstict2016d1_en.pdf. Acesso em: 28 jun. 2020.

ciente de uma situação, tem a intenção consciente e a capacidade de iniciar, parar ou manter determinado tratamento de seus dados pessoais.

2. A INDÚSTRIA CRIATIVA E A PRIVACIDADE DESDE A CONCEPÇÃO DO NEGÓCIO

O debate acerca da economia criativa e da indústria criativa trata primeiramente, desde sempre, das diferenças que envolvem ambos os conceitos; entende-se que a indústria cria o material, enquanto a economia fomenta a criatividade[4]. Por mais que seja difícil mensurá-las, há um consenso sobre uma característica básica da atividade criativa: a propriedade intelectual e a produção de informações[5].

A indústria criativa, entendida pela UNESCO[6] como a criação, produção e comercialização de conteúdos intangíveis e de natureza cultural, produz um grande insumo de informações, tendo como base alguma forma da exploração de dados, desde análises ao engajamento da comunidade, métodos de monetização e otimização.

Nesse sentido, com a missão de aumentar o controle individual, acreditamos que é importante levar em consideração a psicologia do processamento da informação e da tomada de decisão dentro do setor criativo. Para tanto, a LGPD aplica-se a qualquer operação de tratamento realizada por pessoa natural ou por pessoa jurídica de direito público ou privado que tenha por objetivo a oferta ou o fornecimento de bens ou serviços ou o tratamento de dados de indivíduos localizados, ou que tenham sido coletados no território nacional, conforme disposto no artigo 3.º e alíneas seguintes da Lei[7].

Na indústria criativa, os dados pessoais são tratados para gerir as inscrições em atividades de concursos culturais, vendas de ingressos para eventos, exposições, *shows*, cinemas, arquivos de gestão dos serviços, atividades de

---

[4] GABRIELLE, Camila; RODRIGO, Mateus. Indústria criativa x economia criativa: Qual a diferença?, 2017. Disponível em: https://www2.faac.unesp.br/lecotec/projetos/oicriativas/index.php/2017/06/19/industria-;criativa-x-economia-criativa-qual-a--diferenca/. Acesso em: 18 jul. 2020.

[5] Acerca de algumas considerações sobre a economia criativa e a indústria criativa, aconselhamos a leitura sobre suas implicações na formulação de políticas econômicas e culturais no texto introdutório de John Newbigin, presidente da Creative England. Disponível em: https://creativeconomy.britishcouncil.org/media/uploads/files/Intro_guide_-_Portuguese.pdf. Acesso em: 4 jul. 2020.

[6] Disponível em: https://nacoesunidas.org/unesco-lanca-em-sp-relatorio-global--sobre-economia-criativa-e-politicas-culturais/. Acesso em: 12 jul. 2020.

[7] Cfr. artigo 3.º da LGPD.

museus e outras áreas da gestão cultural. Como exemplo, temos o envio de informação sobre determinado museu e a criação de perfis para melhorar a qualidade do serviço e oferta de exposições. Logo, os dados pessoais podem ser usados com o propósito de fornecer serviços culturais, de compilar estatísticas, enviar publicidade, boletins, notícias – mesmo por meio eletrônico –, gestão ou realização de incidentes, pesquisa de mercado, entre outras atividades.

Adicionalmente, apesar de ser apenas o primeiro passo, o estágio de conscientização é essencial e de extrema importância, salvaguardando os direitos e liberdades fundamentais das pessoas singulares. Do mesmo modo, há uma variação significativa na forma como as indústrias percebem a proteção de dados, risco e conformidade.

A proteção de dados pessoais não é um assunto de fácil entendimento para alguns e, muitas vezes, não está claro como qualquer mudança na legislação pode afetar especificamente os negócios. Portanto, com a LGPD, a proteção de dados pessoais precisará ser uma parte central dos contratos para produtores, editores, artistas, distribuidores e outras partes interessadas. Será necessário abranger, por exemplo, a finalidade do tratamento de dados, quem fará e será responsável por cada tomada de decisão e como cumprirá os requisitos da LGPD, como a possibilidade de transferências internacionais e portabilidade de dados.

Em razão dessa dinâmica de uso de dados, destacamos a incidência por conta de alguma infração de segurança, ou seja, a violação de dados pessoais, que pode ser definida de maneira ampla como uma violação de segurança que afeta a integralidade, confidencialidade ou disponibilidade das informações pessoais. Em síntese, haverá uma violação de dados pessoais sempre que quaisquer dados forem perdidos, destruídos, corrompidos e divulgados, acessados ou alterados sem autorização, ou também se os dados ficarem indisponíveis, por exemplo, quando forem criptografados por *ransomware* ou acidentalmente perdidos ou destruídos.

Com isso em mente, temos como exemplo um caso ocorrido em São Paulo (SP). Em outubro de 2019, a Secretaria de Cultura e Economia Criativa de São Paulo permitiu a exposição de dados pessoais de mais de 28 mil pessoas que buscaram apoio financeiro do Programa de Incentivo à Cultura do Estado de São Paulo ("ProAC"). Com o vazamento, era possível ter acesso por meio do *site* do ProAC fotocópias de documentos como carteira de identidade, CPF, comprovante de endereço e telefone dos participantes[8].

---

[8] LOFTI, Rosângela. Governo de SP abre sindicância para apurar vazamento de dados pessoais apontado por este site. Disponível em: https://congressoemfoco.

A exposição desses dados causada por erro de programação na página do ProAC expõe uma falha do Estado no dever de zelar pelas informações sob sua custódia e deixa milhares de pessoas vulneráveis à ação de criminosos. Portanto, seguindo esse exemplo, ao abrigo da LGPD, assinalamos a importância de os responsáveis pelo tratamento de dados já implementarem medidas técnicas e organizacionais adequadas para proteger os dados contra o tratamento ilegal ou acidental.

Para tanto, os princípios em matéria de proteção de dados estabelecem uma fonte importante para a regulamentação do tratamento, pois a conformidade e a adequação com os princípios-chave da LGPD e demais leis aplicáveis são alicerces fundamentais para as boas práticas de proteção de dados pessoais e, consequentemente, adequação às leis de proteção e privacidade de dados.

Nesse contexto, haverá ainda que destacar a necessidade de adoção e implementação de medidas técnico-organizacionais para evitar o acesso de terceiros não autorizados à base de dados. Por essa razão, entre os princípios gerais do escopo da LGPD, elencados no artigo 6.º, destacamos o da prevenção, voltado para adoção de medidas para prevenir a ocorrência de danos em virtude do tratamento de dados pessoais. Lembrando que todos os princípios de gerenciamento de informações e a metodologia que os expressam podem ser aplicados a operações de negócios, infraestrutura de rede e todo o ecossistema da criação. Por conseguinte, conseguimos atuar com uma lógica de prevenção, focada em princípios e no ciclo de vida dos dados.

Em face do exposto, a metodologia *Privacy by Design* ("PbD") ou "Privacidade desde a Concepção", foi criada na década de 1990, por Ann Cavoukian[9], e da preocupação com a coleta indiscriminada de dados e com a proteção e privacidade. Pela proteção *by design,* utiliza-se uma metodologia para estruturar produtos e processos colocando a privacidade em primeiro plano desde o momento da concepção ou criação de novos produtos e serviços[10].

---

uol.com.br/tecnologia/governo-de-sp-abre-sindicancia-para-apurar-vazamento--de-dados-pessoais-apontado-por-este-site/. Acesso em: 14 jul. 2020.

[9] Ann Cavoukian foi a Comissária de Privacidade de Ontário (Canadá); atualmente, é Diretora Executiva do Global Privacy & Security by Design Center.

[10] CAVOUKIAN, Ann *et al*. Privacy by design: The 7 foundational principles. *Information and Privacy Commissioner of Ontario*, Canadá, v. 5, 2009. Disponível em: http://dataprotection.industries/wp-content/uploads/2017/10/privacy-by-design.pdf. Acesso: 18 jul. 2020.

Ann Cavoukian incentivou igualmente a adoção dos princípios fundamentais da privacidade[11] e instigou as Autoridades de Proteção de Dados a trabalharem ativamente para promover a inclusão da privacidade desde a concepção nas políticas e na legislação em matéria de proteção de dados pessoais nos respetivos Estados. O objetivo do PbD é abordar as preocupações de privacidade associadas à mesma tecnologia que pode criar riscos[12].

Esse princípio assume, portanto, um papel fundamental como instrumento para implementação da LGPD em setores como o da Indústria Criativa, visando a privacidade como parte integrante das prioridades organizacionais, dos processos de *design* e operações de planejamento. Assim, a privacidade deve ser incorporada em todos os padrões, protocolos e processos.

Teresa Vale Lopes[13], ainda sobre o tema, reforça que:

> Estes princípios visam promover o cumprimento por parte do responsável pelo tratamento das regras de proteção de dados durante todo o ciclo de vida dos projetos que envolvem o tratamento de dados pessoais, desde a fase de conceptualização, até a momento do próprio tratamento dos dados.

Logo, o *Privacy by Design* é uma oportunidade de gerenciar esses preciosos ativos de informações pessoais, ao tomar medidas preventivas e ao mesmo tempo montar um plano detalhado para lidar com as consequências de uma emergência de dados, o que minimiza o potencial impacto aos titulares[14].

Ademais, a economia criativa define setores cuja origem está na criatividade, no conhecimento e no talento, individual e coletivo. Tais características

---

[11] CAVOUKIAN, Ann *et al*. Privacy by design: The 7 foundational principles. *Information and Privacy Commissioner of Ontario*, Canadá, v. 5, 2009. Disponível em: http://dataprotection.industries/wp-content/uploads/2017/10/privacy-by-design.pdf. Acesso: 18 jul. 2020.

[12] ENISA. Report on Privacy and Data Protection by Design, 2015. Disponível em: https://www.enisa.europa.eu/publications/privacy-and-data-protection-by-design. Acesso em: 18 jul. 2020.

[13] LOPES, Teresa Vale. Responsabilidade e governação das empresas no âmbito do novo Regulamento sobre a Proteção de Dados. *In*: COUTINHO, Francisco Pereira; MONIZ, Graça Canto. *Anuário da Proteção de Dados 2019*. Lisboa: Cedis, 2019. p. 55.

[14] GEDEON, Ibrahim J. *et al*. Privacy and Security by Design. *IEEE Consumer Electronics Magazine*, v. 9, n. 2, p. 76-77, 2020.

têm condão para a criação de oportunidades, mediante a geração e exploração de ativos criativos, como a propriedade intelectual[15].

Portanto, tendo em vista a criação intelectual, devemos nos atentar a outro ponto acerca da proteção de dados pessoais no setor criativo: a proteção do autor e do personagem da obra como titulares de direitos.

3. OS DIREITOS AUTORAIS E A LEI DE PROTEÇÃO DE DADOS PESSOAIS

O discurso atual sobre direitos autorais e proteção de dados pessoais está repleto de metáforas de conflito, e os dois conjuntos de direitos também funcionam lado a lado em um plano mais prático. Por exemplo, a publicação de certos materiais cinematográficos em que as pessoas retratadas são frequentemente restringidas sob a Lei de Direitos Autorais.

No entanto, existem diferenças fundamentais entre as respectivas preocupações entre os dois conjuntos que merecem destaque. De forma mais ampla em torno das conceituações, o direito autoral visa salvaguardar o incentivo à criação da obra, bem como a separação da obra do seu autor/criador[16]. Por sua vez, a legislação sobre proteção de dados pessoais visa manter o incentivo para que uma sociedade garanta a privacidade, autonomia e integridade dos indivíduos.

As questões autorais no Brasil são legisladas pela Lei 9.610, de 19 de fevereiro de 1998 – a Lei de Direitos Autorais. Vale ressaltar que, no que tange ao banco de dados, estes são protegidos pela Lei de Direitos Autorais, no entanto não é objeto de escopo do presente ensaio. Com efeito, passaremos a discorrer sobre a criação e sua proteção por meio do direito de autor e dos direitos conexos, que constituem a base da indústria criativa, um setor cuja importância cresce a cada dia.

O conceito de propriedade intelectual, em outras palavras, o valor de uma criação que pode ser protegida por direitos autorais, patentes, marcas ou outros mecanismos legais e regulamentares para impedir que tal criação seja copiada ou transformada em vantagem comercial sem a permissão do autor, foi considerada central para qualquer compreensão das indústrias criativas – e continua a sê-lo.

Interessante observar que há pontos de contestações dentro do cruzamento do direito autoral e a proteção de dados pessoais, como exemplo do

---

[15] HOWKINS, John. *The creative economy*: how people make money from ideas. London: Penguin UK, 2002.
[16] MELLO, Alberto de Sá e. *Manual de direito de autor e direitos conexos*. Coimbra: Almedina, 2016. p. 47-61.

debate em torno da Diretiva (UE) 2019/790 do Parlamento Europeu e do Conselho, de 17 de abril de 2019, relativa aos direitos de autor e direitos conexos no mercado único digital e que altera as Diretivas 96/9/CE e 2001/29/CE. Em suma, o artigo 17 foi alvo de polêmica devido às partes que argumentavam sobre a chamada lacuna de valor nos setores criativos, filtros de *upload* e um novo regime de responsabilidade da plataforma, entre outros problemas. Com isso, os direitos de privacidade provavelmente serão afetados por um sistema automatizado de tomada de decisão que tem garantia de uso e abuso, de acordo com o artigo 17, para encontrar e filtrar material protegido por direitos autorais não autorizados[17].

Portanto, poucos observadores têm analisado o impacto do artigo 17 no GDPR, em virtude da utilização da tecnologia de filtragem exigida pela Diretiva de Direitos Autorais que pode ser incompatível com as regras europeias de proteção de dados. O artigo 17 exige que os provedores de hospedagem de conteúdo envidem todos os esforços para evitar o *upload* ou reenvio de obras protegidas por direitos autorais – o que só pode ser alcançado com filtros de *upload* –, exceto se estiverem cobertos por exceções de direitos autorais específicas, como citações, críticas ou paródia.

Significa, pois, que para os filtros funcionarem corretamente, levando em consideração essas exceções, eles precisam reconhecer o contexto do *upload*, ou seja, informações sobre o conteúdo, incluindo dados pessoais do usuário que o enviou.

Ao analisar um trecho de filme enviado sem autorização, por exemplo, um filtro precisa saber se ele foi usado por um crítico de cinema, o que seria legal de acordo com as exceções de direitos autorais listadas no artigo 17, ou por um usuário que tenta distribuir ilegalmente o filme. A detecção de tais diferenças na utilização do mesmo conteúdo dependeria de metainformações sobre o *upload*, como a identidade do usuário, o local e a data. Essas informações seriam consideradas dados pessoais e sua análise pelo algoritmo seria processada no GDPR.

Os efeitos significativos sobre os usuários sujeitos à tomada de decisão automatizada e as incertezas jurídicas acerca das situações em que os filtros de direitos autorais são permitidos devem ser mais bem tratados por uma política legislativa. Ressalta-se que devem garantir salvaguardas para a privacidade

---

[17] Diretiva (UE) 2019/790 do Parlamento Europeu e do Conselho, de 17 de abril de 2019, relativa aos direitos de autor e direitos conexos no mercado único digital e que altera as Diretivas 96/9/CE e 2001/29/CE. Disponível em: https://eur-lex.europa.eu/legal-content/PT/TXT/PDF/?uri=CELEX:32019L0790&from=EN. Acesso em: 20 ago. 2020.

dos usuários, liberdade de expressão e outros direitos fundamentais antes que qualquer *upload* seja julgado, bloqueado ou removido.

Como a prática de aplicar a LGPD se desdobra ainda mais, precisaremos observar cuidadosamente se o cenário atual oferece possibilidades suficientes para equilibrar esses dois direitos mencionados não só no papel, mas também na prática. Acrescentamos ainda que os dados coletados e processados não devem ser retidos ou usados posteriormente, a menos que isso seja essencial por razões claramente declaradas com antecedência para apoiar a privacidade dos dados.

Atendendo aos contornos do presente artigo, por outro lado, cumpre referir que por trás de toda invenção criativa há um criador, e nesse aspecto temos não apenas o usuário ou utilizador da obra, mas também o autor como titular dos dados pessoais e, consequentemente, passível de limitações e medidas necessárias à adequação da LGPD.

4. A LIBERDADE CRIATIVA *VERSUS* O DIREITO DO TITULAR

Dentro do estímulo da função e expressão criativa, outro ponto que trazemos em questão é em torno da relação entre os direitos autorais, a liberdade criativa e a proteção dos dados pessoais do criador – ambos os conjuntos de direitos visam essencialmente regular o fluxo de informações a fim de preservar determinados valores e interesses. Em um olhar global, é fácil identificar cada instituto separadamente, a aplicabilidade e legislações pertinentes.

Em contraponto à criação criativa e a todo fomento ao setor, salientamos outro aspecto substancial com relação à aplicabilidade prática do tratamento de dados pessoais, o direito do titular e sua liberdade criativa.

A LGPD, em seu Capítulo III, traz uma série de direitos que envolvem os titulares de dados, direitos clássicos da proteção de dados pessoais desde os padrões da Organização para a Cooperação e Desenvolvimento Econômicos ("OCDE")[18], entre eles a retificação, o acesso, a oposição, o cancelamento, a explicação, a portabilidade e a revisão de decisões automatizadas. Isso significa que todo indivíduo tem o direito de ter suas informações pessoais protegidas, utilizadas de forma justa e legal e disponibilizadas quando solicitar uma cópia. Se um indivíduo achar que suas informações pessoais estão

---

[18] Cfr. OECD. Guidelines on the Protection of Privacy and Transborder Flows of Personal Data. Disponível em: https://www.oecd.org/internet/ieconomy/oecd-guidelinesontheprotectionofprivacyandtransborderflowsofpersonaldata.htm. Acesso em: 5 set. 2020.

erradas, por exemplo, ele tem o direito de requerer que essas informações sejam corrigidas.

No cenário europeu, no artigo 85 do GDPR, podemos destacar a abordagem sobre a proteção de dados pessoais com o direito à liberdade de expressão e informação, incluindo o tratamento para fins jornalísticos e de expressão acadêmica, artística ou literária.

Em tal cenário, os processos criativos de artistas, escritores, músicos e intelectuais podem ter consequências em sua interação com a comunidade. É igualmente importante destacar que o direito de autor não protege as ideias, mas a sua expressão específica e concreta.

Feito esse parêntese, cumpre ressaltar que, no tocante à criação da obra, envolvem-se os dados pessoais do próprio autor, que constitui o tratamento de dados. Nesses raciocínios, a questão a indagar é sobre a proteção dos dados pessoais envolvidos na obra, em vista da titularidade a quem pertence as informações que estão sendo tratadas, bem como a circulação delas.

A título de exemplo, uma entidade cultural poderá processar os dados pessoais do autor para gerir as obras, consistindo em destinar as obras para venda, exibição, publicação e divulgação em portais de comunicação e até mesmo para outros fins, desde que sejam respaldados com a devida finalidade e base legal.

Ora, os direitos autorais são obtidos automaticamente a partir do momento que a obra é criada. Por sua vez, existe uma grande circulação dos dados dos criadores na esfera da produção criativa, visto que há uma ampla base de dados de informações pessoais e de acervos históricos, havendo a necessidade de o tratamento de dados dos autores receber uma atenção especial.

Um ponto essencial no papel prático à adequação são as políticas de tratamento de dados pessoais que constituem, entre elas, o mecanismo pelo qual os titulares podem controlar o uso de seus próprios dados. Por esse motivo, com o espaço que o desenvolvimento tecnológico vem alcançando na sociedade da informação, toda a nossa existência vem a ser registrada, do nascimento à morte, bem como tudo o que criamos, toda a nossa vida social e cultural.

Por essa razão, destacamos as obras literárias e o tratamento de dados por trás delas. Ora, as obras intelectuais, literárias ou artísticas nascem da nobre atividade humana da criação[19]; com a criação temos o autor e, em alguns casos, o personagem da obra, que nem sempre será fictício. Segundo

---

[19] MELLO, Alberto de Sá e. *Manual de direito de autor e direitos conexos*. Coimbra: Almedina, 2016. p. 98-112.

o conceito geral de obra, o conteúdo das obras literárias pode ser literário, filosófico, científico ou artístico, bem como tecnológico[20].

Portanto, na situação em que haja uma obra literária, além da observação sobre os dados pessoais dos autores, salientamos a privacidade do personagem, por exemplo, a publicação de biografias não autorizadas. Como fundamento para respectiva análise, tem-se o artigo 4.º da LGPD, que versa sobre a não aplicabilidade da lei para fins exclusivamente jornalísticos e artísticos. Nesse caso, a biografia, por ser um gênero literário, pode ser considerada uma arte por ser uma expressão humana ligada à criação intelectual[21].

Entretanto, o próprio texto da LGPD deixa claro que não será aplicada para fins artísticos e jornalísticos, mas não traz claramente o conceito do que pode ser considerado finalidade artística e jornalística. Provavelmente, essas definições serão mais bem traçadas e definidas pela Autoridade Nacional de Proteção de Dados ("ANPD"). Assim, caso seja entendido que, como a literatura, a biografia tenha finalidade artística, a LGPD não será aplicável. No entanto, de toda forma é importante observar os interesses dos titulares e sempre que possível os princípios da LGPD.

Especificamente sobre as biografias, principalmente não autorizadas, assinalamos, sobretudo, a exposição da vida pessoal e privada de um indivíduo e, por mais que ele tenha notoriedade ou seja uma figura pública, isso não reduz a privacidade e intimidade da pessoa. Portanto, a publicação sem prévia autorização pode trazer sérios danos para os direitos da personalidade, como privacidade, imagem e honra.

Nesse sentido, apresentamos a Ação Direta de Inconstitucionalidade (ADI) 4.815[22], julgada procedente pelo Supremo Tribunal Federal, que declarou inexigível a autorização prévia para a publicação de biografias. Com base no exposto, há a defesa ao direito à liberdade de expressão como outra forma de afirmar a liberdade do pensar e expor o pensado ou o sentido, o que é acolhido em todos os sistemas constitucionais democráticos, como afirma o voto da Ministra Cármen Lúcia[23].

---

[20] RODRÍGUEZ-CANO, Rodrigo Bercovitz. La obra. *In*: RODRÍGUEZ-CANO, Rodrigo Bercovitz (coord.). *Manual de propiedad intelectual*. 8. ed. Valencia: Tirant lo Blanch, 2018. p. 61.

[21] MENEZES LEITÃO, Luís Manuel Teles de. *Direito de autor*. Coimbra: Almedina, 2011. p. 79-80.

[22] SUPREMO TRIBUNAL FEDERAL. ADI 4.815. Relatora Ministra Cármen Lúcia. Disponível em: http://redir.stf.jus.br/paginadorpub/paginador.jsp?docTP=TP&docID=10162709. Acesso em: 10 set. 2020.

[23] *Ibidem*.

Diante do exposto, claramente dois pontos são colocados em colisão: por um lado, a liberdade de expressão, a liberdade de imprensa e o direito à informação[24]; de outro, o direito à privacidade e de indivíduos[25], ambos consagrados como fundamentais.

Para tanto, importa notar que no tratamento dos dados pessoais nos casos elencados podemos dirimir possíveis lesões ao indivíduo por informações divulgadas em obras não autorizadas que firam a dignidade íntima da pessoa singular.

Portanto, a coleta do consentimento ou utilização de informações de forma que não identifique o personagem principal da obra[26] são medidas aplicáveis ao regime de tratamento de dados pessoais que possibilitam a segurança ao indivíduo. Uma das técnicas recomendadas pela LGPD para proteger dados pessoais é a pseudonimização, a qual, no contexto das obras, pode ser utilizada para substituir nomes reais por nomes fictícios (pseudônimos). Todavia, por meio de um conjunto de informações suplementares, pode haver a reidentificação dos dados atribuídos a uma pessoa singular identificada ou identificável.

Ressaltamos ainda que em casos de lesão à privacidade e à intimidade a reparação indenizatória, a retificação, o direito de resposta e até mesmo, em último caso, a responsabilização penal não são suficientes quando o dano à privacidade já foi causado.

Quanto a esse caso, impõe-se uma nota: incidentes na vida pessoal são o que interferem na proteção dos direitos da personalidade, como o direito

---

[24] Artigo 5.º, IV, IX e XIV, da Constituição Federal (BRASIL. *Constituição da República Federativa do Brasil*. Brasília, DF: Senado Federal: Centro Gráfico, 1988).

[25] Artigo 5.º, X, da Constituição Federal (BRASIL. *Constituição da República Federativa do Brasil*. Brasília, DF: Senado Federal: Centro Gráfico, 1988).

[26] Nesse caso, há a possibilidade de os dados pessoais em obras serem utilizados por meio de anonimização ou pseudonimização visando a privacidade do indivíduo. No sentido das expressões cunhadas por Bruno Bioni, um dado anônimo é aquele que é incapaz de revelar a identidade de uma pessoa, de tal modo que o titular não pode ser identificado, portanto é um processo pelo qual é quebrado o vínculo entre os dados e seus respectivos titulares, chamado de anonimização (BIONI, Bruno Ricardo. *Proteção de dados pessoais*: a função e os limites do consentimento. São Paulo: GEN/Forense, 2019. p. 70-71). Por sua vez, a pseudonimização é uma técnica de desindentificação do titular que reside na possibilidade de os dados pseudonimizados poderem ser reidentificados com um esforço razoável, enquanto os dados anonimizados não podem ser reidentificados. Vale destacar que os dados anonimizados não são considerados dados pessoais para os fins da LGPD (Cfr. artigo 12 da LGPD).

à privacidade, à honra e à imagem e o direito à informação. Nesse enquadramento, no tratamento dos dados pessoais, deve ser garantido um nível adequado de proteção, assim como guardado o sigilo sobre eles. Da mesma forma, é imprescindível tomar as medidas de segurança necessárias para prevenir sua alteração, perda, tratamento ou acesso não autorizado por terceiros.

5. CONSIDERAÇÕES FINAIS

Compreender e cumprir a aplicação da LGPD é algo extremamente desafiador, ainda é possível que haja novos desenvolvimentos e mudanças no processo de implementação dessas regras, principalmente pelo lado da ANPD. Embora seja um desafio significativo, um aspecto importante sobre a legislação é que todas as organizações enfrentam-na em conjunto, transformando-a também em uma oportunidade de se tornar mais eficiente e possivelmente obter uma vantagem no mercado.

E, da perspectiva da indústria criativa, talvez esse seja apenas o desafio de que precisávamos para atentarmos ao tratamento adequado de dados pessoais que são circulados no exercício da produção criativa. Na medida em que os dados são um insumo fundamental para a produção e distribuição na economia digital, a concentração do poder de mercado e o seu efeito na concorrência implicarão também uma restrição à coleta, armazenamento e utilização deles.

Portanto, é primordial adotar uma cultura de responsabilidade com relação à autodeterminação informativa e ao cuidado com a privacidade para evitar a coleta e a transferência não autorizadas de dados pessoais ou a violação de outros direitos humanos, bem como preparar a organização para as mudanças que estão por vir e evitar graves penalidades financeiras por não conformidade mais adiante.

O direito à proteção de dados pessoais não é um direito absoluto, mas deve ser considerado como tal no tocante à sua função na sociedade para manter um equilíbrio com os demais direitos relacionados à privacidade, todavia, sem dúvida, os princípios e as regras relativas ao tratamento de dados pessoais devem respeitar a liberdade e os direitos fundamentais.

O tratamento de dados pessoais deve estar arquitetado para servir à humanidade. Os dados pessoais estão intimamente ligados à existência da pessoa não só na medida em que a identificamos por meio deles, mas são essenciais para o exercício dos seus direitos e o cumprimento das suas obrigações. Portanto, concluímos que é fundamental garantir que as salvaguardas da LGPD para a privacidade de dados não comprometam a liberdade e o desenvolvimento de uma economia criativa, resguardando as necessidades do setor e os titulares de dados.

REFERÊNCIAS

BRASIL. *Constituição da República Federativa do Brasil*. Brasília, DF: Senado Federal: Centro Gráfico, 1988.

BRASIL. Lei n.º 13.709, de 14 de agosto de 2018. *Lei Geral de Proteção de Dados Pessoais (LGPD)*. Brasília, DF: Presidência da República, 2018. Disponível em: http://www.planalto.gov.br/ccivil_03/_Ato2015-2018/2018/Lei/L13709.htm.

BIONI, Bruno Ricardo. *Proteção de dados pessoais*: a função e os limites do consentimento. São Paulo: GEN/Forense, 2019.

CAVOUKIAN, Ann et al. Privacy by design: The 7 foundational principles. *Information and Privacy Commissioner of Ontario*, Canadá, v. 5, 2009. Disponível em: http://dataprotection.industries/wp-content/uploads/2017/10/privacy-by-design.pdf. Acesso: 18 jul. 2020.

CAVOUKIAN, Ann. Privacy by design: origins, meaning, and prospects for assuring privacy and trust in the information era. *Privacy protection measures and technologies in business organizations*: aspects and standards. Pennsylvania: IGI Global, 2012. p. 170-208.

DATA & MARKETING ASSOCIATION (DMA). Brexit Toolkit: UK Creative Industries and the Data Economy in a Post-Brexit Britain. Disponível em: https://dma.org.uk/uploads/misc/brexit-toolkit.pdf. Acesso em: 08 fev. 2022.

DIRETIVA (UE) 2019/790 do Parlamento Europeu e do Conselho, de 17 de abril de 2019, relativa aos direitos de autor e direitos conexos no mercado único digital e que altera as Diretivas 96/9/CE e 2001/29/CE. Disponível em: https://eur-lex.europa.eu/legal-content/PT/TXT/PDF/?uri=CELEX:32019L0790&from=EN. Acesso em: 20 ago. 2020.

ENISA. Report on Privacy and Data Protection by Design, 2015. Disponível em: https://www.enisa.europa.eu/publications/privacy-and-data-protection-by-design. Acesso em: 18 jul. 2020.

GABRIELLE, Camila; RODRIGO, Mateus. Indústria criativa x economia criativa: Qual a diferença?, 2017. Disponível em: https://www2.faac.unesp.br/lecotec/projetos/oicriativas/index.php/2017/06/19/industria-;criativa-x-economia--criativa-qual-a-diferenca/. Acesso em: 18 jul. 2020.

GEDEON, Ibrahim J. et al. Privacy and Security by Design. *IEEE Consumer Electronics Magazine*, v. 9, n. 2, p. 76-77, 2020.

HOWKINS, John. *The creative economy*: how people make money from ideas. London: Penguin UK, 2002.

LOFTI, Rosângela. Governo de SP abre sindicância para apurar vazamento de dados pessoais apontado por este site. Disponível em: https://congressoemfoco.uol.com.br/tecnologia/governo-de-sp-abre-sindicancia-para-apurar-vazamento--de-dados-pessoais-apontado-por-este-site/. Acesso em: 14 jul. 2020.

LOPES, Teresa Vale. Responsabilidade e governação das empresas no âmbito do novo Regulamento sobre a Proteção de Dados. *In*: COUTINHO, Francisco Pereira; MONIZ, Graça Canto. *Anuário da Proteção de Dados 2019*. Lisboa: Cedis, 2019. p. 37-53.

MELLO, Alberto de Sá e. *Manual de direito de autor e direitos conexos*. Coimbra: Almedina, 2016.

MENEZES LEITÃO, Luís Manuel Teles de. *Direito de autor*. Coimbra: Almedina, 2011.

NEWBIGIN, John. Disponível em: https://creativeconomy.britishcouncil.org/media/uploads/files/Intro_guide_-_Portuguese.pdf.

OECD. Guidelines on the Protection of Privacy and Transborder Flows of Personal Data. Disponível em: https://www.oecd.org/internet/ieconomy/oecdguidelinesontheprotectionofprivacyandtransborderflowsofpersonaldata.htm. Acesso em: 5 set. 2020.

REGULAMENTO (UE) 2016/679 do Parlamento Europeu e do Conselho, de 27 de abril de 2016, relativo à proteção das pessoas singulares no que diz respeito ao tratamento de dados pessoais e à livre circulação desses dados e que revoga a Diretiva 95/46/CE (Regulamento Geral sobre a Proteção de Dados). Disponível em: http://eur-lex.europa.eu/legalcontent/PT/TXT/?uri=celex%3A32016R0679. Acesso em: 09 fev. 2022.

RODRÍGUEZ-CANO, Rodrigo Bercovitz. La obra. *In*: RODRÍGUEZ-CANO, Rodrigo Bercovitz (coord.). *Manual de propiedad intelectual*. 8. ed. Valencia: Tirant lo Blanch, 2018.

SUPREMO TRIBUNAL FEDERAL. ADI 4.815. Relatora Ministra Cármen Lúcia. Disponível em: http://redir.stf.jus.br/paginadorpub/paginador.jsp?docTP=-TP&docID=10162709. Acesso em: 10 set. 2020.

UNESCO. Relatório global sobre economia criativa e políticas culturais. Disponível em: https://nacoesunidas.org/unesco-lanca-em-sp-relatorio-global-sobre-economia-criativa-e-politicas-culturais/. Acesso em: 10 fev. 2022.

12

PROTEÇÃO DE DADOS PESSOAIS E A INDÚSTRIA DO ENTRETENIMENTO: UMA ANÁLISE DO USO DE PULSEIRAS INTELIGENTES (TECNOLOGIA RFID) E DESAFIOS PRÁTICOS INERENTES À PRIVACIDADE

Maria Beatriz Saboya Barbosa

1. INTRODUÇÃO

Se antes não havia como negar, atualmente parece não restarem mais dúvidas: como decorrência do fenômeno da hiperconectividade, a humanidade vivencia um momento de verdadeira ruptura de paradigmas, cenário que acompanhou uma reestruturação de dinâmicas sociais, econômicas, mercadológicas, políticas, relacionais e – vale dizer – até sanitárias.

Nessa toada, a implementação de novas tecnologias e soluções ligadas à Internet das Coisas no mercado de lazer e entretenimento suscita um importante movimento de reflexão quanto aos impactos que esse fluxo de inovação pode trazer à coletividade, sendo imprescindível que esse nicho de mercado observe as diretrizes normativas e regulatórias estipuladas pela Lei Geral de Proteção de Dados (LGPD) de modo a obter a real compreensão das melhores práticas e dos desafios pragmáticos que envolvem as atividades de tratamento de dados pessoais no seu contexto de atuação.

Desse modo, após traçadas breves considerações no que tange ao conceito de Internet das Coisas (*Internet of Things* ou *IoT*), o presente trabalho propõe-se a analisar, dentro do panorama da hiperconectividade, os desafios práticos decorrentes da utilização de pulseiras inteligentes (tecnologia RFID) na indústria de entretenimento e eventos sob o prisma da LGPD, propondo uma harmonização entre elementos como a economia criativa e o arcabouço normativo e regulatório para que estejam, assim, assegurados o direito à informação, à segurança e à proteção de dados dos titulares.

2. INTERNET DAS COISAS E O USO DE *WEARABLES* NA INDÚSTRIA DE ENTRETENIMENTO E LAZER

É inegável que o mundo atravessa um momento de mudança paradigmática sem precedentes: do ponto de vista acadêmico, muitas são as abordagens e tentativas epistemológicas de compreensão da atual conjuntura de hiperconectividade que a sociedade vem experienciando, à qual são atribuídos termos como "Era da Informação", "Era Digital", "Revolução Digital", "Revolução de Entretenimento", entre outras nomenclaturas (MAGRANI, 2014, p. 57).

Independentemente da denominação que se utilize, parece evidente que o traço marcante de tal contexto passa pela constatação de que a larga utilização de novas tecnologias permite uma conectividade muito maior entre pessoas, máquinas, artefatos, dispositivos e sensores, produzindo-se e distribuindo-se uma vasta quantidade de conteúdos e informações dentro dos chamados sistemas de comunicação em rede.

É que, para além do propósito de conectar pessoas, a Revolução Digital estabelece conexões inteligentes entre pessoas e coisas, ou mesmo entre coisas e coisas, revelando, por conseguinte, uma crescente participação de agentes não humanos – tais como máquinas, sensores, algoritmos e dispositivos – no protagonismo das cadeias relacionais, os quais vêm exercendo funções cada vez mais relevantes na vida em coletividade e contribuindo sobremaneira para uma profunda mudança de sociabilidade entre os indivíduos.

Como resultado, em um contexto que sacramenta ainda mais a noção de uma *data driven society* – ou seja, um universo no qual a grande maioria das atividades e dos modelos de negócio é movida, operada ou controlada com o emprego substancial de dados e artefatos conectados –, parece natural concluir que ferramentas tecnológicas vêm sendo amplamente utilizadas como forma não somente de agregar valor mercadológico, mas também de consolidar, irreversivelmente, a rastreabilidade como fator marcante da vida em sociedade, o que vem criando verdadeiras pegadas digitais sobre quem somos e o que fazemos.

Quanto ao aspecto de rastreabilidade que perpassa uma sociedade focada na utilização de dados como combustível para sua existência e desenvolvimento, escreveu o filósofo coreano Han (2018, p. 122):

> Todo clique que eu faço é salvo. Todo passo que eu faço é rastreável. Deixamos rastros digitais em todo lugar. Nossa vida digital se forma de modo exato na rede. A possibilidade de um protocolamento total da vida substitui a confiança inteiramente pelo controle.

Para uma adequada reflexão sobre o atual momento das dinâmicas sociais e sobre os agentes que vêm ditando o ritmo dessas engrenagens relacionais contemporâneas, tomemos como referência as considerações do professor Magrani (2018, p. 20) quanto à definição de Internet das Coisas ou *Internet of Things (IoT)*:

> Existem fortes divergências em relação ao conceito de IoT, não havendo, portanto, um conceito único que possa ser considerado pacífico ou unânime. De maneira geral, pode ser entendido como um ambiente de objetos físicos interconectados com a internet por meio de sensores pequenos e embutidos, criando um ecossistema de computação onipresente (ubíqua), voltado para a facilitação do cotidiano de pessoas, introduzindo soluções funcionais nos processos do dia a dia. O que todas as definições de IoT têm em comum é que elas se concentram em como computadores, sensores e objetos interagem uns com os outros e processam informações/dados em um contexto de hiperconectividade.

Para Miragem (2017), por sua vez, a Internet das Coisas consiste no emprego de tecnologias com a finalidade de conectar objetos de uso rotineiro, sejam eles eletrodomésticos, veículos, brinquedos ou mesmo acessórios acoplados ao corpo – os chamados *wearables* – que, por meio de sensores e da coleta massiva de dados, podem oferecer as mais variadas funcionalidades aos seres humanos.

Como decorrência dessa nova dinâmica comportamental, vão surgindo novas e arrojadas formas de organização e consumo de bens e serviços, entre as quais está a utilização de pulseiras inteligentes que, por meio da tecnologia RFID, proporcionam uma nova experiência de entretenimento e lazer em festivais e eventos de grande porte.

Em linhas gerais, *a Radio Frequency Identification* (RFID) ou identificação por radiofrequência, como o próprio nome sugere, consiste em uma tecnologia que fornece um método de captação, transmissão e armazenamento de dados entre dispositivos ou etiquetas por meio de sinais que permitem a identificação e o rastreio de objetos.

Na prática, isso significa que um sistema com a tecnologia RFID dispõe de uma antena transceptora que comunica o sinal, transferindo as informações desejadas para um leitor, o qual converte as ondas em informações digitais, além de um *transponder* ou uma etiqueta de radiofrequência responsável por armazenar os dados captados.

No caso específico das pulseiras inteligentes – amplamente utilizadas em parques de diversões, grandes festivais e concertos da indústria musical e audiovisual –, o acessório, que conta com um *microchip* acoplado para possibilitar a transmissão por radiofrequência, vem sendo usado para diversas funções de logística, eficiência e conectividade, entre as quais destacam-se as seguintes:

Otimização de entrada/acesso ao evento: com o uso de pulseiras inteligentes, além da redução dos riscos de falsificação de ingressos – já que cada pulseira RFID possui um chip com número de registro e identificação único –, é possível garantir maior agilidade ao procedimento de validação de entrada dos participantes do evento, diminuindo filas e melhorando a experiência do consumidor.

Gerenciamento e organização em tempo real: por meio da implementação da tecnologia RFID, os produtores de eventos conseguem ter acesso imediato a informações como lotação e fluxo de pessoas, de caixa e de estoque, detendo mais controle sobre dados relevantes à gestão de suprimentos, logística e equipe de apoio.

Agilidade às transações de pagamento: o emprego de soluções de pagamento sem necessidade de circulação de dinheiro em espécie (largamente conhecidas pelo termo da língua inglesa "*cashless*") tem sido cada vez mais visto em eventos de médio e grande porte, possibilitando que o público faça a compra de créditos previamente e utilize a pulseira RFID junto ao sensor, ao longo do evento, para concretizar a transação de forma simples e ágil.

Interatividade e integração com redes sociais: as pulseiras inteligentes também têm exercido um papel importante no estímulo a ações de interatividade que potencializam a experiência do público, por exemplo, a possibilidade de captação instantânea das músicas tocadas em *shows* e festivais para compartilhamento das faixas diretamente em *playlists* de plataformas de *streaming* musical.

Entretanto, embora sejam claros as vantagens e os benefícios decorrentes da implementação de dispositivos como as pulseiras inteligentes em eventos da indústria de entretenimento, às empresas responsáveis pela organização e produção de eventos cabem a devida cautela e a efetiva compreensão das repercussões e riscos advindos dessa prática, mormente no que tange à segurança da informação, à privacidade e à proteção de dados pessoais dos consumidores envolvidos neste fluxo.

Isso porque, muito frequentemente, as informações coletadas pelos produtores de festivais e eventos são utilizadas não somente para operacionalizar o bom funcionamento e a infraestrutura do espetáculo em si, como também são costumeiramente compartilhadas com patrocinadores e anunciantes em geral que, diante do acesso a informações estratégicas como idade, gênero, dados de contato e histórico de consumo do público, afunilam e direcionam anúncios e conteúdos publicitários, inclusive com a formação de perfis desses indivíduos.

Para endereçar as questões decorrentes das atividades de tratamento de dados pessoais cujo objetivo é o fornecimento de bens ou serviços, inclusive, surgiram legislações como a LGPD, texto normativo que traça diretrizes regulatórias justamente para modular hipóteses de tratamento de dados como as que hoje se têm testemunhado e à luz do qual se deve agir com transparência, acurácia, funcionalidade e de forma preventiva, sempre no sentido de conferir proteção aos titulares de dados pessoais, utilizando o mínimo de dados para alcançar as finalidades propostas.

É justamente nesse âmbito que reside o grande desafio prático de compatibilização do arcabouço normativo e regulatório em privacidade e proteção de dados com a dinâmica da Internet das Coisas aplicada à indústria de eventos e entretenimento, sem que tal fato represente violação à livre-iniciativa ou obstáculo aos processos criativos e de inovação.

Nas próximas linhas, abordaremos alguns pontos de atenção que guardam relação direta com a utilização de dispositivos inteligentes no contexto de eventos de lazer e entretenimento e a dinâmica de tratamento de dados pessoais dele decorrente.

3. SEGURANÇA DAS INFORMAÇÕES COMO PRIORIDADE

A indústria de eventos, por sua própria natureza – e mais ainda com o emprego de pulseiras inteligentes –, enseja o tratamento de dados pessoais que vão além de meras informações cadastrais, possuindo uma camada substancial de criticidade a coleta de dados como históricos de transações financeiras e existência de alguma condição reduzida de mobilidade ou deficiência.

De acordo com pesquisa realizada pela empresa Eventsforce no ano de 2016, no âmbito da qual foram entrevistadas cerca de cinquenta produtoras de eventos nos Estados Unidos e no Reino Unido, 81% das organizações não alteram as senhas de acesso a seus sistemas de gestão de eventos com a periodicidade devida, enquanto 33% dessas empresas atestam ter compartilhado as chaves de acesso a seus sistemas com terceiros não autorizados em algum momento (EVENTSFORCE, 2016).

Esses alarmantes indicadores certamente contribuem para uma maior exposição a incidentes de segurança, além de dificultarem a criação de trilhas auditáveis e de registros e *logs* de acesso que possibilitem maior controle das operações no âmbito da utilização dos dispositivos inteligentes em eventos.

Com o advento da LGPD, todavia, ganha força a necessidade de implementação de mecanismos de segurança aptos a reduzir vulnerabilidades e riscos em privacidade, além de mitigar as chances de incidentes envolvendo dados pessoais.

No quesito segurança da informação, as soluções tecnológicas disponíveis no mercado são muitas, sendo extremamente recomendável, além de investimento em tecnologia de ponta, que se olhe para o componente humano, promovendo-se, em concomitância, medidas de conscientização para evitar que os protocolos e padrões técnicos, os mecanismos de mitigação de riscos e mesmo a estrutura de governança em privacidade e proteção de dados formuladas pela organização responsável, à luz da LGPD, fiquem somente no papel.

De outra banda, merece atenção especial a dicção dada pelo art. 46, § 2.º, da LGPD no sentido de que as medidas de segurança, técnicas e administrativas aptas a proteger os dados pessoais de tratamentos inadequados ou mesmo ilícitos deverão ser observadas e implementadas desde a fase de concepção do produto/serviço até a sua execução, em clara materialização do *Privacy by Design* como premissa para a construção de *features* (funcionalidades) interativas, como as viabilizadas a partir de pulseiras inteligentes.

Nesse sentido, é importante que as produtoras de eventos, ao desenhar e implementar formatos inovadores de interação com o público – muitos dos quais passam pela incorporação de dispositivos de Internet das Coisas –, observem os sete pontos que compõem o racional metodológico do *Privacy by Design*: (i) Medidas proativas e não reativas; (ii) Privacidade por padrão; (iii) Privacidade incorporada ao *design*; (iv) Funcionalidade completa (soma positiva); (v) Segurança de ponta a ponta; (vi) Visibilidade e transparência; e (vii) Respeito à privacidade do usuário.

4. ANÁLISE DE RISCOS E IMPACTOS DECORRENTES DO USO DA TECNOLOGIA RFID

Outro aspecto relevante a ser levado em conta pela indústria de eventos passa pela verificação da legitimidade para a realização das atividades almejadas. Disso decorre não somente uma análise quanto a possíveis impedimentos do ponto de vista legal e regulatório, mas também requer, dentro do apetite de risco considerado pela empresa, um nível de discernimento, ainda que carregado de subjetividade, quanto ao aspecto moral que a implementação de determinada prática representa dentro do contexto de mercado em que está inserida.

Não se pode perder de vista, ainda, que a LGPD estabelece, em seu art. 38, que a Autoridade Nacional de Proteção de Dados poderá determinar que o controlador elabore Relatório de Impacto à Proteção de Dados Pessoais, documento cujo manejo visa a obtenção de um diagnóstico das operações de tratamento que apresentem maior nível de de criticidade.

Enquanto não estiverem delimitadas, no contexto nacional, as diretrizes necessárias à operacionalização do Relatório de Impacto pelo ente regulatório, ao mercado brasileiro cabe se valer da experiência internacional, sobretudo das disposições contidas no General Data Protection Regulation (GDPR) europeu e das opiniões emitidas pelas autoridades nacionais de proteção de dados europeias, para definições mais concretas sobre como proceder para análise e registro interno de avaliações de risco à luz de proteção de dados.

Dessa forma, e considerando que o uso de pulseiras inteligentes com identificação por radiofrequência para a coleta de dados pessoais de titulares em festivais e eventos de entretenimento, além de representar claramente um contexto de tecnologia disruptiva, consiste em atividade de monitoramento e, em alguns casos, de perfilização dos indivíduos, é recomendável que, no âmbito de aplicabilidade da LGPD, as empresas realizem desde já o Relatório de Impacto para endereçamento de riscos aos titulares envolvidos e, consequentemente, demonstração de comprometimento com o tema.

Isso porque, sempre que operações de tratamento de dados pessoais possam gerar riscos às liberdades civis e aos direitos fundamentais dos titulares (a exemplo da atividade que na presente oportunidade se analisa), as empresas devem formalizar que realizaram previamente a análise desses riscos, o que significa, na prática, que o preenchimento do RIPD demandará a coleta de informações sobre a operação que envolve dados pessoais e a finalidade da utilização desses dados, além de informações relacionadas à mitigação de riscos e a eventuais terceiros envolvidos na operação (a exemplo de fornecedores de tecnologia).

5. ESTABELECIMENTO DE CANAIS APTOS AO ATENDIMENTO DAS SOLICITAÇÕES DOS TITULARES

Na medida em que o uso de pulseiras inteligentes (tecnologia RFID), por parte das empresas que organizam eventos, está inserido em um contexto essencialmente B2C (*Business to Consumer*), é necessário que essas organizações estruturem um Plano de Atendimento a Solicitações de Titulares que, além de contemplar ferramentas de *backend* e procedimentos para rastrear solicitações de titulares até a finalização do atendimento, assegure *scripts* para o fornecimento de respostas rápidas, eficientes e em linguagem de fácil compreensão pelo titular de dados.

Sobre esse ponto, ainda, vale ressaltar que, no âmbito da LGPD, o único prazo envolvendo solicitações dos titulares de dados que veio suficientemente expresso diz respeito à confirmação de tratamento e acesso aos dados, nos termos do art. 19, II, sendo esperado o posicionamento do ente regulatório quanto aos prazos a serem observados para atendimento das demais formas de exercício de direitos por parte dos titulares de dados pessoais.

Outro aspecto prático, por sua vez, consiste na confirmação da identidade do solicitante como forma de, em prestígio aos padrões de segurança supradescritos, assegurar que as informações não sejam disponibilizadas para indivíduos que não o titular, o que poderia configurar um incidente de segurança envolvendo dados pessoais.

No contexto da indústria do entretenimento, considerando o grande volume de usuários/consumidores e a ampla realização de cadastros nas produtoras de eventos para a emissão e utilização de pulseiras RFID, é preferível que se atenda à solicitação de direitos fazendo uso do mesmo meio pelo qual foi estabelecida a relação com o consumidor, devendo-se atentar para não impor dificuldades excessivas ao titular ou coletar dados desnecessários e até mais sensíveis do aqueles de que a empresa já dispõe sobre ele.

6. FORTALECIMENTO DA TRANSPARÊNCIA: INFORMAÇÃO E CONSCIENTIZAÇÃO

Independentemente da base legal ou do fundamento prático para a realização de determinada atividade de tratamento de dados pessoais, é indispensável que seja facilitado, aos titulares, acesso às informações sobre o tratamento de seus dados, em prestígio ao princípio da transparência previsto no art. 6.º, VI, da LGPD.

Nesse sentido, e dada a criticidade inerente à implementação de dispositivos de Internet das Coisas em um contexto de entretenimento, a mera disponibilização de um texto amplo e genérico de Política de Privacidade no *website* da promotora de eventos passa bastante ao largo do que seria uma ideal manifestação de transparência ao titular de dados pessoais.

Tomando como referência algumas das diretrizes encampadas pelo Information Commissioner's Office (autoridade britânica de proteção de dados), uma estratégia interessante seria a utilização de recursos como as *just-in-time notices*, que nada mais são do que mensagens curtas que aparecem no momento do preenchimento de um formulário *on-line* pelo consumidor, por exemplo, de modo que o titular, à medida que insere seus dados em um cadastro, receba informações pontuais e diretas sobre a finalidade da coleta de cada um dos dados solicitados, o que pode ser uma abordagem bem interessante para fins de atendimento à transparência, além de desenvolver uma imagem positiva da empresa para o consumidor.

Não se pode perder de vista, no contexto da Internet das Coisas, que o uso de dispositivos inteligentes impõe outros desafios ao fornecimento adequado e ostensivo de informações aos titulares de dados, na medida em que muitos desses aparatos não têm sequer *displays* ou telas suficientemente aptas a suportar a prestação de informações textuais aos usuários.

Uma solução, do ponto de vista pragmático, reside na utilização combinada de várias técnicas que possam endereçar adequadamente os desafios impostos pelos dispositivos de IoT, a exemplo do uso de alertas luminosos ou sonoros para dar ciência ao indivíduo quando uma atividade de monitoramento e/ou coleta de informações estiver em curso por meio daquele dispositivo, ou mesmo o emprego de componentes de tecnologia *wireless* como QR Codes para a disponibilização e envio de *links* que possam ser facilmente acessados pelo titular e contenham informações mais detalhadas sobre o dispositivo, suas funcionalidades e as atividades de coleta e tratamento a ele relacionadas.

7. CONSIDERAÇÕES FINAIS

É inegável que vivemos um momento de conectividade e de grande efervescência e fluxo de informações nos mais variados âmbitos sociais e de mercado, não sendo demais afirmar que essa conjuntura de tecnologias disruptivas põe em xeque muitos dos conceitos e papéis que os agentes que compõem a dinâmica da coletividade vinham exercendo.

Nesse sentido, a LGPD aparece como fonte de basilares noções aplicáveis à dinâmica da Internet das Coisas, estabelecendo a transparência, a segurança e o direito à informação como elementos cruciais a todas as práticas que perpassam o mercado de consumo de bens e serviços (BIONI, 2016, p. 223).

Defende-se, portanto, que a utilização de pulseiras inteligentes no mercado de eventos e entretenimento, por conseguinte, seja interpretada sempre em consonância com as disposições contidas na LGPD, de modo a se concretizar uma cultura de conscientização e larga prestação de informações sobre as condições gerais e os riscos provenientes de tais produtos e serviços, ainda mais quando se está falando de coleta e tratamento de dados pessoais em larga escala.

Vale reforçar, ademais, que não se propõe aqui um engessamento ou mesmo uma desaceleração do processo criativo inerente às atividades tecnológicas voltadas para a inovação no mercado de entretenimento. Na verdade, sugere-se que a indústria não passe ao largo de uma minuciosa análise técnica acerca dos riscos dos produtos desenvolvidos e fornecidos, sobretudo quando se estiver diante de riscos à segurança dos dados e seus titulares, o que exige maiores investimentos nas fases de prototipagem e de escrutínio de vulnerabilidades eventualmente existentes nesses artefatos.

Por fim, registre-se a importância de que a economia criativa, diretamente relacionada com a confecção de dispositivos de IoT, promova uma cultura de transparência, com foco sobretudo na análise de riscos e na promoção de aparatos técnicos que minimizem os possíveis impactos à segurança e à privacidade dos usuários. Somente assim pode-se pensar na construção de um equilíbrio harmônico entre as expectativas de cada um dos sujeitos que compõem essa tão profícua e relevante dinâmica social.

REFERÊNCIAS

BIONI, Bruno Ricardo. *Autodeterminação informacional*: paradigmas inconclusos entre a tutela dos direitos da personalidade, a regulação dos bancos de dados eletrônicos e a arquitetura da internet. 2016. Dissertação (Mestrado) – Universidade de São Paulo, São Paulo, 2016.

BRASIL. Lei n.º 13.709, de 14 de agosto de 2018. Lei Geral de Proteção de Dados. Disponível em: http://www.planalto.gov.br/ccivil_03/_ato2015-2018/2018/lei/L13709.htm. Acesso em: 2 out. 2020.

EVENTSFORCE. Infographic: how safe is your event data?. 2016. Disponível em: https://www.eventsforce.com/us/blog/infographic-how-safe-is-your-event-data/. Acesso em: 3 out. 2020.

HAN, Byung-Chul. *No enxame*: perspectivas do digital. Tradução Lucas Machado. Petrópolis: Vozes, 2018.

INFORMATION COMMISSIONER'S OFFICE. What methods can we use to provide privacy information?. Disponível em: https://ico.org.uk/for-organisations/guide-to-data-protection/guide-to-the-general-data-protection-regulation-gdpr/the-right-to-be-informed/

what-methods-can-we-use-to-provide-privacy-information/. Acesso em: 3 out. 2020.

MAGRANI, Eduardo. *Democracia conectada*: a internet como ferramenta de engajamento político-democrático. Curitiba: Juruá, 2014.

MAGRANI, Eduardo. A internet das coisas. Rio de Janeiro: FGV Editora, 2018.

MIRAGEM, Bruno. Garantias do consumo: a internet das coisas e os riscos do admirável mundo novo. 2017. Disponível em: http://www.conjur.com.br/2017-mar-29/garantias-consumo-Internet--coisas-riscos-admiravel-mundo. Acesso em: 2 out. 2020.

13

A ADEQUAÇÃO DAS *STARTUPS* À LEI GERAL DE PROTEÇÃO DE DADOS PESSOAIS: DESAFIOS E OPORTUNIDADES

Raíssa Cristina de Moura Ferreira

1. INTRODUÇÃO

A revolução digital é um fenômeno mundial que impacta todos os setores da economia, desde a indústria 4.0, conceito criado pelo diretor e fundador do Fórum Econômico Mundial, o alemão Klaus Schwab, até setores mais tradicionais, como comércio, saúde, educação, serviços, agricultura etc. Ela permitiu que a utilização de tecnologias disruptivas como algoritmos, *big data* e inteligência artificial, integradas a produtos, mudassem completamente a forma como as pessoas se relacionam com empresas, governos, umas com as outras e, claro, com os seus dispositivos eletrônicos inteligentes.

Com esse avanço exponencial da tecnologia, houve um aumento em larga escala da quantidade de informações que podem ser coletadas, analisadas e armazenadas sobre o indivíduo hiperconectado. Hoje é praticamente impossível encontrar pessoas que não tenham qualquer interação *on-line* por meio de seus *smartphones* e aplicativos, mídias sociais, *sites*, objetos conectados e assistentes pessoais inteligentes. Tanto poder informacional transformou as empresas detentoras dos maiores bancos de dados do mundo em gigantes da tecnologia avaliadas em bilhões de dólares.

As possibilidades do que se pode fazer com os dados são infinitas: vão desde soluções para problemas antes intransponíveis, como a personalização do tratamento de câncer mediante a análise de dados genéticos, até o impacto em decisões do cotidiano que se tornaram muito mais simples e automatizadas, como o acesso a conteúdos personalizados de acordo com as preferências dos indivíduos. Cenário que só é possível graças à análise de dados e à precisão de algoritmos que transformaram completamente a indústria do entretenimento, da publicidade e propaganda e que tem dominado outras áreas, como a da saúde.

A inovação como conhecemos hoje, portanto, está profundamente relacionada com a inteligência de dados. E os ecossistemas de inovação que surgiram ao redor do mundo foram alimentados pela lógica do capital de risco investido em *startups* que conseguiram ter ideias e soluções inovadoras a partir da reunião e análise de *terabytes* de informações capazes de identificar direta ou indiretamente uma pessoa.

No entanto, se por um lado toda essa revolução traz benefícios incalculáveis, tanto para a economia como para a sociedade, de outro, se for empregada de maneira equivocada, ameaça direitos e garantias universais, como o respeito à privacidade, à liberdade de expressão, de informação, de comunicação e de opinião; a inviolabilidade da intimidade, da honra e da imagem; o desenvolvimento da livre personalidade e os direitos humanos de forma geral.

Facilmente uma sociedade da transparência, em que se publica tudo sobre si e sobre todos, torna-se uma sociedade do controle com tecnologias rastreando passos, vozes, conversas, reconhecendo faces, biometria, íris, humor, captando opinião política, preferências religiosas, estado de saúde, entre tantas outras informações valiosas e sensíveis que podem ser utilizadas para suprimir direitos e limitar o acesso a uma vida digna.

Todo esse cenário elevou o direito à proteção de dados a ser um dos assuntos mais importantes da geopolítica global atual e impulsionou a União Europeia, que já tinha uma tradição maior em proteger os dados dos seus cidadãos, a instituir o Regulamento Geral de Proteção de Dados (GDPR – General Data Protecion Regulation), impondo ao mundo uma agenda de proteção de dados, ao determinar que toda e qualquer instituição que trata dados pessoais em território europeu esteja submetida ao seu regulamento, além de estabelecer regras para transferência internacional de dados entre os países que não têm o mesmo nível de adequação à proteção de dados do continente europeu.

O Brasil, por sua vez, deu um importante passo em direção à proteção dos dados pessoais disponibilizados em ambiente físico ou digital, ao promulgar a Lei Geral de Proteção de Dados (LGPD), com clara inspiração no regulamento europeu. A LGPD, assim como a europeia GDPR, tem como objetivo devolver o controle dos dados pessoais aos seus titulares, obrigando os agentes públicos e privados a respeitar determinados princípios e direitos, como as obrigações de informar com clareza quais dados serão coletados, para quais finalidades, como serão armazenados, com quem serão compartilhados, quais medidas de segurança empregadas, além de exigir a utilização do mínimo de dados possíveis e estritamente necessários para atingir as finalidades informadas aos titulares, por exemplo.

Uma vez que os dados pessoais ganharam proteção especial no Brasil, as *startups* precisam agora implementar medidas técnicas e organizacionais para tratar as informações que acessam em conformidade com as exigências estabelecidas pela LGPD em vigor. Sem dúvida, uma tarefa árdua para um país que já impõe um custo regulatório alto em outras esferas e tem uma tradição em punir (leia-se multar) muito maior do que educar.

O presente artigo busca, portanto, analisar os desafios e as oportunidades da adequação das *startups* à LGPD do Brasil. Para alcançar o objetivo traçado, é importante analisar como referência o impacto da GDPR no ecossistema de inovação europeu e, por fim, identificar as oportunidades e propor caminhos viáveis para a adequação das *startups,* por meio da implementação de um programa de governança em privacidade ágil e enxuto, além da adoção do *privacy by design* como ferramenta primordial para a incorporação da proteção de dados pessoais de forma proativa nos sistemas de tecnologia.

2. OS DESAFIOS DA LGPD PARA O ECOSSISTEMA DE INOVAÇÃO E *STARTUPS* NO BRASIL

Startups são empresas que buscam encontrar soluções inovadoras para problemas existentes ou até mesmo aqueles que nem imaginávamos existir. De acordo com o Marco Legal das *Startups* e do Empreendedorismo Inovador, instituído pela Lei Complementar 182/2021, são enquadradas como *startups* no Brasil as organizações empresariais ou societárias, nascentes ou em operação recente, cuja atuação caracteriza-se pela inovação aplicada a modelo de negócios ou a produtos ou serviços ofertados.

O art. 4º da referida Lei Complementar estabelece, portanto, que são elegíveis para o enquadramento na modalidade de tratamento especial destinada ao fomento de *startup* o empresário individual, a empresa individual de responsabilidade limitada, as sociedades empresárias, as sociedades cooperativas e as sociedades simples: com receita bruta de até R$ 16 milhões no ano-calendário anterior ou de R$ 1.333.334,00 multiplicado pelo número de meses de atividade no ano-calendário anterior, quando inferior a 12 meses, independentemente da forma societária adotada; com até 10 anos de inscrição no Cadastro Nacional da Pessoa Jurídica (CNPJ) da Secretaria Especial da Receita Federal do Brasil do Ministério da Economia; e que atendam a um dos seguintes requisitos, no mínimo: a) declaração em seu ato constitutivo ou alterador e utilização de modelos de negócios inovadores para a geração de produtos ou serviços; b) enquadramento no regime especial Inova Simples (2021).

Geralmente, o caráter disruptivo desse modelo de negócio se desenvolve num ambiente de extrema incerteza, com elementos do seu produto ou serviço ainda pouco definidos e com impacto direto na economia e em estruturas sociais enraizadas em nossa coletividade.

Na corrida pelo desenvolvimento de novos produtos e serviços, as *startups* encontram grandes desafios regulatórios que podem fragilizar o surgimento de novas ideias, dificultar o exercício de suas atividades e, se não solucionados, tornam-se um grande empecilho para o desenvolvimento econômico, tecnológico e a inovação. O cenário é ainda mais difícil para as *startups* que estão em fase inicial de desenvolvimento, ainda não escalaram o seu modelo de negócio e não têm recursos suficientes para contratar consultorias jurídicas que ajudem a superar os entraves burocráticos.

O estudo denominado "Regulatory Reform and Regulation"[1], desenvolvido pela Organização para Cooperação e Desenvolvimento Econômico – OCDE (1997), aponta que os regulamentos podem erguer barreiras à criação de novos produtos e melhoria de novos processos, podendo encorajar ou desencorajar os esforços de pesquisa e o crescimento das empresas. Podem criar barreiras à inovação aumentando a incerteza e os custos do processo de desenvolvimento e podem afetar a difusão da tecnologia.

A OCDE (1997) indica existirem três tipos de regulações: (i) as regulações econômicas, que visam melhorar a eficiência do mercado, por exemplo, as legislações antitruste; (ii) as regulações sociais, que objetivam proteger o bem-estar social e garantir direitos individuais, como as leis de proteção ao consumidor, de proteção ao trabalhador ou de proteção ao meio ambiente; (iii) as regulações administrativas, que se referem à gestão governamental dos setores público e privado, como as leis de falência e recuperação de empresas. As empresas que buscam inovação, em geral, encontram dificuldade para se adequarem às exigências regulatórias, e não poderia ser diferente quanto à proteção de dados pessoais, considerada uma regulação de caráter social (MARTIN; MATT; NIEBEL; BLIND, 2019).

Entender as regras hermenêuticas de interpretação de regulamentos de proteção de dados e implementar medidas técnicas e organizacionais para atendê-las é custo e complexo em face da atividade da empresa, requerendo

---

[1] Tradução livre: "Reforma Regulatória e Regulação".

das *startups*, seus fundadores e investidores, a destinação de esforços e orçamento considerável, voltado à proteção de dados e privacidade, para que não sejam surpreendidos pelo uso inadequado dos dados pessoais que pode, entre outros prejuízos, inviabilizar modelos de negócio.

Estudo realizado pela PwC (2017) com empresas americanas que estavam se preparando para o *compliance* com a GDPR revelou que 77% delas estimaram gastar em torno de um milhão de dólares ou mais com as atividades de preparação para o GDPR, enquanto 68% disseram que investiriam entre um milhão e dez milhões de dólares.

Embora pequenas empresas e startups provavelmente gastem bem menos do que o indicado no referido estudo, não podemos olvidar de que os custos envolvidos para adequação das *startups* à LGPD também são altíssimos no Brasil, em especial, a contratação de profissionais especializados em proteção de dados, além do investimento em tecnologia, segurança, custos associados a implementação de tecnologia para garantia dos direitos dos titulares de dados e indicação do encarregado pelo tratamento de dados pessoais, quando cabível.

Embora a ANPD tenha publicado regulamentação específica para microempresas, empresas de pequeno porte e *startups*, dispensando ou flexibilizando obrigações impostas pela LGPD, as empresas que realizam tratamento de alto risco para os titulares de dados foram excluídas dessa flexibilização.

A Resolução CD/ANPD n. 2 (BRASIL, 2022) define critérios gerais e específicos para que uma operação seja considerada tratamento de alto risco, quais sejam: tratamento de dados pessoais em larga escala, tratamento de dados pessoais que possa afetar significativamente interesses e direitos fundamentais dos titulares, uso de tecnologias emergentes e inovadoras, vigilância ou controle de zonas acessíveis ao público, decisões tomadas unicamente com base em tratamento automatizado de dados pessoais, utilização de dados pessoais sensíveis ou de dados pessoais de crianças, de adolescentes e de idosos.

Assim, estamos diante de três grandes desafios para as startups com a entrada em vigor da LGPD: os entraves regulatórios aos modelos de negócios baseados em dados pessoais; o alto custo para atender aos requisitos da lei; a redução da atratividade de investimentos para as empresas que realizam tratamento de dados considerado de alto risco para os titulares.

A experiência da União Europeia ensina que entre maio de 2018 e abril de 2019, pouco tempo após a entrada em vigor do GDPR, o montante de *Venture Deals*[2] para empresas de tecnologia caiu 26%. Os valores de inves-

---

[2] Tradução livre: negócios envolvendo capital de risco.

timentos captados diminuíram 33,8% e as *startups* com menos de três anos foram as mais prejudicadas (JIA; JIN; WAGMAN, 2019).

No ensaio sobre como as regulações de proteção de dados afetam a inovação das *startups*, Martin, Matt, Niebel e Blind (2019) asseveram que os efeitos negativos podem predominar no curto prazo à medida que a nova regulamentação rompe as estruturas existentes de produção e forma de fazer as coisas, enquanto os efeitos positivos e estimuladores da inovação podem aparecer apenas no médio prazo.

O tempo necessário para que o impacto positivo da regulamentação de proteção de dados no ecossistema de inovação supere os seus efeitos negativos pode ser ainda maior no Brasil, principalmente porque a LGPD entrou em vigor com muitos artigos pendentes de regulação pela ANPD. A Lei entrou em vigor em um momento em que as empresas precisaram fazer um enorme esforço de transparência, prestação de conta e atendimento dos direitos dos titulares de dados num ambiente de extrema insegurança, sem a consolidação e validação das teses que interpretam as obrigações da LGPD por parte da ANPD, e com um alto risco de judicialização da matéria.

Compete à ANPD não só zelar pela proteção de dados, como também observar os segredos comercial e industrial que são tão caros à inovação; promover na população o conhecimento da norma e das medidas de segurança; dispor sobre as formas de publicidade das operações de tratamento de dados pessoais, respeitados o segredo comercial e industrial; editar regulamentos e procedimentos sobre proteção de dados pessoais, inclusive simplificados para microempresas, empresas de pequeno porte e *startups*, entre outras importantes atribuições que visam facilitar a interpretação e aplicação da lei, conforme determinado pelo art. 55-J da Lei 13.709/2018 (BRASIL, 2018) e pelo Decreto nº 10.474, de 26 de agosto de 2020, que, finalmente, aprovou a estrutura regimental, bem como estruturou os cargos e funções da ANPD (BRASIL, 2020).

É importante destacar que a ANPD conta com representantes de instituições científicas, tecnológicas, de inovação e entidades empresariais relacionadas à área de tratamento de dados pessoais no seu Conselho Nacional de Proteção de Dados Pessoais (BRASIL, 2018). Os Conselheiros não terão poder decisório, mas poderão, entre outras atribuições, propor diretrizes estratégicas e fornecer subsídios para a elaboração da Política Nacional de Proteção de Dados Pessoais e da Privacidade, bem como recomendar ações para a ANPD. A representação do setor de inovação e startups no Conselho Nacional é muito importante para a elaboração de estudos e realização de debates públicos sobre o tema.

Fica claro, portanto, que a entrada em vigor da LGPD provocou impacto que pode se estender por longo prazo no ecossistema de inovação, diante da carência de normas, orientações e procedimentos simplificados e diferenciados, inclusive quanto aos prazos, para que iniciativas empresariais de caráter disruptivo que se autodeclarem startups ou empresas de inovação e que usam tecnologias inovadoras, ou tratem um grande volume de dados, possam adequar-se à Lei.

3. AS OPORTUNIDADES DA LGPD PARA O ECOSSISTEMA DE INOVAÇÃO E *STARTUPS* NO BRASIL

Se por um lado temos todos os desafios inerentes à regulação do tratamento de dados pessoais e seu impacto no ambiente de inovação e *startups*, de outro, precisamos nos lembrar de razões primordiais para a promulgação da LGPD. Entre tantos outros interesses legítimos, o desenvolvimento econômico, tecnológico e a inovação, bem como a necessidade de tornar o Brasil um país apto a competir no cenário internacional da economia digital, foram razões fundamentais para a construção do marco legislativo. Afinal, a tecnologia não tem fronteiras, e sem uma legislação de proteção de dados robusta as empresas brasileiras teriam dificuldades de ingressar, permanecer ou fazer acordos comerciais envolvendo dados pessoais com a Europa e demais países que já exigem regras equivalentes.

O Brasil é um dos últimos países da América Latina a ter um regulamento específico de proteção de dados, pois suas normas sobre a matéria estavam esparsas entre determinações da Constituição Federal, Código Civil, Código de Defesa do Consumidor, Marco Civil da Internet, entre outros regulamentos setoriais. Enquanto países como Argentina, Chile, Uruguai, Peru, Colômbia e México já dispunham de normas dedicadas ao assunto, algumas promulgadas há mais de dez anos.

Fora do eixo europeu e latino-americano, Estados Unidos, China, Austrália, Nova Zelândia, Japão, Canadá, entre outros países, têm legislações robustas ou moderadas a respeito do tema. De acordo com a Conferência das Nações Unidas para o Comércio e Desenvolvimento (2020), 66% dos países no mundo contam com regulamentos especializados para garantir proteção de dados e privacidade.

Portanto, aos que somente enxergam mais burocracia e tentam a todo custo desmerecer a lei em nome de uma suposta proteção ao ambiente empreendedor no Brasil, vale a reflexão: temos condições de exportar inovação tecnológica para o resto do mundo em larga escala. Entretanto, sem a LGPD, estaríamos fadados aos limites geográficos que a internet, aldeia global, rompeu há muito tempo.

A última edição do Índice Global de Inovação (IGI, 2021) apontou que o Brasil ocupa a 57.ª colocação no ranking que abrange 132 países. Por outro lado, somos o único país da América Latina a abrigar clusters de ciência e tecnologia classificados entre os 100 primeiros do mundo. As áreas com melhor desempenho compreendem variáveis importantes, como gastos com Pesquisa e Desenvolvimento e empresas globais que investem intensamente em inovação, além da qualidade das publicações científicas e universidades. Na América Latina, apenas o Brasil ocupa uma posição elevada em matéria de patentes. No entanto, muito ainda precisa ser feito para melhorar o incentivo à inovação no Brasil.

Portanto, a importância da LGPD para o desenvolvimento econômico, tecnológico e a inovação pode ajudar o Brasil a subir no *ranking* do Índice Global de Inovação. Basta que a tensão entre o valor econômico criado pelo uso dos dados pessoais e a necessidade de proteger a privacidade dos consumidores seja superada pelos benefícios da lei, como uma maior confiança dos investidores, clientes parceiros, a uniformização do tema e a garantia de direitos individuais.

Ademais, é interesse do Brasil ingressar na OCDE, instituição que tem diretrizes claras para a Proteção da Privacidade e dos Fluxos Transfronteiriços de Dados Pessoais (2003). Ter uma lei de proteção de dados garantindo a aplicação de princípios como finalidade, necessidade, transparência, entre outros previstos nas diretrizes da OCDE, é de extrema importância e pode auxiliar no processo de aceitação do Brasil no grupo econômico internacional.

Também já é reconhecido o impacto superpositivo da proteção à privacidade e dados pessoais nos negócios. O relatório elaborado pela CISCO (2020), denominado "From Privacy to Profit: Achieving Positive Returns on Privacy Investments"[3], realizado por meio de entrevistas com empresas de 13 países (Austrália, Brasil, Canadá, China, França, Alemanha, Índia, Itália, Japão, México, Espanha, Reino Unido e Estados Unidos), calculou que, para cada dólar investido em privacidade, as empresas tiveram um retorno médio de $ 2,7. Curiosamente, o retorno médio do investimento em privacidade varia significativamente por país, com os maiores retornos médios localizados no Reino Unido (3,5x), Brasil (3,3x) e México (3,3x).

---

[3] Tradução livre: "Da privacidade ao lucro: obtendo retornos positivos sobre investimentos em privacidade".

O estudo concluiu, ainda, que, embora as regulamentações de proteção de dados tenham sido um importante direcionador para os esforços das companhias em proteger os dados pessoais de seus usuários, buscando como principal objetivo evitar multas e penalidades, atualmente os benefícios para os negócios vão além do *compliance,* pois em geral mais de 70% das empresas responderam que o investimento em privacidade gera benefícios significativos em eficiência operacional, redução do ciclo de vendas, menos casos de violações de dados, incidentes envolvendo dados pessoais menos dispendiosos, além do aumento da fidelidade dos clientes.

Portanto, a LGDP é um importante instrumento para garantia de direitos e liberdades fundamentais no Brasil e, ao mesmo tempo, para que empresas brasileiras possam concorrer em igualdade de condições por investimentos em ciência e tecnologia com empresas de outros países que já têm uma regulação de alto nível em proteção de dados. O mercado de inovação e *startups* precisa ser educado e se adaptar a essa nova realidade mundial, pois a proteção de dados deve ser vista como uma vantagem competitiva e meio indispensável para ganhar a confiança de autoridades, clientes, consumidores e titulares de dados pessoais em geral.

4. A IMPLEMENTAÇÃO DE PROGRAMA DE GOVERNANÇA EM PRIVACIDADE PARA *STARTUPS*

O art. 50 da LGPD (BRASIL, 2018) estabelece que os controladores e os operadores, no âmbito de suas competências, poderão formular regras de boas práticas e governança que determinem as condições da organização, seu funcionamento, normas de segurança, padrões técnicos, ações educativas, mecanismos internos de supervisão e mitigação de riscos, entre outros aspectos relacionados ao tratamento dos dados pessoais.

O referido artigo deixa espaço, ainda, para as *startups* realizarem seus Programas de Governança em Privacidade de forma adaptada ao seu modelo de negócio, escala e volume de operações, inclusive no que diz respeito à implementação dos princípios da segurança e prevenção, permitindo que as regras sejam propostas individualmente ou por meio de associações. Essa oportunidade deve ser explorada e é, sem dúvida, de grande valia para as *startups* que podem contar com associações bem estruturadas, interessadas em pleitear seus interesses coletivamente e contratar profissionais especializados para criar regras padronizadas para determinados setores. As regras devem ser publicadas, atualizadas e podem ser reconhecidas e divulgadas pela ANPD.

Há, portanto, muitos caminhos viáveis para *startups* implementarem Programa de Governança em Privacidade de forma satisfatória. De modo a alcançar o caráter de aplicabilidade prática deste Manual, compartilharei sugestão de pilares importantes que podem guiar as *startups* em seus Programas de Governança em Privacidade.

Um bom Programa de Governança em Privacidade da Inloco é fundamentado nos seguintes pilares: (i) Estratégia em privacidade – desenvolver, comunicar e executar, interna e externamente, metas e objetivos para aumentar a camada de proteção de dados e privacidade da organização; (ii) *Privacy by design* – criação e implementação do *framework privacy by design* (CAVOUKIAN, 2011), por meio da adoção de medidas técnicas e organizacionais que protegem a privacidade e são incorporadas ao *design* de produtos e serviços (INLOCO, 2020), além de garantir que os dados pessoais sejam automaticamente protegidos na arquitetura dos sistemas ou prática de negócios, por meio de análise de risco por padrão para desenvolvimento de novos produtos e funcionalidades; (iii) *Compliance* – conformidade com leis e regulamentos vigentes; (iv) *Advocacy* – influenciar a sociedade para uma cultura de proteção de dados e privacidade; (v) *Relações institucionais* – compreensão estratégica e tática de como lidar com as políticas atuais e acompanhamento legislativo nos locais de atuação da organização nos assuntos relacionados à proteção de dados e privacidade.

As organizações não precisam ter uma pessoa responsável para cada pilar do Programa de Governança em Privacidade, mas podem adaptá-lo à estrutura da empresa, inclusive com a participação direta do CEO, fundadores, colaboradores, associações, consultores etc. Embora o cumprimento de requisitos legais seja de extrema importância, o *compliance* é apenas um dos pilares do Programa de Governança em Privacidade, pois, se a estratégia de privacidade foi traçada corretamente e a implementação do *privacy by design* funciona bem, a empresa terá encontrado o melhor caminho para evitar violações à privacidade, incidentes de segurança, garantindo a redução de custos com o *compliance,* por meio do fomento de uma cultura organizacional que valoriza a proteção de dados.

O Programa de Governança em Privacidade de uma *startup* deve ter uma abordagem ágil, colaborativa e multidisciplinar. É imprescindível o envolvimento de várias áreas do negócio que, dependendo do tamanho e maturidade da *startup*, pode incluir os times de produto, UX *design*, experiência do cliente, segurança da informação, jurídico, operações, RH, *marketing* e quem mais se interessar e puder contribuir com o desenvolvimento de soluções criativas para implementar proteção de dados de forma prática e como padrão do negócio.

As *startups* podem implementar um Programa de Governança em Privacidade da seguinte forma:

Passo 1: Educar os principais *stakeholders*. Sensibilize os fundadores e alta liderança da empresa; engaje os colaboradores; realize workshops; crie o Comitê de Privacidade; registre treinamentos e reuniões.

Passo 2: Definir e implementar o escopo do programa de privacidade. Implemente framework de privacidade, como o privacy by design (CAVOUKIAN, 2011) e a avaliação sistemática de risco à privacidade (procure frameworks que sejam compatíveis com cultura ágil); realize o mapeamento, inventário e fluxo de dados pessoais; faça análise de riscos e indicação de medidas de mitigação; elabore Relatório de Impacto à Proteção de Dados Pessoais; crie fluxo para atendimento dos direitos dos titulares dos dados; revise a Política de Privacidade e os Termos de Uso; adote medidas de transparência ativa, respeitando a jornada do usuário, incluindo privacy notices, opt-in e opt-out (quando aplicável); revise cláusulas de proteção de dados e elabore contrato-padrão para estabelecer obrigações entre agentes de tratamento (controlador e operador); não esqueça de implementar as melhores práticas de segurança da informação.

Passo 3: Estruturar a área de privacidade de acordo com o tamanho da empresa, volume de dados tratados e estrutura de governança. As *startups* que não realizam tratamento de alto risco estão dispensadas da indicação do encarregado. Mas, como a maioria dos negócios disruptivos utilizam tecnologia inovadora e processam um grande volume de dados, dificilmente a indicação do encarregado será facultativa. Nesses casos, o encarregado poderá ser um colaborador da startup com experiência na gerência do programa de privacidade ou até mesmo uma consultoria que atue como encarregado terceirizado.

Passo 4: Criar as políticas internas. Política de Proteção de Dados (que inclua o ciclo de vida dos dados); Política de Governança em Privacidade; Plano de Resposta a incidente de vazamento de dados; Política de Segurança da Informação.

Passo 5: Criar a missão, visão, manifesto ou declaração pública sobre como a organização lida com proteção de dados e privacidade. Crie sentenças curtas, seja criativo, gere confiança, pense num *pitch* ou discurso de elevador.

Os passos são apenas uma forma didática de abordar o assunto, não esgotam as medidas técnicas e organizacionais que podem e devem ser tomadas, nem precisam ser seguidos na ordem indicada. É indispensável priorizar as ações e implementá-las de acordo com a necessidade da empresa.

5. CONCLUSÃO

É possível que o respeito à privacidade e a inovação andem de mãos dadas, colocando o ser humano no centro de qualquer decisão sobre o que deve ser feito com seus dados pessoais, proporcionando um ambiente seguro para o desenvolvimento tecnológico, com consequências positivas para a economia e a humanidade.

As *startups* que implementarem soluções que protejam os dados e garantam a privacidade desde a concepção dos seus produtos e serviços, por meio de um Programa de Governança em Privacidade, vão ganhar a confiança dos seus consumidores e parceiros, uma melhor reputação no mercado e maior retorno em investimentos. Portanto, o impacto regulatório da LGPD será mitigado quando a dicotomia privacidade x inovação for superada e as empresas buscarem implementar soluções criativas para atender às melhores práticas globais de proteção de dados.

O Brasil ainda tem um longo caminho a percorrer na implementação de uma cultura de proteção de dados e privacidade. E, sem dúvida, a ANPD é o organismo indispensável para concretizar os fundamentos da LGPD, incluindo o desenvolvimento econômico, tecnológico e a inovação, por meio da criação de normas, orientações, procedimentos simplificados e diferenciados para as *startups*.

REFERÊNCIAS

BRASIL. Lei Complementar n. 182 de 1 de junho de 2021. Brasília: Presidência da República, Casa Civil, 2021. Disponível em: http://www.planalto.gov.br/ccivil_03/leis/lcp/Lcp182.htm. Acesso em: 22 maio 2022.

BRASIL. Lei Geral de Proteção de Dados. Brasília: Senado Federal, 2018. Disponível em: http://www.planalto.gov.br/ccivil_03/_ato2015-2018/2018/lei/L13709.htm. Acesso em: 18 ago. 2020.

BRASIL. Resolução CD/ANPD n. 2 de 27 de janeiro de 2022. Brasília: Autoridade Nacional de Proteção de Dados, 2022. Disponível em: https://in.gov.br/web/dou/-/resolucao-cd/anpd-n-2-de-27-de-janeiro-de-2022-376562019. Acesso em: 22 maio 2022.

CAVOUKIAN, Ann. Privacy by Design. The 7 Foundational Principles Implementation and Mapping of Fair Information Practices. 2011. Disponível em: https://iab.org/wp-content/IAB-uploads/2011/03/fred_carter.pdf. Acesso em: 20 set. 2020.

CONFERÊNCIA DAS NAÇÕES UNIDAS PARA O COMÉRCIO E DESENVOLVIMENTO. 2020. Disponível em: https://unctad.org/en/Pages/DTL/

STI_and_ICTs/ICT4D-Legislation/eCom-Data-Protection-Laws.aspx. Acesso em: 24 ago. 2020.

IGI. Índice Global de Inovação. 2019. Disponível em: https://www.wipo.int/export/sites/www/pressroom/pt/documents/pr_2019_834.pdf. Acesso em: 24 ago. 2020.

INLOCO. Descomplicando *Privacy by Design*. Um guia prático para implementar os 7 princípios fundamentais na sua empresa. 2020. Disponível em: https://www.inloco.com.br/hubfs/Privacidade%20-%20eBooks/Ebook-Descomplicando-PrivacyByDesign%2002.pdf?hsLang=pt. Acesso em: 20 set. 2020.

JIAN, Jia; JIN, Ginger Zhe; WAGMAN, Liad. The short-run effects of GDPR on technology venture investment. 2018. Disponível em: https://www.nber.org/papers/w25248. Acesso em: 12 ago. 2020.

MARTIN, Nicholas; MATT, Christian; NIEBEL, Crispin; BLIND, Knut. How Data Protection Regulation Affects Startup Innovation. 2019. Disponível em: https://link.springer.com/article/10.1007/s10796-019-09974-2#:~:text=Our%20theoretical%20framework%20identified%20two,their%20products%2Fideas%20compliant%20with. Acesso em: 20 set. 2020.

OECD. Regulatory reform and innovation. 1997. Disponível em: https://www.oecd.org/sti/inno/2102514.pdf. Acesso em: 18 ago. 2020.

PWC. GDPR Preparedness Pulse Survey. 2017. Disponível em: https://www.pwc.com/us/en/press-releases/2017/pwc-gdpr-compliance-press-release.html. Acesso em: 20 set. 2020.

14

A LGPD NA SAÚDE: DESAFIOS DA ADEQUAÇÃO À LGPD EM UMA CLÍNICA MULTIDISCIPLINAR

Fabiani Oliveira Borges da Silva

Para Luís (guerreiro glorioso) Fernando (que segue em frente com coragem), meu filho, Nando, por me ensinar, todos os dias, que o amor é uma potência infinita e desaprender tudo para aprender novamente é a lição.

1. INTRODUÇÃO

A Lei Geral de Proteção de Dados[1] (LGPD) finalmente está entre nós, em sua quase plena eficácia – considerando que os artigos 52, 53 3 54 entraram em vigor em 1º/08/2021 – após todos os revezes possíveis em suas sucessivas tentativas de postergação, em um cenário quase tão apocalíptico quanto um filme de Hollywood, provavelmente nunca antes imaginado por nenhum operador do Direito ou da área de tecnologia. A LGPD entrou em vigor em 18 de setembro de 2020, após a sanção da Lei 14.058/2020, que converteu a Medida Provisória 959 em lei, rejeitando o dispositivo que previa a derradeira tentativa de adiamento.

Decerto, tudo aquilo que o ecossistema de privacidade e proteção de dados vem alertando acerca das necessárias adequações de empresas e instituições, privadas e públicas, passou a ser prioridade, para ontem. É uma tarefa por vezes hercúlea explicar que se está falando de direitos personalíssimos,

---

[1] Lei 13.709, de 14 de agosto de 2018.

alçados à condição de direitos fundamentais[2], cuja proteção demanda medidas inter e multidisciplinares.

A realidade dos programas de adequação à LGPD, em que pese não seja algo novo para grandes empresas, é tema literalmente sensível quando mudamos o foco para as pequenas e médias empresas. As dificuldades são de várias ordens, desde orçamentos ínfimos à própria percepção de que são agentes controladores de dados, passando pelas velhas questões de cultura e educação.

O gargalo parece estreitar quando se se refere à área de saúde – naturalmente, em função da essência da sua atividade –, considerando não apenas o volume de dados pessoais, mas, principalmente, pela natureza deles: os chamados dados pessoais sensíveis, previstos no art. 5.º, II, da Lei 13.709/2018.

Com efeito, este artigo surge de uma percepção pessoal da autora, mãe de uma criança no Transtorno do Espectro Autista (TEA)[3-4], como também profissional que estuda e trabalha proteção de dados, ao perceber como, diuturnamente, os dados pessoais sensíveis e de menor de idade são compartilhados – para fins de tratamento do próprio menor – por pequenas estruturas empresariais, sem as devidas salvaguardas.

Nesse sentido, o presente artigo pretende, levantando a dificuldade das pequenas e médias empresas da área de saúde para a conformidade em privacidade e proteção de dados, explicar as possíveis soluções para uma adequação e implantação de medidas eficazes nos microssistemas desse setor.

2. OS DESAFIOS DA ADEQUAÇÃO À LGPD EM UMA CLÍNICA

O estudo do tema privacidade e proteção de dados é interdisciplinar e o viés jurídico perpassa, necessariamente, pela compreensão de alguns conceitos de tecnologia, exigindo do operador do Direito conhecimentos de ciências

---

[2] STF. Julgamento das ADIs 6.387, 6.388, 6.389, 6.390 e 6.393.

[3] O autismo ou "Transtorno do Espectro do Autismo (TEA)", é caracterizado por um transtorno que impacta o desenvolvimento da pessoa, podendo interferir na forma como ela percebe o mundo ao redor e interage com os outros, ocasionando desafios sociais, de comunicação (verbal ou não) e comportamentais. Trata-se de uma condição crônica, de uma deficiência neurológica, e não de uma doença. Disponível em: https://neuroconecta.com.br/o-que-e-o-transtorno-do-espectro--do-autismo-tea/. Acesso em: 10 jul. 2020.

[4] O Transtorno do Espectro Autista é para todos os fins legais uma deficiência, assim definida pela Lei 12.764/2012, chamada Lei Berenice Piana.

da informação, computação e segurança da informação, inclusive das suas próprias limitações nas áreas afins.

Sem sombra de dúvida, um dos maiores esforços nos estudos de tecnologia e direito, para além da mudança cultural que se enfrenta em inúmeras instituições, é a própria necessidade de união de esforços multidisciplinares. No caso, a adequação à LGPD na área de saúde, em si, potencializa exponencialmente a necessidade da compreensão de diversas áreas diferentes.

Há uma fala comum entre os operadores da área jurídica de que "estudaram Direito para não estudar Matemática", como inclusive destaca Augusto Marcacini[5]:

> Direito e Tecnologia, à primeira vista, poderiam ser comparados a duas substâncias que jamais se misturam. Como água e óleo. O Direito é uma ciência humana, e seus estudiosos, salvo poucas exceções, não costumam – ou, ao menos, não costumavam – despertar muito interesse pelas ciências exatas. Há até uma velha piada, costumeiramente contada nas Faculdades de Direito, segundo a qual, perguntado ao aluno primeiranista por que ele escolheu o curso, tem-se como resposta: "porque eu não gosto de Matemática".
>
> Na verdade, não há ramo do conhecimento que não possa ser relacionado com o Direito. O Direito regula a vida em sociedade. Isso significa dizer que cada aspecto do universo humano – a família, a vizinhança, o trabalho, os bens, o comércio e os negócios, a política, a ciência e o avanço tecnológico – merece sua atenção.

Superar tal limitação é o primeiro passo, pois avançar no ecossistema de saúde para realizar a aplicação da LGPD vai exigir a compreensão de direito, tecnologia, mas muito da dinâmica das áreas de saúde. Sim, no plural.

Isso porque, quando se fala em saúde, o pensamento parece se voltar para a classe médica e as grandes infraestruturas hospitalares. É um assombroso equívoco. A área de saúde possui redes de atuação comparáveis a teias de aranha: complexas, orgânicas, abrangentes e altamente reguladas, tanto públicas quanto privadas. E não, não se resumem à medicina.

Ao contrário, as estruturas terapêuticas que auxiliam a medicina ampliam a rede da saúde e são fundamentais ao desenvolvimento de pessoas, apoiadas na singularidade terapêutica de cada indivíduo, e envolvem, além da medicina, educação física, psicologia, fonoaudiologia, terapia ocupacional,

---

[5] MARCACINI, Augusto Tavares Rosa. *Direito e tecnologia*. São Paulo: Estúdio Editores, 2014. p. 5-6.

fisioterapia, nutrição, biologia, farmácia, bioquímica, musicoterapia e uma série de outros profissionais.

É de conhecimento comum que a praxe médica envolve, após o atendimento por aquele profissional, o encaminhamento do paciente à terapêutica auxiliar indicada a cada caso concreto. E aqui se vê o delineamento do recorte proposto do tema.

As clínicas multidisciplinares – que oferecem serviços em áreas de saúde diferentes – são uma realidade na vida de pacientes e familiares, especialmente de pessoas com deficiência, que demandam tais assistências por toda a vida ou mesmo por longos períodos.

O caso concreto sob análise trata-se de clínica multidisciplinar, de médio porte, que oferece atendimento às crianças, nas áreas de:

- Fonoaudiologia
- Terapia Ocupacional
- Psicologia
- Musicoterapia
- Neurologia Pediátrica
- Nutrição
- Psicopedagogia

De mera leitura pode-se observar que a empresa realiza tratamento de dados de seus usuários: a) sensíveis (dados de saúde) e b) de menores de idade. A luz vermelha da atenção já se acende de imediato. Os riscos saltam aos olhos na primeira leitura das atividades desempenhadas, considerando as vias estreitas do tratamento de dados sensíveis de menores, a teor dos arts. 5.º, II, 11 e 14, § 1.º, da LGPD.

Avançando mais na identificação das funções desempenhadas no negócio e dados tratados, os problemas vão se avolumando: incidência regulatória de diferentes conselhos profissionais; compartilhamento e guarda de documentos (relatórios, prontuários, atestados etc.) tanto em meio físico quanto em meio digital; tratamento de dados financeiros de pais e responsáveis; uso de aplicativos de mensagens em celulares pessoais; além das rotineiras aplicações comuns a basicamente todos os negócios (dados dos empregados, controle de jornada biométrica, contratos com fornecedores e terceiros, pouca ou nenhuma maturidade em segurança da informação e educação para privacidade e proteção de dados).

Agrava-se o caso com o momento peculiar da pandemia[6] de Covid-19, em que os atendimentos multidisciplinares foram migrados para a chamada telessaúde (teleatendimento, teleconsulta, telemonitoramento), autorizados pela Lei 13.989/2020, e mais preocupações foram adicionadas ao cenário da proteção de dados, após as Notas Técnicas 03, 04 e 07 da Agência Nacional de Saúde[7], que viabilizaram os atendimentos remotos durante a crise trazida pelo coronavírus.

Sobre as preocupações com o assunto, mais especificamente acerca da telemedicina, Angela Rosso e Carla Freitas[8] afirmam:

> A aplicação da telemedicina deve ir além do que simplesmente dispor de uma comunicação por vídeo entre médico e paciente. Neste sentido, muitos profissionais de saúde costumam utilizar ferramentas de comunicação como WhatsApp e Skype. Entretanto o compartilhamento de informações sigilosas e sensíveis, como dados de saúde, através destes meios, apresenta uma série de riscos e não garante os requisitos fundamentais de proteção à informação.
>
> É importante estabelecer ferramentas com a segurança inserida em toda a cadeia do processo: desde a marcação da consulta até o armazenamento dos dados em prontuário eletrônico, considerando inclusive etapas intermediárias como realização e compartilhamento de exames.

As fontes de dados, então, parecem só aumentar, considerando que os teleatendimentos, as teleconsultas e os telemonitoramentos passaram a ser a prática possível e efetiva nesse tipo de negócio, durante a pandemia.

No caso da clínica multidisciplinar em comento, há, ainda, um ponto específico que chama muita atenção: o uso de aplicativos de mensagens

---

6   BRASIL. Decreto Legislativo n.º 6, de 2020. Reconhece, para os fins do art. 65 da Lei Complementar n.º 101, de 4 de maio de 2000, a ocorrência do estado de calamidade pública, nos termos da solicitação do Presidente da República encaminhada por meio da Mensagem n.º 93, de 18 de março de 2020. Disponível em: http://www.planalto.gov.br/ccivil_03/portaria/DLG6-2020.htm#:~:text=DECRETO%20LEGISLATIVO%20N%C2%BA%206%2C%20DE,18%20de%20mar%C3%A7o%20de%202020. Acesso em: 10 jun. 2020.

7   Disponível em: http://www.ans.gov.br/aans/noticias-ans/coronavirus-covid-19/coronavirus-todas-as-noticias/5459-combate-ao-coronavirus-ans-define-novas--medidas-para-o-setor-de-planos-de-saude. Acesso em: 20 set. 2020.

8   ROSSO, Angela; FREITAS, Carla. Segurança da informação: importante elemento viabilizador dos atendimentos de saúde a distância. *E-book – Telemedicina*. Disponível em: https://www.lgpdacademicooficial.com.br/materiais/78837dcf-2cf5--41db-bd2a-e67bd267bc67. Acesso em: 17 set. 2020.

(WhatsApp) para comunicação entre profissionais e os pais e responsáveis, em um imenso volume de dados pessoais sensíveis de menores sendo utilizado.

O paciente nesse tipo de serviço comumente demanda atendimento em mais de uma área de saúde, com duas implicações práticas: os cuidadores costumam gravar vídeos de comportamentos dos(as) filhos(as) e compartilhá-los com os(as) profissionais, e/ou relatar tais situações; e os profissionais também dividem entre si tais dados, como estudo de caso, pelo mesmo mecanismo, muitas vezes realizado em dispositivos pessoais, sem as salvaguardas necessárias.

Todo esse contexto de atividades de tratamento de dados é realizado por microempresas ou empresas de pequeno porte da área de saúde que não possuem, em sua maioria: a) consciência de que é um agente de tratamento; b) de que exerce uma atividade sujeita às normas, c) da necessidade de adequação, d) da importância da conscientização dos envolvidos; e) da natureza sensível dos dados tratados; e f) de como resolver tudo isso sem parar os atendimentos necessários aos pacientes.

Um desafio e tanto. Como resolver uma equação tão cheia de fatores, contextos, atores, sujeitos, direitos e obrigações? Em que pese a máxima de que não há uma "bala de prata" na proteção de dados, há, ao reverso, inúmeros nortes, boas práticas e medidas efetivas que podem e devem ser adotadas, de maneira imediata, para mitigar os riscos de eventuais vazamentos.

3. SOLUÇÕES POSSÍVEIS

Em empresas menores não se veem, muitas vezes, estruturas organizacionais mais complexas ou compartimentalizadas em departamentos, mas sim um organograma simples, que costuma apresentar a divisão de competências, responsabilidades e tarefas.

Assim, as entrevistas com as pessoas que comandam e compõem o negócio se mostram mais efetivas e relevantes no sentido de fornecer a compreensão do funcionamento da empresa/instituição, das pessoas envolvidas, da hierarquia existente e, principalmente, quais, como, para qual finalidade, onde ficam, com quem são compartilhados e por quanto tempo os dados são ali tratados.

A diligência inicial permitirá o dimensionamento das atividades, possibilitando a investigação pormenorizada de cada uma delas, posteriormente, na medida em que o responsável pela adequação avançar na identificação e análise das falhas a serem corrigidas.

No caso da atividade-alvo deste artigo, as soluções possíveis e mais imediatas adotadas – especialmente considerando a vigência da LGPD em 18.09.2020 – passaram, necessariamente, pelas seguintes atividades: mapeamento das fontes e legislações; controle de acesso; conscientização; e consentimento eficaz. Obviamente não são as únicas nem exaurientes, mas, como dito, de maior relevância e urgência.

3.1. Mapeamento das fontes e legislações

O mapeamento das fontes dos dados e das legislações incidentes no negócio costumam ser mais que essenciais à adequação. O primeiro, porque efetivamente demonstrará quais dados são utilizados na atividade desenvolvida; o segundo, para identificação dos riscos jurídicos. Aqui vale o conselho gratuito: proteção de dados se relaciona com todos os ramos do Direito e acreditar que ela nasce e se encerra na LGPD é um ledo engano.

Um dos grandes equívocos de acreditar que apenas soluções tecnológicas ou políticas de privacidade ou mesmo boas práticas de segurança da informação, isoladamente, resolverão as questões da empresa ou instituição que se pretende adequar é, justamente, ignorar as questões jurídicas incidentes. E a recíproca também é verdadeira, isto é, crer que apenas a correção de falhas jurídicas soluciona a questão. Parafraseando a máxima juvenil popular: é um trabalho multi e interdisciplinar, aceite que doerá menos.

Nesse sentido, a compreensão de onde vêm os dados tratados naquela determinada atividade econômica e das regulações às quais ela se submete é o primeiro passo. Uma pesquisa da Serasa Experian[9] mostrou que, em média, 40% dos dados pessoais são coletados de forma pessoal, e isso tem um peso enorme nos pequenos e médios negócios.

A observação da tabela a seguir, na área de saúde e hospitalar, especificamente, demonstra que a coleta de forma pessoal e física é responsável por mais de 60% dos dados que entram nas empresas. Adicionando o *call center*, em que pequenas/médias empresas pode ser a recepção/marcação dos atendimentos, tem-se o grosso do tratamento de dados do negócio.

---

[9] Disponível em: https://www.consumidormoderno.com.br/2019/06/11/fonte-dados-pessoais-empresas/. Acesso em: 10 jul. 2020.

Top 10: Forma como a empresa coleta dados e permissões de uso	Financeiro (Bancos, Financeiras, Seguradoras e Corretoras) (%)	Comércio e Varejo (%)	Construção e Engenharia (%)	Saúde e Hospitalar (%)	Serviços (%)	Tecnologia (%)	Outros (%)	Média geral (%)
Pessoalmente (reuniões, feiras, eventos etc.)	40,9	43,9	35,5	34,8	38	33,3	40,6	39,4
Prospecção por e-mail	40,9	33,3	19,4	8,7	22,8	41,7	23,4	27,4
Call center	31,8	26	22,6	30,4	20,7	43,8	20,3	23,8
Empresas de banco de dados	31,8	22	12,9	13	25	37,5	18,8	22,8
Programa de fidelidade/afinidade	31,8	28,5	16,1	13	13	35,4	15,6	21,7
In-store / Fisicamente	31,8	16,3	19,4	26,1	17,4	14,6	29,7	20,3
Mídias Sociais	27,3	38,2	29	17,4	32,6	33,3	25	30,9
Mobile app	22,7	16,3	12,9	26,1	9,8	25	9,4	15,7
Website da empresa (desktop ou mobile)	18,2	24,4	25,8	4,3	16,3	45,8	26,6	25,2
Anúncios on-line	18,2	17,1	16,1	4,3	15,2	22,9	10,9	16,5

Fonte: Serasa Experian

As entrevistas pessoais com as gestoras da clínica objeto deste artigo levaram à identificação dos seguintes dados, locais de incidência e compartilhamento:

Dados pessoais	Dados sensíveis	Dados pessoais menores	Dados pessoais sensíveis menores	Onde	Compartilhamento com terceiros
Nome pais/responsável	Filiação sindical	Nome	Relatórios	Fichas de cadastro	Operadoras de saúde
E-mails	Exames admissionais/demissionais	Carteira plano saúde	prontuários	prontuários	Contabilidade
Telefones	Biometria	RG	atestados	atestados	Sistema/TI
RG		CPF	Vídeos comportamentos	relatórios	Jurídico
CPF		Data de nascimento		e-mails	Escolas
Nomes funcionários/prestadores		endereço		WhatsApp	Outras clínicas
Endereço				Arquivos	
CTPS				Sistema/TI	
Endereços					
Data de nascimento					

A partir desse levantamento é possível o delineamento das finalidades, guardas e salvaguardas, armazenamento e ciclo de vida dos dados. Sugere-se a realização de fluxograma/mapa mental para que "se enxergue" melhor essa dinâmica, pois a partir dela também ficará mais fácil a atribuição das legislações cabíveis e boas práticas a serem tomadas.

No caso concreto da clínica multidisciplinar de saúde, para além da LGPD, podemos exemplificar/citar o diálogo com as seguintes normas:

ÁREAS DE ATENDIMENTO	REGULAÇÕES ESPECÍFICAS	LEIS/REGULAÇÕES COMUNS
Fonoaudiologia	CREFONO	
Terapia Ocupacional	CREFITO	
Psicologia	CRP	CDC
Musicoterapia	UBAM	CC
		ECA
Neurologia Pediátrica	CFM	ANVISA
Nutrição	CRN	ANS
		MUNICIPAIS (ISS, TFF)
		ETC
		CLT
Psicopedagogia	CRP	

O atendimento de crianças naquela unidade é uma prestação de serviço, de caráter consumerista, regulada por uma série de dispositivos legais, cuja responsabilidade civil dos profissionais empregados e/ou prestadores de serviço é igualmente complexa, do ponto de vista jurídico, ou seja, um eventual vazamento de dados, em uma clínica multidisciplinar, poderá acarretar uma série de responsabilizações jurídicas de várias ordens – cível, trabalhista, consumerista, disciplina etc.

Entre as inúmeras necessidades de correção verificadas, cita-se como de maior importância e urgência o controle de acesso. Por quê? Porque o que se percebe nesse caso em comento é a permissividade/possibilidade de múltiplos atores/sujeitos com acesso livre a dados pessoais – especialmente os dados sensíveis de menores de idade –, sem registros de quem, como ou onde, teve acesso/compartilhou documentos e/ou dados.

3.2. Controle de acesso

As políticas de controles de acesso estão bem definidas na NBR ISO/IEC 27002:2013 – reforçando a inter e a multidisciplinaridade de um programa de adequação mais uma vez – e são muito conhecidas dos especialistas em segurança da informação.

Efetivamente, então, há um norte a ser seguido, de fácil compreensão e implantação. Ora, se os prontuários são físicos e estão em armários, estes precisam de tranca física e registro de quem pode acessá-lo, quando o fez, seja em livro de protocolo, seja qualquer outro tipo de controle de acesso.

Se os relatórios estão em um servidor ou em um sistema de gestão em nuvem, por óbvio é preciso saber, igualmente, quem pode lê-los, imprimi-los, alterá-los, compartilhá-los, quando, como, de qual dispositivo o fez, isto é, registros de *logs* de acesso (além de senhas seguras, múltiplo fator de autenticação, e todas as recomendações para essa atividade).

Há compartilhamento de vídeos dos comportamentos dos pacientes para/entre os profissionais; isso é essencial à atividade? Que sejam realizados apenas em celulares corporativos, uma vez que, como se sabe, é permitido o monitoramento pelo empregador de *e-mails*, celulares e computadores que tenham sido disponibilizados para o exercício da atividade do empregado pelo empregador.

O monitoramento desses dispositivos pelo empregador não configura violação da privacidade do empregado, desde que este seja previamente avisado ou informado, quer por cláusula contratual ou por ciência de norma interna e geral da empresa ou instituição, conforme entendimento pacífico do Tribunal Superior do Trabalho[10].

Vê-se que os controles de acesso, físicos ou digitais são medidas que devem ser urgentemente adotadas como forma de minimização de riscos.

3.3. Conscientização

As medidas educativas são parte importante – quiçá basilares – da aplicação da LGPD, e isso é expressamente mencionado no art. 50 da norma quando o legislador incumbe controladores e operadores de inúmeras atividades de boas práticas de segurança, nos seus âmbitos internos, entre elas as ações educativas.

---

[10] TST-RR 183240-61.2003.5.05.0021, Rel. Min. Renato de Lacerda Paiva; e TST--RR-61300-23.2000.5.10.0013, Rel. Des. João Oreste Dalazen.

Quando se fala em conscientização, é propositadamente para se conduzir a um pensamento mais amplo, em que não se restrinja ao treinamento de funcionários, tampouco à educação de usuário ou cliente final, mas de um todo, que envolva, ainda, a própria percepção das empresas e instituições de seus papéis como agentes de tratamento.

É comum que gestores e donos do negócio nem sequer saibam que realizam tratamento de dados pessoais, ou nem mesmo enxerguem a necessidade de adequação do negócio, então esse é o primeiro desafio da conscientização: reconhecer-se como controlador ou operador de dados pessoais, como agente de tratamento e convencer-se da necessidade de cumprimento das regras da LGPD.

Vencida essa primeira etapa, a criação de uma cultura de privacidade e proteção de dados, inevitavelmente, passará pela educação dos demais sujeitos: usuários ou clientes finais, empregados e prestadores de serviço e outras pessoas envolvidas na atividade desenvolvida. E essa é talvez a etapa mais árdua, porque educar não é tarefa fácil.

Nesse quesito, a conscientização pode ser encarada como uma educação em duas vertentes: uma no amor e outra na dor. Explica-se: no amor, é a obtida com a fácil adaptação de todos os envolvidos às novas medidas necessárias, de forma que eles se percebam como agentes atuantes a evitar incidentes de segurança e vazamentos de informação, e eles próprios realizem a devida mudança de comportamento. De outra banda, a educação na dor é aquela em que se precisa demonstrar as consequências maléficas do não cumprimento das posturas essenciais: sanções e multas da própria LGPD, responsabilização civil, possibilidade de demissões por justa causa etc.

Em que pese educar no amor seja sempre mais fácil e agradável, é preciso deixar claras as possíveis "dores" a todos os envolvidos, a fim de evitar surpresas desagradáveis no curso da atividade econômica. Um clássico exemplo na área de saúde é o compartilhamento de fotos de prontuários, receitas e outros documentos com dados sensíveis de pacientes realizados por funcionários de clínicas e hospitais, sendo emblemática a demissão de uma médica do Hospital Sírio Libanês – referência no setor – após compartilhar diagnóstico da esposa do ex-Presidente Luiz Inácio Lula da Silva, D. Marisa Letícia, em grupo de WhatsApp[11].

Note-se que sequer havia a LGPD à época, mas a responsabilização pelo vazamento da informação médica – sigilosa para o paciente – foi passível de

---

[11] Disponível em: https://g1.globo.com/sao-paulo/noticia/medica-do-sirio-libanes--e-demitida-apos-compartilhar-diagnostico-de-dona-marisa-em-grupo-de--whatsapp.ghtml. Acesso em: 10 jul. 2020.

punição trabalhista, além de configurar infração ética-disciplinar no Conselho de Classe respectivo.

Educar pessoas é um dos grandes desafios de qualquer projeto de adequação. Elba Vieira[12] costuma falar em suas apresentações que segurança da informação envolve processos, tecnologias e pessoas, e, nesse caso, mais especificamente, ela diz que:

> As pessoas que lidam com dados pessoais têm um papel fundamental no seu uso seguro, estejam eles em meio físico ou digital. O fator humano precisa ser encarado como um ponto importante de fragilidade e que precisa de observação constante, treinamentos e capacitações periódicas.
>
> Um Programa de Treinamento de Pessoas, numa Organização deve criar condições para sensibilizar todos aqueles que, de alguma forma, lidam com dados pessoais. É importante pensar na redução de riscos e incidentes de segurança e uma das formas que podem ser alcança (*sic*) é através da disseminação de práticas positivas de segurança, de forma periódica para adoção de comportamento proativo e preventivo diante das ameaças. Quanto mais os usuários praticam a segurança, mais a Organização poderá estar protegida contra ameaças diversas.

É de suma importância falar de maneira acessível para cada um dos envolvidos dentro da organização, o que implica encontrar mecanismos de compreensão para diferentes públicos, pois, decerto, não se explicarão privacidade e proteção de dados ao *C-level* da mesma forma que se falará para o chão de fábrica. As estratégias educacionais devem ser adaptadas para cada público destinatário da conscientização que se deseje implementar.

Por exemplo, ainda no caso objeto deste artigo, convencer secretárias ou recepcionistas de que elas não devem compartilhar documentos com dados sensíveis de menores – um prontuário, para fins de exemplificação – por aplicativo de mensagem, para a profissional que atua na clínica e está a pedir o documento por meio do telefone pessoal daquelas? Há, aí, questões que perpassam pelo "medo" que a profissional demandada tem, com relação à posição "hierárquica" da solicitante, até mesmo a "simpatia" mútua que se desenvolve em ambientes de trabalho e que acaba facilitando a burla das normas.

---

[12] VIEIRA, Elba. A proteção de dados desde a concepção (*by design*) e por padrão (*by default*). In: MALDONADO, Viviane et al (coord.). *LGPD – Lei Geral de Proteção de Dados*: manual de implementação. São Paulo: Thomson Reuters/RT, 2019. p. 209-245.

Não são simples regras contratuais que conseguirão convencer um grupo de pessoas de formações e convicções éticas, acadêmicas e pessoais a adotar, da noite para o dia, tais comportamentos.

A conscientização para privacidade é semente plantada em terreno árido, que precisa de correção de solo, irrigação frequente e cuidado constante para que se consiga fazer a "árvore" da proteção de dados crescer e dar frutos.

3.4. Consentimento eficaz

Um último – não derradeiro, tampouco menos prioritário – ponto a ser considerado nesse caso concreto de aplicação da LGPD é um consentimento eficaz. Como visto, a atividade, o *core business,* dessa média empresa de saúde envolve, essencial e necessariamente, o tratamento de dados pessoais sensíveis e de menores de idades.

Bruno Bioni[13] explica que os dados pessoais sensíveis apresentam uma tipologia diferente, considerando que seu conteúdo permite uma vulnerabilidade maior ao seu titular:

> Os dados sensíveis são uma espécie de dados pessoais que compreendem uma tipologia diferente em razão de o seu conteúdo oferecer uma especial vulnerabilidade: discriminação.
>
> [...]
>
> É possível, portanto, identificar individualidades mais sensíveis das pessoas, tais como orientação sexual, raça e estado de saúde, a partir de informações triviais.
>
> [...]
>
> Exatamente por esse motivo leis de proteção de dados pessoais, incluindo a brasileira, dedicam um regime jurídico mais protétivo em relação a dados sensíveis com o intuito de frear práticas discriminatórias.
>
> Tal tutela jurídica procura assegurar que o titular dos dados pessoais possa se relacionar e se realizar perante a sociedade, sem que eventuais práticas frustrem tal projeto.

Infere-se, portanto, do caso em apreço que não há outra possibilidade de enquadramento de base legal, nesse exemplo, que não seja o consentimento,

---

[13] BIONI, Bruno Ricardo. *Proteção de dados pessoais*: a função e os limites do consentimento. Rio de Janeiro: Forense, 2019.

previsto nos arts. 11, I, e 14, § 1.º, da LGPD. E isso é um ponto de extrema importância a ser observado. No dizer de Danilo Doneda[14]:

> O consentimento do titular para o tratamento de seus dados pessoais é um dos pontos mais sensíveis de toda a disciplina de proteção de dados pessoais; por meio dele, o direito civil tem a oportunidade de estruturar, a partir da consideração da autonomia da vontade, da circulação de dados e dos direitos fundamentais, uma disciplina que ajuste os efeitos desse consentimento à natureza dos interesses em questão.
>
> O consentimento, nas matérias que envolvem diretamente a personalidade, assume hoje um caráter bastante específico. A evolução tecnológica é responsável por um crescimento das possibilidades de escolha que podem ter reflexos diretos para a personalidade, visto que várias configurações possíveis, referentes tanto à privacidade como à imagem, identidade pessoal, disposições sobre o corpo e outras, dependem, em alguma medida de uma manifestação da autonomia privada.

Observa-se que, embora a LGPD em seu art. 5.º, XII, defina que o consentimento deverá ser uma "manifestação livre, informada e inequívoca pela qual o titular concorda com o tratamento de seus dados pessoais para uma finalidade determinada", a prática revela algumas questões mais complicadas.

Sobre o assunto, Caitlin Mulholland[15] explica que:

> Considera-se consentimento livre e esclarecido – para efeitos deste artigo, consentimento informado – a anuência, livre de vícios, do titular de dados, após acesso prévio, completo e detalhado sobre o tratamento dos dados, incluindo sua natureza, objetivos, métodos, duração, justificativa, finalidades, riscos e benefícios, assim como de sua liberdade total para recusar ou interromper o tratamento de dados em qualquer momento, tendo o controlador ou operador a obrigação de informar ao titular dos dados, em linguagem adequada, não técnica, para que ele a compreenda (Konder, 2003, 61). Portanto, em havendo o consentimento informado prévio do titular dos dados pessoais sensíveis, o seu tratamento estará autorizado. O consentimento deve ser também qualificado pela finalidade do

---

[14] DONEDA, Danilo. *Da privacidade à proteção de dados pessoais*. 2. ed. São Paulo: Thomson Reuters/RT, 2019. p. 296-297.

[15] MULHOLLAND, Caitlin. Dados pessoais sensíveis e consentimento na Lei Geral de Proteção de Dados Pessoais. Disponível em: https://www.migalhas.com.br/coluna/migalhas-de-vulnerabilidade/329261/dados-pessoais-sensiveis-e--consentimento-na-lei-geral-de-protecao-de-dados-pessoais. Acesso em: 16. jul. 2020.

tratamento, isto é, a aquiescência para o tratamento de dados deve ser delimitada pelo propósito para o qual os dados foram coletados, sob pena de abusividade ou ilicitude do tratamento a gerar eventual responsabilidade do agente de tratamento. Com base neste princípio da finalidade, Maria Celina Bodin de Moraes, em apresentação à obra de Stefano Rodotà, entende que o tratamento de dados e especialmente a sua coleta "não pode ser tomada como uma 'rede jogada ao mar para pescar qualquer peixe'. Ao contrário, as razões de coleta, principalmente quando se tratar de 'dados sensíveis', devem ser objetivas e limitadas" (Moraes, 2008, p. 9). A medida dessa objetividade e limitação será determinada justamente pela finalidade legítima do tratamento, que fica condicionada "à comunicação preventiva ao interessado sobre como serão usadas as informações coletadas; e para algumas categorias de dados especialmente sensíveis estabelece que a única finalidade admissível é o interesse da pessoa considerada" (Rodotà, 2008, p. 87). Por específico, deve-se entender que o consentimento é manifestado para um fim concreto. Em sentido contrário, a manifestação de vontade genérica e sem restrições de qualquer natureza autorizando o tratamento de dados é vedada expressamente por lei. Portanto, pode-se compreender que a característica da especificidade irá se concretizar por meio da delimitação do objeto ou da finalidade do tratamento dos dados sensíveis. Por exemplo, deve-se especificar que a coleta por uma seguradora de saúde de dados sobre doenças preexistentes só estará legitimada se restrita a essas informações – doenças preexistentes – estando excluídas de tratamento todas as demais informações sobre a situação de saúde do contratante. Em outras palavras, o tratamento de dados fica restrito àqueles que se referem a doenças preexistentes, devendo o consentimento de forma expressa e específica indicar esse objetivo. De outro lado, o consentimento para o tratamento de dados pessoais sensíveis deve ser destacado, significando que para sua validade a manifestação de vontade, além de se referir a dados determinados – especificidade –, deverá também vir em destaque no instrumento de declaração autorizativa para o tratamento de dados. Por fim, o princípio da finalidade do tratamento de dados impõe que somente será legítima a declaração de vontade que estiver ligada a um objetivo específico para seu tratamento. Mais uma vez, declarações genéricas para tratamento de dados pessoais sensíveis serão tidas como desprovidas de validade, na medida em que devem necessariamente se referir a uma concreta finalidade. Essa relação causal é condição necessária para a efetividade do consentimento.

O tema é simples, porém espinhoso. Seja em meio físico, seja em meio digital, há uma ideia preconcebida do "assinar, se livrar, e usar", como forma de ter acesso a um serviço ou produto que trate dados pessoais. Não pode ser assim e não deve ser assim.

A compreensão do que se está consentindo, da maneira como aquela autorização está sendo obtida e para qual finalidade ela servirá deverá ficar clara e inconteste para o titular de dados. Nas clínicas de atendimento multidisciplinar, como alhures mencionado, tais explicações precisam ser exaustiva e transparentemente entregues a pais de crianças, de indivíduos menores de idade – os titulares dos dados do serviço a ser prestado –, que deverão inequivocamente compreender o porquê daquele consentimento, quais os dados estão sendo coletados, tratados, armazenados, com quem estão sendo compartilhados e para qual finalidade.

É um desafio prático grande. Quantas vezes, você, leitor, parou para ler algum termo nesse sentido? Exemplo: ao doar sangue, em um laboratório de análise clínicas, você leu/compreendeu o termo de consentimento que assinou? Estavam lá as finalidades ou com quem o laboratório dividiria as informações? Muito provavelmente não. E não seria diferente, portanto, em pequenas e médias clínicas multidisciplinares.

Alguns podem pensar, mas não seria caso de aplicar a base legal do art. 11, II, *f*, para tutela da saúde? Sim, é possível imaginar tal hipótese de dispensa, considerando que os serviços prestados por clínicas multidisciplinares são da área de saúde, mas lembrem-se que no caso concreto os titulares dos dados são de menores de idade, incidindo, na espécie, o art. 14 da LGPD.

Avançando no tema, naquele local, de 70% a 80% dos cuidadores serão mulheres[16], sobrecarregadas[17] e experimentando estresse[18] comparado ao de um soldado em linha de combate, com múltiplas atividades e atendimentos em andamento, ou seja, haverá real dificuldade de cognição, compreensão e internalização da importância de um consentimento naquela situação.

---

[16] Disponível em: https://agenciabrasil.ebc.com.br/economia/noticia/2017-03/ibge-mulher-%C3%A9-principal-responsavel-pela-crianca-no-domicilio. Acesso em: 20 set. 2020.

[17] Disponível em: https://scielosp.org/pdf/csc/2017.v22n11/3625-3634/pt Acesso em: 15 jun. 2020.

[18] Disponível em: https://www.gazetadopovo.com.br/vida-e-cidadania/com-o-autismo-dentro-de-casa-0np3727rtj7409tcu9lai9cum/#:~:text=Cansa%C3%A7o%3A%20N%C3%ADvel%20de%20estresse%20de,of%20Autism%20and%20Developmental%20Disorders. Acesso em: 19 set. 2020.

É de observar, no entanto, que tal exigência é expressa determinação legal, com implicâncias posteriores que refletem nos próprios direitos dos titulares – revogação do consentimento, art. 18, IX –, bem como na responsabilização daquele agente de tratamento.

Curioso notar como a questão do consentimento está intimamente ligada à conscientização do usuário, e, crê-se, como a privacidade e a proteção de dados parecem fazer parte de uma engrenagem maior, que coexistem e interdependem entre si e "movem-se" a partir de uma "viscosidade" possibilitada pela educação.

Obter o consentimento eficaz é, sem dúvida, um desafio na prática do setor, mas constitui premissa básica para a atividade que se dispõe a realizar.

4. CONCLUSÃO

A ideação do presente artigo parte de uma observação prática pessoal, em função do convívio quase que diário desta autora, como mãe de uma criança com deficiência, com a realidade das clínicas de saúde multidisciplinares, que já perfaz mais de nove anos, e de se enxergar como responsável pelo compartilhamento – tantas vezes – de dados de saúde de um menor de idade, em inúmeras circunstâncias ao longo desses anos.

A proximidade com tal realidade, de fato, facilita o trabalho de adequação, em função de uma melhor compreensão daquelas rotinas, mas não diminui em nada os percalços, que – espera-se – possam ser diminuídos após esta leitura, ajudando, então, outras pessoas que estejam enfrentando os mesmos obstáculos.

Os desafios para adequação de pequenas e médias empresas da área de saúde são grandes e devem ser vivenciados com cautela e cuidado por quem se dispor a lidar com o tema. As realidades mudarão de negócio para negócio, cidade para cidade, Estado para Estado, considerando as dimensões de um país como o Brasil e suas características tão díspares.

Enfrentar tais dificuldades requer prática e habilidades transdisciplinares, com reconhecimento das limitações dos profissionais de cada área que estejam envolvidos em uma jornada de conformidade à LGPD. Essa é a primeira premissa que se precisa estabelecer.

Perceber, outrossim, como funciona a realidade da atividade de cada cliente deve ser a segunda verdade norteadora do trabalho a ser desenvolvido. Só com esses dois balizamentos é possível seguir. E seguir implicará outra certeza: a série de estudos que não param e exigem atenção diuturna daqueles que se debruçam sobre a matéria.

A atualização mais importante dela, inclusive, acredita-se, tenha ocorrido antes mesmo da vigência da LGPD, quando o Supremo Tribunal Federal julgou a Ação Direta de Inconstitucionalidade 6.389 (acerca do compartilhamento de dados das operadoras de telefonia com o IBGE).

O que se infere daquela emblemática decisão é de suma importância para o recém-nascido ecossistema de proteção de dados brasileiro: o "reconhecimento da proteção de dados enquanto um direito fundamental autônomo"[19], criando uma "releitura da cláusula do devido processo em meio a um cenário crescente de automatização de processos de tomadas de decisão que afetam as liberdades dos indivíduos, que já tem sido chamado devido processo informacional"[20].

O voto do Ministro Gilmar Mendes naquele julgado evidencia que:

> É possível identificar como corolário da dimensão subjetiva do direito à proteção de dados pessoais, a preservação de verdadeiro "devido processo informacional" (*informational due process privacy right*), voltado a conferir ao indivíduo o direito de evitar exposições de seus dados sem possibilidades mínimas de controle, sobretudo em relação a práticas de tratamento de dados capazes de sujeitar o indivíduo a julgamentos preditivos e peremptórios.

Mais que a busca pela conformidade, vê-se um ramo do direito nascer e ser alçado à condição de garantia constitucional antes mesmo de ser, efetivamente, incluído na Constituição Federal[21], por meio da expressa maioria de votos da mais alta Corte judicial do País. E isso é muito importante, pois demonstra a pretensão do grau de maturidade acadêmica e prática que o setor deverá atingir nos próximos anos.

Se a ideia inicial partiu de uma experiência pessoal, a conclusão deste é tão pessoal quanto, isto é, a lida diária da privacidade e proteção de dados

---

[19] BIONI, Bruno Ricardo; MARTINS, Pedro. Devido processo informacional: um salto teórico-dogmático necessário? Disponível em: https://dataprivacy.com.br/devido-processo-informacional-um-salto-teorico-dogmatico-necessario/ Acesso em: 23 jul. 2020.

[20] BIONI, Bruno Ricardo; MARTINS, Pedro. Devido processo informacional: um salto teórico-dogmático necessário? Disponível em: https://dataprivacy.com.br/devido-processo-informacional-um-salto-teorico-dogmatico-necessario/ Acesso em: 23 jul. 2020.

[21] Proposta de Emenda Constitucional 17/2019. Disponível em: https://www.camara.leg.br/proposicoesWeb/fichadetramitacao?idProposicao=2210757. Acesso em: 10 jun. 2020.

é, sem nenhuma dúvida, uma busca incessante por conhecimento e ela se explica, ou se espelha, em uma troca de conhecimento muito similar àquela das próprias clínicas de multidisciplinares: a reunião de uma conjuntura de especialidades para cuidar de um indivíduo.

Lá, as diversas áreas de saúde reúnem-se, por óbvio, para tratar do paciente com alguma patologia ou síndrome que demanda o tratamento em conjunto. Por aqui, no universo da LGPD, a "paciente" é a privacidade e os profissionais do Direito, Tecnologia, Segurança da Informação, e outros, também de forma conjunta, são e serão os "cuidadores" daquela, por meio das práticas de proteção de dados.

REFERÊNCIAS

BIONI, Bruno Ricardo. *Proteção de dados pessoais*: a função e os limites do consentimento. Rio de Janeiro: Forense, 2019.

BIONI, Bruno Ricardo; MARTINS, Pedro. Devido processo informacional: um salto teórico-dogmático necessário? Disponível em: https://dataprivacy.com.br/devido-processo-informacional-um-salto-teorico-dogmatico-necessario/ Acesso em: 23 jul. 2020.

BRASIL. Câmara dos Deputados. Proposta de Emenda Constitucional n.º 17/2019. Altera a Constituição Federal para incluir a proteção de dados pessoais entre os direitos e garantias fundamentais e para fixar a competência privativa da União para legislar sobre proteção e tratamento de dados pessoais. Senado Federal. 03 de julho de 2019. Disponível em: https://www.camara.leg.br/proposicoesWeb/fichadetramitacao?idProposicao=2210757. Acesso em: 10 jun. 2020.

BRASIL. Decreto Legislativo n.º 6, de 2020. Reconhece, para os fins do art. 65 da Lei Complementar n.º 101, de 4 de maio de 2000, a ocorrência do estado de calamidade pública, nos termos da solicitação do Presidente da República encaminhada por meio da Mensagem n.º 93, de 18 de março de 2020. Disponível em: http://www.planalto.gov.br/ccivil_03/portaria/DLG6-2020.htm#:~:text=-DECRETO%20LEGISLATIVO%20N%C2%BA%206%2C%20DE,18%20de%20mar%C3%A7o%20de%202020. Acesso em: 10 jun. 2020.

BRASIL. Lei n.º 13.709, de 14 de agosto de 2018. Dispõe sobre a proteção de dados pessoais e altera a Lei n.º 12.965, de 23 de abril de 2014 (Marco Civil da Internet). Disponível em: http://www.planalto.gov.br/ccivil_03/_ato2015-2018/2018/Lei/L13709.htm. Acesso em: 27 dez. 2018.

BRASIL. Medida Provisória n.º 869, de 27 de dezembro de 2018. Altera a Lei n.º 13.709, de 14 de agosto de 2018, para dispor sobre a proteção de dados pessoais e para criar a Autoridade Nacional de Proteção de Dados, e dá outras providências. Disponível em: http://www.planalto.gov.br/ccivil_03/_Ato2015-2018/2018/Mpv/mpv869.htm#art1. Acesso em: 8 jan. 2019.

BRASIL. Supremo Tribunal Federal (3.ª Turma). Ação Direta de Inconstitucionalidade n.º 6.389. Relatora: Min. Rosa Weber, 07.05.2020. Disponível em: http://portal.stf.jus.br/processos/detalhe.asp?incidente=5895168. Acesso em: 20 set. 2019.

BRASIL. Tribunal Superior do Trabalho. Recurso de Revista n.º 183240-61.2003.5.05.0021. Relator: Renato de Lacerda Paiva. Acórdão: 05.09.2012. Disponível em: https://jurisprudencia.tst.jus.br/. Acesso em: 18 set. 2020.

BRASIL. Tribunal Superior do Trabalho. Recurso de Revista n.º 61300-23.2000.5.10.0013. Relator: Relator: João Oreste Dalazen, 18.05.2005. Disponível em: https://jurisprudencia.tst.jus.br/ Acesso em: 18 set. 2020.

DONEDA, Danilo. *Da privacidade à proteção de dados pessoais*. 2. ed. São Paulo: Thomson Reuters/RT, 2019.

KONDER, Carlos Nelson. O consentimento no biodireito: os casos dos transexuais e dos wannabes. Revista *Trimestral de Direito Civil*, v. 15, p. 41-71, 2003.

MALDONADO, Viviane *et al* (coord.). *LGPD – Lei Geral de Proteção de Dados Comentada*. São Paulo: Thomson Reuters/RT, 2019.

MALDONADO, Viviane Nóbrega; OPICE BLUM, Renato *et al.* (coord.). *Comentários ao GDPR*. São Paulo: RT, 2018.

MARCACINI, Augusto Tavares Rosa. *Direito e tecnologia*. São Paulo: Estúdio Editores, 2014.

MENDES, Laura Schertel. Privacidade, proteção de dados e defesa do consumidor. Linhas gerais de um novo direito fundamental. São Paulo: Saraiva, 2014.

MONTEIRO, Renato Leite *et al*. Dados de saúde e a proteção de dados: estudo de casos. Disponível em: https://baptistaluz.com.br/wp-content/uploads/2019/06/Guia-Saude-Bluz-Final-com-autores-2.pdf. Acesso em: 27 jun. 2020.

MORAES, Maria Celina Bodin de. Apresentação. *In*: RODOTÁ, Stefano. *A vida na sociedade de vigilância*: privacidade hoje. Rio de Janeiro: Renovar, 2008.

MULHOLLAND, Caitlin. Dados pessoais sensíveis e a tutela de direitos fundamentais: uma análise à luz da Lei Geral de Proteção de Dados (Lei 13.709/18). *Revista de Direitos e Garantias Fundamentais*, v. 19, 2018.

MULHOLLAND, Caitlin. Dados pessoais sensíveis e consentimento na Lei Geral de Proteção de Dados Pessoais. Disponível em: https://www.migalhas.com.br/coluna/migalhas-de-vulnerabilidade/329261/dados-pessoais-sensiveis-e--consentimento-na-lei-geral-de-protecao-de-dados-pessoais. Acesso em: 16 jul. 2020.

PALHARES, Felipe *et al.* (coord.). *Temas atuais de proteção de dados*. São Paulo: Thomson Reuters/RT, 2020.

PINHEIRO, Patrícia Peck. Proteção de dados pessoais: comentários à Lei 13.709/2018 (LGPD). São Paulo: Saraiva Educação, 2018.

POLLI, Marina *et al*. As repercussões legais do vazamento de prontuários médicos e as boas práticas em tempos de coronavírus. Disponível em: https://baptistaluz.

com.br/institucional/vazamento-de-prontuarios-medicos-coronavirus/. Acesso em: 16 ago. 2020.

RODOTÀ, Stefano. A *vida na sociedade de vigilância*: privacidade hoje. Rio de Janeiro: Renovar, 2008.

ROSSO, Angela; FREITAS, Carla. Segurança da informação: importante elemento viabilizador dos atendimentos de saúde a distância. *E-book – Telemedicina*. Disponível em: https://www.lgpdacademicooficial.com.br/materiais/78837d-cf-2cf5-41db-bd2a-e67bd267bc67. Acesso em: 17 set. 2020.

VIEIRA, Elba. A proteção de dados desde a concepção (*by design*) e por padrão (*by default*). *In*: MALDONADO, Viviane *et al* (coord.). *LGPD – Lei Geral de Proteção de Dados*: manual de implementação. São Paulo: Thomson Reuters/RT, 2019.

Parte 4

APLICAÇÃO DA LGPD
NO SETOR DE PRODUÇÃO

15

A LGPD E A INDÚSTRIA FARMACÊUTICA

Cintia Ricco e Liana I. A. Cunha Crespo

1. INTRODUÇÃO

O desenvolvimento da sociedade tem trazido mudanças importantes na forma como interagimos com nossos amigos, como fazemos compras ou adquirimos conhecimento intelectual e como buscamos tratamento e cuidamos da saúde.

Há algum tempo assistimos como a Internet e a globalização têm impactado o mundo. De maneira muito positiva, o avanço da tecnologia e a criação de ferramentas eletrônicas contribuem muito para a melhoria de processos e maior eficiência de medicamentos, tratamentos e para o desenvolvimento de *medical devices*[1]. Contudo, se, por um lado, a tecnologia ajuda e impulsiona soluções também na medicina e consequentemente na qualidade de vida dos pacientes, de outro, pode facilitar a exposição negativa de informações sensíveis de algumas pessoas em razão do uso de dados pessoais, aumentar o risco de vulnerabilidade dos titulares desses dados.

A utilização de dados é prática comum no dia a dia de toda e qualquer empresa, em qualquer ramo de atuação. Seja com relação aos dados dos funcionários, seja quanto aos dados de clientes que fazem uma compra e terão eventualmente que fazer uma troca, seja, ainda, em razão dos dados de pessoas que, por serem portadoras de doença grave, precisam de tratamento contínuo e de alto custo.

Por essa razão, a proteção de dados pessoais é um tema bastante atual, que desafia obstáculos ao deparar-se com novas tecnologias, o avanço da

---

[1] *Medical Devices*: da língua inglesa, dispositivos médicos.

ciência e *machine learning*, desenvolvimento de novas ferramentas da Internet, o que impacta todos os setores industriais e a sociedade, incluindo, com destaque e muita relevância, a área da saúde. Consequentemente, além de todos os cuidados convencionais e reais sobre dados e assuntos relacionados a profissionais de saúde e pacientes, temos um exercício mais recente de tomada de consciência sobre a utilização de dados.

Com o passar do tempo, algumas iniciativas foram implementadas com o objetivoo passar do tempo, algumas iniciativas foram implementadas com o objetivo de claramente comercializar dados, sem que os titulares destes tivessem conhecimento, ou ainda que esses titulares permitissem que isso acontecesse. Até recentemente, *sites* como *tudo sobre todos*, e outros equivalentes, forneciam dados pessoais. Essas iniciativas começaram a ser questionadas não apenas por reunirem informações já disponíveis nas redes, mas inclusive por uma responsabilidade criminal dos responsáveis por reunir esses dados e disponibilizá-los ou, pior, comercializá-los[2].

Assim como toda forma de interação, a utilização de dados, seja ela digital ou não, deve ser ética. Embora essa discussão pareça óbvia, foi com o advento da tecnologia e de situações como essas que as pessoas começaram a se perguntar sobre o que seria um emprego adequado de seus dados. Outro escândalo que contribuiu muito para essa tomada de consciência no público geral foi o caso da *Cambridge Analytica*[3], que demonstrou como o uso de dados manipulou e influenciou as eleições dos Estados Unidos.

Esses fatos tornaram públicas e suscitaram as discussões sobre a importância de uma legislação que não apenas estabelecesse limites, mas também impusesse responsabilização daqueles que não os respeitam. Em razão disso, a sociedade tem buscado de maneira muito forte que seus dados sejam respeitados, que exista transparência nas interações para que o indivíduo possa ser realmente titular de seus dados, e não apenas manipulado com a utilização deles.

---

[2] Sobre esse tema, discorreu Marcelo Crespo no artigo: Sobre os *sites* que divulgam dados pessoais: uma análise sob a perspectiva criminal. Disponível em: https://www.academia.edu/14486055/Sobre_os_sites_que_divulgam_dados_pessoais_uma_an%C3%A1lise_sob_a_perspectiva_criminal. Acesso em: 4 out. 2020.

[3] Para saber mais sobre o caso da Cambridge Analytica, leia o artigo de Murilo Roncolato: O uso ilegal de dados do Facebook pela Cambridge Analytica. E o que há de novo. Disponível em: https://www.nexojornal.com.br/expresso/2018/03/19/O--uso-ilegal-de-dados-do-Facebook-pela-Cambridge-Analytica.-E-o-que--h%C3%A1-de-novo. Acesso em: 4 out. 2020.

A indústria farmacêutica, que tem se desenvolvido desde o final do século XIX, é reconhecida no mercado pelo seu vínculo com a produção, distribuição e comercialização de medicamentos[4]. Um dos grandes pilares do trabalho realizado por ela é garantir a inovação nas soluções, de medicamentos que melhorem a qualidade de vida de seus pacientes, seja na busca da cura ou de medicamentos que ofereçam algum conforto na convivência com enfermidades.

2. O *COMPLIANCE* NAS INDÚSTRIAS FARMACÊUTICAS E OUTRAS LEGISLAÇÕES

Assim como as entidades financeiras, muitas indústrias farmacêuticas foram pioneiras na implementação dos programas de *Compliance* e estratégias de governança corporativa no Brasil, razão pela qual alguns aspectos importantes da proteção de dados já estão sendo considerados em muitas de suas atividades.

Os programas de *Compliance* promoveram grandes mudanças no mercado farmacêutico, que por muitos anos – e, de certa forma, até hoje em alguns mercados – foi visto como vilão por práticas comerciais que visavam o lucro em primeiro lugar.

Algumas leis internacionais como a Foreign Corrupt Practices Act[5] (FCPA), Lei de Práticas de Corrupção no Exterior, de 1977, e a UK Bribery Act[6], Lei Britânica anticorrupção, são responsáveis por esse pioneirismo, pois trazem a possibilidade de punição à pessoa jurídica. Para indústrias nacionais, esse incentivo chegou em 2013, com a Lei Brasileira Anticorrupção[7], também conhecida como Lei da Empresa Limpa.

Mesmo com leis americanas específicas, datadas de décadas atrás, a indústria farmacêutica segue com má reputação. De acordo com pesquisa realizada nos Estados Unidos pelo Instituto Gallup[8], em 2019, a indústria

---

[4] Para saber mais sobre conceito de indústria farmacêutica visite o *site* da Revista Eletrônica Saúde Brasil Net. Disponível em: http://www.saudebrasilnet.com.br/industria-farmaceutica. Acesso em: 4 out. 2020.

[5] Para obter mais informações sobre a FCPA, lei anticorrupção americana: https://www.justice.gov/criminal-fraud/foreign-corrupt-practices-act. Acesso em: 4 out. 2020.

[6] Para obter mais informações sobre a UK Bribery Act, lei anticorrupção britânica: https://www.legislation.gov.uk/ukpga/2010/23/contents. Acesso em: 4 out. 2020.

[7] Para saber mais sobre a Lei Brasileira Anticorrupção: https://www.in.gov.br/materia/-/asset_publisher/Kujrw0TZC2Mb/content/id/30042702/do1-2013-08-02-lei-n-12-846-de-1-de-agosto-de-2013-30042696. Acesso em: 4 out. 2020.

[8] Para saber mais sobre os resultados da pesquisa sobre a percepção dos americanos sobre empresas: https://news.gallup.com/poll/266060/big-pharma-sinks-bottom--industry-rankings.aspx. Acesso em: 4 out. 2020.

farmacêutica foi classificada como a mais malvista aos olhos dos americanos, ocupando a última posição em uma lista de 25 indústrias que o Gallup testa anualmente. Os americanos têm duas vezes mais probabilidade de classificar a indústria farmacêutica negativamente (58%) como positivamente (27%), dando-lhe a pontuação líquida positiva de -31.

Para garantir que os programas de *Compliance*, que são feitos em empresas americanas e suas filiais, sejam aplicados de forma adequada, o Departamento de Justiça dos Estados Unidos (DOJ), publicou pela primeira vez, em 2019, e, posteriormente, em 2020, alguns parâmetros que elucidam os aspectos relevantes de um programa de *Compliance* efetivo[9].

Outro princípio importante e comum em grande parte das empresas que compõem o grupo de indústrias farmacêuticas é o da ética e integridade, especialmente em razão do que tangem os temas de interação com pacientes e práticas comerciais de mercado.

No entanto, se, por um lado, existem cuidado, cautela e regra para interação com *stakeholders*[10], prudência no desenvolvimento de estratégias e formas de atuação, de outro, há uma crescente pressão na utilização de dados pessoais como ferramenta de *marketing*. E, como tudo tem um lado positivo e um lado temoroso, a utilização de dados pode ser muito benéfica de alguns pontos de vista, mas também pode expor a uma enorme gama de riscos – desde o vazamento deles até a exposição de temas que podem resultar em tratamento preconceituoso e desigual.

Cada indústria farmacêutica realiza suas análises e têm suas matrizes de riscos em suas interações e, como nos diversos setores, há modos distintos de apetite ao risco. No entanto, algumas associações de classe com as quais essa indústria interage também influenciam a conduta ética de seus signatários.

A Associação da Indústria Farmacêutica de Pesquisa (Interfarma), por exemplo, é a associação de classe responsável por garantir que exista entre suas signatárias uma atuação ética e adequada para priorizar sempre a saúde e o bem-estar de pacientes. O Código de Conduta da Interfarma[11] traz diversas

---

[9] Para saber sobre as recomendações para um programa de *Compliance* efetivo, segundo o DOJ, consulte: https://www.justice.gov/criminal-fraud/page/file/937501/download. Acesso em: 4 out. 2020.

[10] *Stakeholder:* da língua inglesa: partes interessadas. Citando como exemplos na indústria farmacêutica os profissionais de saúde, pacientes, clientes, pessoas do governo etc.

[11] Código de Conduta da Interfarma. Disponível em: https://www.interfarma.org.br/app/uploads/2021/08/Codigo-de-conduta_Interfarma_2021_Digital_Portugues_v2-1.pdf Acesso em:13 fev. 2022.

diretrizes, restrições e orientações gerais sobre a atuação de farmacêuticas e suas interações, de modo a reduzir o risco de exposição ou ainda que seus dados sejam tratados como produtos.

Do mesmo modo, o Sindicato da Indústria de Produtos Farmacêuticos (Sindusfarma), constituído em 1933, busca impulsionar que as práticas das indústrias que dele participam sejam reconhecidas pela ética, conforme princípios, recomendações e normas estabelecidos em seu Código de Conduta[12].

Além dos Códigos de Conduta e políticas internas, é importante destacar que há legislações específicas que devem ser cumpridas, além do que exige a Lei Geral de Proteção de Dados (LGPD). Por exemplo, a utilização do consentimento fornecido pelos pacientes às farmácias e drogarias resolve alguns temas, mas, antes disso, seu uso para fins comerciais ou de propaganda de medicamentos tem limites e deve seguir os requerimentos da legislação sanitária vigente. Em aderência à referida Lei Geral de Proteção de Dados, é verificada a crescente implementação de processos que explicam melhor sobre os objetivos da coleta de dados, deixando clara e transparente a preocupação com o cumprimento da LGPD. Assim como há legislações que estabelecem critérios sobre materiais promocionais e propaganda, a Agência Nacional de Vigilância Sanitária (Anvisa), em uma de suas resoluções, veda o uso de dados pessoais para envio de propagandas de medicamentos sujeitos à prescrição médica[13].

Ao mesmo tempo, o respeito ao indivíduo e sua privacidade é cuidado em diversas esferas, na Constituição Federal[14], por exemplo, pode-se verificar a preocupação em proteger a privacidade[15]. Publicada no *Diário Oficial da União*, a Emenda Constitucional 115/2022 torna a proteção de dados pessoais,

---

[12] Código de Conduta do Sindusfarma. Disponível em: https://sindusfarma.org.br/codigo_de_etica_e_conduta_sindusfarma.pdf. Acesso em: 4 out. 2020.
[13] Sobre as restrições de propaganda estabelecidas pela Anvisa, leia a Resolução 96/2008. Disponível em: https://www.gov.br/anvisa/pt-br. Acesso em: 4 out. 2020.
[14] Constituição Federal. Disponível em: http://www.planalto.gov.br/ccivil_03/constituicao/constituicao.htm. Acesso em: 4 out. 2020.
[15] Constituição Federal – privacidade: "Art. 5.º Todos são iguais perante a lei, sem distinção de qualquer natureza, garantindo-se aos brasileiros e aos estrangeiros residentes no País a inviolabilidade do direito à vida, à liberdade, à igualdade, à segurança e à propriedade, nos termos seguintes: [...] X – são invioláveis a intimidade, a vida privada, a honra e a imagem das pessoas, assegurado o direito a indenização pelo dano material ou moral decorrente de sua violação. [...] LXXIX – é assegurado, nos termos da lei, o direito à proteção dos dados pessoais, inclusive nos meios digitais."

inclusive nos meios digitais, um direito fundamental. O texto também fixa a competência privativa da União para legislar sobre proteção e tratamento de dados pessoais. Para especialistas, a medida é um marco civilizatório, mas é preciso que os brasileiros se apropriem dessa garantia.

O Regulamento Europeu (GDPR)[16] também trouxe limites e condições para a utilização de dados, tentando garantir que os titulares destes tenham maior visibilidade e controle sobre a forma como eles são utilizados.

No mesmo sentido quis a Lei Geral de Proteção de Dados[17] (LGPD) proteger os direitos dos titulares e garantir que eles exerçam seus direitos sobre a utilização desses dados. Por essa razão, impõe a todos os mercados e entidades que se utilizam de dados uma governança clara e transparente de tratamento destes.

3. A UTILIZAÇÃO DE DADOS NAS INDÚSTRIAS FARMACÊUTICAS

A utilização de dados na indústria farmacêutica é comum, assim como na grande maioria das indústrias, no que diz respeito aos seus funcionários: desde o recebimento de currículos, até a realização de exames médicos de contratação, os convênios médicos que são concedidos aos seus funcionários e familiares, férias, cargos e salários, eventuais empréstimos consignados, avaliações de *performance*, bolsas de estudo, até o momento de desligamento.

Contudo, em virtude de sua atuação de mercado, existem outros dados que fazem parte da rotina em indústrias farmacêuticas, tanto em razão de práticas comerciais como pelo compromisso de sua missão em promover saúde. São exemplos possíveis de interação com dados:

3.1. Programas de suporte aos pacientes (PSPs)

Os programas de suporte aos pacientes (PSPs) muitas vezes figuram como um serviço regular oferecido pelas indústrias farmacêuticas aos pacientes para fins legítimos de aderência e/ou apoio aos seus tratamentos. Esses tipos de serviços podem variar desde uma simples concessão de informação

---

[16] Para saber sobre a regulamentação europeia de proteção de dados – GDPR, consulte: https://eur-lex.europa.eu/legal-content/EN/TXT/PDF/?uri=CELEX:32016R0679. Acesso em: 4 out. 2020.

[17] Para saber sobre a Lei Geral de Proteção de Dados (LGPD), consulte: http://www.planalto.gov.br/ccivil_03/_ato2015-2018/2018/lei/l13709.htm. Acesso em: 4 out. 2020.

sobre determinadas enfermidades, passar por concessão de amostras, descontos em medicamentos ou aplicação adequada de medicamentos.

Para todas essas práticas, políticas e procedimentos robustos já eram previstos pelas indústrias a fim de garantir adequação de acessos limitados e fins legítimos dos dados coletados dos pacientes, sendo agora reforçados pelas previsões da LGPD quando versa sobre tratativa de dados sensíveis de pessoas.

3.2. Organização e apoio de eventos

A organização ou apoio de eventos também pode ocasionar interação com dados, os quais precisam ser tratados com cautela, pois, embora não possam ser expostos ou utilizados com fins comerciais, podem gerar muitos benefícios aos profissionais de saúde, consumidores ou pacientes que têm os seus interesses devidamente mapeados.

São exemplos de eventos com profissionais de saúde ou relacionados à área da saúde os de educação médica continuada, aqueles que promovam qualidade de vida, saúde e bem-estar, alimentação saudável, entre outros, que de alguma forma também podem ser entendidos como serviços que auxiliam a promover saúde.

3.3. Atendimento ao consumidor – SAC

Os Departamentos de Serviço de Atendimento ao Consumidor (SAC) e/ou Farmacovigilância coletam e armazenam dados sensíveis de pessoas, podendo inclusive realizar a transferência internacional nos casos de indústria farmacêutica multinacional. O rigor ao atendimento de políticas internas, bem como aos requerimentos da LGPD, deve ser seguido.

Processos atrelados à qualidade de produto ou mesmo por interesse do consumidor em trocá-lo também podem envolver dados e precisam ser tratados com cautela, mas são necessários para o cumprimento de deveres impostos a fabricantes. O tratamento dos dados pessoais dos consumidores relacionados ao SAC, desde o recebimento e manutenção destes, passando pelo atendimento e chegando ao momento de exclusão dos relatos. Existe também limitação de pessoas que interagem com os dados, muitas vezes terceiros com termos de confidencialidade, anonimização de dados, entre outros.

3.4. Entrega de amostras e/ou demonstração de produtos

Eventuais entrega de amostras ou demonstração de produtos também devem ter um procedimento ou política específicos, pois devem cumprir legislações próprias, controle que também envolve dados.

3.5. Interações com Associações de Pacientes

Associações de Pacientes, importantes organizações sem fins lucrativos que defendem os interesses e apoiam pacientes em suas jornadas de saúde, também são consideradas possíveis *stakeholders* de interação com a indústria farmacêutica.

Dados pessoais de seus responsáveis legais e/ou membros de diretoria, maioria das vezes formados por pacientes ou genitores/cuidadores de pacientes, também devem seguir as diretrizes da LGPD, bem como políticas e procedimentos internos, sendo facultado a eles, a qualquer momento, alteração ou exclusão de seus dados sob detenção da indústria em cumprimento ao previsto na LGPD.

3.6. Due diligence[18]

Parte da responsabilidade das empresas é também garantir que seus terceiros procedam de forma ética quando atuarem em seu nome ou de algum modo puderem relacionar-se à sua reputação. Por essa razão, são importantes e frequentes os processos de *due diligence*[19]. Exemplos que requerem o *due diligence* são: a) interação com distribuidores e parceiros comerciais; b) contratação de palestrantes (comumente chamados como *speakers*); c) apoio de eventos organizados por terceiros; entre outras atividades. Todas essas verificações podem ir além de um grande volume de dados de produtos, estoques, pode levar a dados sensíveis em razão de seus proprietários, eventuais processos judiciais que estejam relacionados, entre outras possíveis informações.

3.7. Pesquisas clínicas

Pesquisas clínicas, fundamentais para o desenvolvimento de medicamentos e para garantir sua eficácia, resultam em um número muito grande de dados sensíveis. Por esse motivo, também têm políticas específicas, com auditorias, monitoramentos internos, entre outros cuidados. Na grande maioria das vezes, têm empresas terceiras como intermediadoras para garantir o processo de confidencialidade, anonimização e a não relação com práticas de *marketing* ou promocionais.

---

[18] *Due Diligence*: da língua inglesa, em tradução literal significa devida diligência. Termo utilizado para nomear o processo de verificação do terceiro com quem a empresa interage.

[19] Sobre a importância do processo de *due diligence* e forma de fazê-lo: CRESPO, Liana I. A. Cunha. Interação com terceiros e *due diligence*. *In*: NOHARA, Irene Patrícia (coord.). *Governança, compliance e cidadania*. São Paulo: Thomson Reuters/RT, 2019.

Outras atividades poderiam ser listadas como atividades que tratam dados, todas elas são importantes e devem ser cautelosamente verificadas pelas empresas em seus processos internos, inclusive no que tange à implementação de uma governança de dados adequada.

4. A LGPD E SEUS IMPACTOS NA INDÚSTRIA FARMACÊUTICA

A LGPD tem sido amplamente discutida em razão de seus impactos, uma vez que ela impõe a necessidade de diversas revisões de processos e procedimentos internos, não apenas no que diz respeito a estar *in compliance* com a lei, mas também na discussão estratégica em rever os dados que realmente são necessários ou não.

Além da revisão desses processos, é importante garantir que os documentos internos reflitam cuidados, que os colaboradores tenham ciência da importância desses temas e de suas responsabilidades em todo esse processo, entre outras responsabilidades.

A LGPD tem sido amplamente noticiada em diversos mercados, também pela Interfarma, informando acerca do impacto que causaria em empresas[20], pela revista digital Guia da Farmácia[21], e também em outros fórum de discussão e meios de comunicação que visam melhorias e a discussão de temas relevantes para a indústria farmacêutica.

Em agosto de 2019, a Serasa Experian lançou uma pesquisa que informou que apenas 85% das empresas se sentiam preparadas para sua adequação à lei[22]. Em pesquisa realizada pelo Fórum Empresarial LGPD no final de 2021, 94,33% das empresas consultadas iniciaram a adequação à LGPD, mas em 40,44% não foi concluído o mapeamento de dados pessoais, com identificação das categorias de titulares de dados, finalidade e bases legais para as operações de tratamento, armazenamento e compartilhamento de dados pessoais. Apenas em 36,07% dos negócios esse processo já foi concluído; e, em 18,58%, a adaptação não só está conclusa como foi incorporada na governança de

---

[20] Publicação sobre a LGPD veiculada no *site* da Interfarma. Disponível em: https://www.interfarma.org.br/noticias/1988. Acesso em: 4 out. 2020.
[21] Publicação sobre a LGPD no Guia da Farmácia. Disponível em: https://guiadafarmacia.com.br/lei-geral-de-protecao-de-dados-nas-farmacias/. Acesso em: 4 out. 2020.
[22] Pesquisa Serasa sobre a LGPD. Disponível em: https://www.serasaexperian.com.br/sala-de-imprensa/85-das-empresas-declaram-que-ainda-nao-estao-prontas-para-atender-as-exigencias-da-lei-de-protecao-de-dados-pessoais-mostra-pesquisa-da-serasa-experian. Acesso em: 4 out. 2020.

dados pessoais; 17,16% das empresas já possuem funcionários responsáveis apenas pelo DPO (*Data Protection Officer*) – encarregado de tratamento de dados pessoais –; e outras 8,25% contratam serviços especializados[23]. Certamente ainda há muito o que fazer para garantir, aprender, rever, não apenas na indústria farmacêutica, mas também em outros setores que estão revendo suas práticas para atender a essa legislação.

Em outubro de 2020, o Sindusfarma e a Interfarma, anteriormente apresentados neste artigo, desenvolveram um guia para auxiliar na implementação da LGPD Indústria Farmacêutica[24], o qual reforça a importância do tratamento de dados pessoais de forma adequada. Ressalta-se a importância não apenas de documentos e informações digitais, mas também do correto tratamento de documentos físicos, formulários, arquivos e demais processos.

5. CONSIDERAÇÕES FINAIS

A LGPD chegou em diversos países, assim como fez a GDPR, para estabelecer controle e limites na forma como os dados pessoais são utilizados. De maneira geral, ela é muito benéfica e positiva e tem por objetivo cuidar dos excessos, abusos e desrespeito à privacidade, comercialização de dados, independência e outros direitos de seus titulares.

Há legítima necessidade de que os direitos e deveres garantidos pela LGPD no tocante à privacidade e também transparência de dados sejam respeitados. A transparência é o princípio central de uma política, procedimento ou regulamento de proteção de dados, o qual rege as demais ações necessárias, como acesso às informações, obrigatoriedade de consentimento, dever de reportar, entre outros.

Contudo, é necessária cautela na análise e implementação para não prejudicar de forma errônea atuações adequadas da indústria farmacêutica.

A indústria farmacêutica, por sua vez, tem o compromisso com a ética e lida diariamente com a necessidade de fazer negócios, os interesses comerciais e a tomada de decisão adequada em cada tentativa, cada lançamento, cada programa de paciente, interação com *stakeholder* ou outra estratégia comercial legítima.

---

[23] Pesquisa Fórum Empresarial LGPD. Disponível em https://abessoftware.com.br/wp-content/uploads/2022/01/Resultado-Pesquisa-Forum-LGPD-280122.pdf. Acesso em: 13 fev. 2022.

[24] Guia da LGPD na Indústria Farmacêutica. Disponível em: https://sindusfarma.org.br/uploads/files/3b7c-regina-castellao/Guia_LGPD_Ind%C3%BAstria_Farmac%C3%AAutic.pdf. Acesso em: 4 out. 2020.

É importante garantir que as atividades necessárias e possíveis sejam levadas a todos os públicos, sejam eles pacientes, consumidores, profissionais de saúde ou outros *stakeholders*, de forma adequada, de acordo com legislações vigentes, sem a percepção de prática indevida, sem o desrespeito ao direito de escolha e a privacidade dos pacientes e consumidores.

Nesse sentido, a área de *Compliance* segue como grande aliada para assegurar esse bom senso na tomada de decisão de maneira ética, reforçando a reputação da indústria e aumento da confiança pela sociedade e influenciando que as discussões de negócio sejam sempre impactadas e apoiadas pela ética e pela integridade entre aqueles que fazem parte desse cenário.

Adicionalmente ao cumprimento das leis e regulamentações vigentes, as indústrias farmacêuticas dispõem de programas de *Compliance* robustos, com políticas, procedimentos e realização de treinamentos de modo a também gerenciar com cautela os dados privados dos seus *stakeholders*. Nesse contexto, já se antecipava a discussão acerca da proteção de dados pessoais, e, com a entrada em vigor da LGPD, cumprir esse regramento passa a ser uma exigência interna, bem como no tocante aos terceiros com quem a indústria interage, buscando exigir que eles sigam referida norma.

Encontrar a dosagem adequada entre o uso de dados e o respeito a eles é certamente um dos desafios enfrentados na implementação de um programa de governança de dados, garantindo o cumprimento com a LGPD e a proteção de dados pessoais.

Embora desafiador, o esforço diário em conciliar esses aspectos é extremamente importante para propiciar oportunidade de benefícios, melhoria de tratamentos e qualidade de vida de pacientes e consumidores, mas, ao mesmo tempo, respeito à tutela dos detentores de seus dados, principalmente dados sensíveis de pessoas. Assim, como bem disse Patrícia Peck Pinheiro em seu artigo sobre LGPD e saúde, "neste setor que lida com a segurança física e emocional dos indivíduos, a tríade Pessoas, Processo e Tecnologia é mais importante que nunca"[25].

REFERÊNCIAS

BIONI, Bruno Ricardo. *Proteção de dados pessoais a função e os limites do consentimento*. Rio de Janeiro: Forense, 2019.

---

[25] Sobre a utilização de dados por empresas: PINHEIRO, Patricia Peck. LGPD e saúde: os fins justificam os meios? 2019. Disponível em: https://www.serpro.gov.br/lgpd/noticias/2019/paciente-no-comando-lgpd-dados-sensiveis-saude. Acesso em: 4 out. 2020.

BRASIL. Lei n.º 12.846 de 2013. Dispõe sobre a responsabilização administrativa e civil de pessoas jurídicas pela prática de atos contra a administração pública, nacional ou estrangeira, e dá outras providências. *Diário Oficial da União*, Poder Executivo, Brasília, DF, 2 ago. 2013.

BRASIL. LGPD – Lei Geral de Proteção de Dados. Disponível em: http://www.planalto.gov.br/ccivil_03/_ato2015-2018/2018/lei/l13709.htm. Acesso em: 1 out. 2020.

CAMILLERI, Mark. The Use of Data-Driven Technologies for Customer-Centric Marketing. *International Journal of Big Data Management*, Forthcoming, 2019. Disponível em: https://ssrn.com/abstract=3382746; ou http://dx.doi.org/10.2139/ssrn.3382746. Acesso em: 29 set. 2020.

CONTROLADORIA-GERAL DA UNIÃO. Programa de Integridade: diretrizes para empresas privadas. Brasília, 2015. Disponível em: https://www.gov.br/cgu/pt-br/centrais-de-conteudo/publicacoes/etica-e-integridade/arquivos/programa-de-integridade-diretrizes-para-empresas-privadas.pdf. Acesso em: 30 maio 2020.

CORRALES COMPAGNUCCI, Marcelo; FENWICK, Mark; HAAPIO, Helena; MINSSEN, Timo; VERMEULEN, Erik P. M. Technology-Driven Disruption of Healthcare & "UI Layer" Privacy-by-Design. *Cambridge Bioethics and the Law series*, Cambridge University Press, Forthcoming, 2020. Disponível em: https://ssrn.com/abstract=3611702; ou http://dx.doi.org/10.2139/ssrn.3611702. Acesso em: 30 set. 2020.

CORRALES COMPAGNUCCI, Marcelo; MESZAROS, Janos; MINSSEN, Timo; ARASILANGO, Arasaratnam; OUS, Talal; RAJARAJAN, Muttukrishnan. Homomorphic Encryption: The "Holy Grail" for Big Data Analytics & Legal Compliance in the Pharmaceutical and Healthcare Sector? *AI and ML of the European Pharmaceutical Law Review* (EPLR), Special Issue, Forthcoming, 2019. Disponível em: https://ssrn.com/abstract=3488291; ou http://dx.doi.org/10.2139/ssrn.3488291. Acesso em: 30 set. 2020.

CRESPO, Liana I. A. Cunha. Direito digital e *compliance*: pilares do programa e mapeamento de risco. *In*: CANTO DE LIMA, Ana Paula M. (coord.). *Direito digital*: debates contemporâneos. São Paulo: Thomson Reuters/RT, 2019.

CRESPO, Liana I. A. Cunha. Interação com terceiros e *due diligence*. *In*: NOHARA, Irene Patrícia (coord.). *Governança, compliance e cidadania*. São Paulo: Thomson Reuters/RT, 2019.

CRESPO, Marcelo. Por que a privacidade importa? São Paulo, 2018. Disponível em: https://ab2l.org.br/por-que-privacidade-importa/. Acesso em: 4 out. 2020.

CRESPO, Marcelo. Sobre os *sites* que divulgam dados pessoais: uma análise sob a perspectiva criminal. Disponível em: https://www.academia.edu/14486055/Sobre_os_sites_que_divulgam_dados_pessoais_uma_an%C3%A1lise_sob_a_perspectiva_criminal. Acesso em: 4 out. 2020.

CRESPO, Marcelo; CAMARGO, Coriolano Almeida. Ética e privacidade de dados. *Migalhas*, 2016. Disponível em: https://www.academia.edu/22173325/%C3%89tica_e_privacidade_de_dados. Acesso em: 29 set. 2020.

CRESPO, Marcelo; CAMARGO, Coriolano Almeida. Uma visão geral da nova regulamentação de proteção de dados pessoais na Europa. *Migalhas*, 2016. Disponível em: https://www.academia.edu/26654207/Uma_vis%C3%A3o_geral_da_nova_regulamenta%C3%A7%C3%A3o_de_prote%C3%A7%C3%A3o_aos_dados_pessoais_na_Europa.pdf. Acesso em: 29 set. 2020.

DONEDA, Danilo. *Da privacidade à proteção de dados pessoais*. São Paulo: Thomson Reuters/RT, 2019.

EVALUATION of Corporate Compliance Programs (DOJ). Disponível em: https://www.justice.gov/criminal-fraud/page/file/937501/download. Acesso em: 5 out. 2020.

FCPA – FOREIGN CORRUPT PRACTICES ACT. Lei Americana Anticorrupção, 1977. Disponível em: https://www.justice.gov/criminal-fraud/foreign-corrupt-practices-act Acesso em: 1.º out. 2020.

IFPMA CODE. International Federation of Pharmaceutical Manufacturers & Associations. Disponível em: https://www.ifpma.org/wp-content/uploads/2018/09/IFPMA_Code_of_Practice_2019.pdf. Acesso em: 4 out. 2020.

INTERFARMA – Associação da Indústria Farmacêutica de Pesquisa. Código de Conduta Disponível em: https://www.interfarma.org.br/public/files/biblioteca/codigo-de-conduta---revisao-2016-interfarma2.pdf. Acesso em: 4 out. 2020.

MARTIN, Kirsten E. M. Ethical Issues in the Big Data Industry. *MIS Quarterly Executive*, 2015. Disponível em: https://ssrn.com/abstract=2598956. Acesso em: 5 out. 2020.

McCARTHY, Justin. Estados Unidos, 2019. Gallup. Big Pharma Sinks to the Bottom of U.S. Industry Rankings. Disponível em: https://news.gallup.com/poll/266060/big-pharma-sinks-bottom-industry-rankings.aspx. Acesso em: 4 out. 2020.

OFFICIAL JOURNAL OF EUROPEAN UNION. GDPR – General Data Protection Regulation. Disponível em: https://eur-lex.europa.eu/legal-content/EN/TXT/PDF/?uri=CELEX:32016R0679. Acesso em: 1.º ago. 2020.

PINHEIRO, Patricia Peck. LGPD e saúde: os fins justificam os meios? 2019. Disponível em: https://www.serpro.gov.br/lgpd/noticias/2019/paciente-no-comando-lgpd-dados-sensiveis-saude. Acesso em: 4 out. 2020.

RONCOLATO, Murilo. O uso ilegal de dados do Facebook pela Cambridge Analytica. E o que há de novo. Disponível em: https://www.nexojornal.com.br/expresso/2018/03/19/O-uso-ilegal-de-dados-do-Facebook-pela-Cambridge-Analytica.-E-o-que-h%C3%A1-de-novo. Acesso em: 4 out. 2020.

SOCIETY OF CORPORATE COMPLIANCE AND ETHICS. Código de Ética para Profissionais de Ética e *Compliance*. Disponível em: https://assets.

corporatecompliance.org/Portals/1/PDF/Resources/SCCECodeOfEthics_Portuguese.pdf. Acesso em: 31 maio 2020.

THE ECONOMIST. The world's most valuable resource is no longer oil, but data. 2017. Disponível em: https://www.economist.com/leaders/2017/05/06/the-worlds-most-valuable-resource-is-no-longer-oil-but-data. Acesso em: 4 out. 2020.

UK BRIBERY ACT. Lei Anticorrupção Britânica. 2010. Disponível em: https://www.legislation.gov.uk/ukpga/2010/23/contents. Acesso em: 1.º ago. 2020.

16

LGPD NO SETOR AUTOMOBILÍSTICO

Cristina Moraes Sleiman e Philip Mario Derderian

1. INTRODUÇÃO – CONTEXTUALIZAÇÃO HISTÓRICA DA LGPD NO SETOR DE DISTRIBUIÇÃO DE VEÍCULOS

Em Paris, no ano de 1948, era celebrada a Declaração Universal dos Direitos Humanos (DUDH), que incluía o direito à vida privada como um dos direitos fundamentais da era analógica. No Brasil, desde a Constituição Federal de 1988 foi instituída a proteção da privacidade, no entanto, embora a proteção de dados pessoais esteja diretamente ligada à privacidade, ainda existia uma lacuna com relação às regras para tratamento de dados pessoais. Na sociedade da informação e do conhecimento, a premissa sempre foi a da maximização na coleta de dados, o que significa que ocorria uma coleta indiscriminada, e normalmente sem critérios, buscando a maximização, em vez do necessário. E devido à previsão de proteção em leis esparsas e à falta de clareza a proteção ao titular não era considerada pelas organizações.

Então, em virtude da grande quantidade de incidentes, bem como motivado pela necessidade de elevar o nível de garantias jurídicas não apenas aos titulares, mas também às transações, considerando leis estrangeiras como a *General Data Protection Regulation* (GDPR) legislação da União Europeia, foi sancionada a Lei Geral de Proteção de Dados (LGPD), no Brasil.

Uma lei tão protetiva quanto o Código de Defesa do Consumidor, ou seja, institui direitos para os titulares e deveres para as empresas, inclusive com previsão de inversão do ônus da prova, processo administrativo na autoridade pertinente e não exclui a possibilidade de processos judiciais e denúncias em órgãos específicos.

A LGPD garante ao titular alguns direitos, entre eles o de ter informações completas sobre a coleta e qualquer outro tipo de tratamento a ser aplicado aos seus dados pessoais, assim como estabelece nos arts. 7.º e 11 as hipóteses que legitimam seu tratamento. Ambos os artigos mencionados apresentam as chamadas bases legais. Entre elas está a possibilidade de tratamento com base na coleta do consentimento, obviamente quando a finalidade do tratamento não tiver justificativa nas demais hipóteses legais, portanto o titular terá a capacidade de negar ou ao menos de receber explicações plausíveis sobre a necessidade, destino, segurança e governança de seus dados, até mesmo sobre empresas com as quais são compartilhados os dados.

É muito importante ter a percepção correta da lei, possibilitando uma análise imparcial e positiva de adequação e respeito para com os dados pessoais, sem deixar se envolver pela noção errada de que seria uma ameaça aos negócios, afinal, se não enxergarmos o ecossistema, sua correta aplicação, em que ambos, tanto titular como as empresas (chamadas de controladores pela LGPD), podem ser valorizados, ficaremos somente com a sensação de impotência e desprezo pela burocracia.

Já parou para pensar que a LGPD pode significar uma ótima oportunidade para os negócios e até mesmo um diferencial competitivo? No setor automobilístico, o *compliance* à LGPD pode ser um diferencial do ponto de vista dos titulares e também do ecossistema como cocontroladores ou controlador e operador, afinal, aplica-se a responsabilidade solidária entre os dois. Da perspectiva do titular, por ter as suas informações protegidas, este pode se sentir mais valorizado. No momento em que esse sentimento de autovalorização passar a ser efetivo, as organizações poderão transformar essa satisfação em confiança e oferecer benefícios para obtenção e manutenção dos dados, mas percebam que não se trata apenas de benefícios financeiros, como descontos, mas benefícios advindos do próprio tratamento de dados, possibilitando, por exemplo, direcionar campanhas e descontos de acordo com seus gostos e compras anteriores. Acaba sendo benéfico para ambas as partes, controlador e titular, mas, lembre-se, essa relação deve ser sempre pautada pelo princípio da transparência e o consentimento deverá ser aplicado a cada finalidade específica.

Esses dados consentidos terão melhor valor de mercado, muito embora num primeiro momento sejam necessários investimentos para a sua construção e manutenção, dando um basta àqueles velhos *mailings* com dados não consentidos que colocam em risco a organização e a reputação das empresas que não cuidam das informações de terceiros. Seria como deixar seu dinheiro em um banco que não lhe entrega extratos da movimentação das suas contas-correntes e de investimentos ou, pior, um banco que não manifesta como se preocupa com a segurança e governança de seus valores ali depositados.

Estudo da McKinsey publicado em 2016 revelou que, no ano de 2014, o fluxo internacional de dados e a globalização digital foram avaliados como responsáveis por US$ 2,8 trilhões. A revista *Harvard Business Review*, também em 2016, declarava que a globalização estava se transformando num fenômeno mais relacionado a dados e menos a "coisas". Os dados são um ativo, seja no formato analógico ou no digital, têm valor intangível até que se descubra como e o que as organizações possam fazer com eles. Na Europa, em 2016, passou a vigorar a GDPR, que norteou a LGPD. A experiência da União Europeia consolidou a dinâmica de preservação da privacidade e de valorização dos dados no comércio, ou seja, os titulares dos dados vendem seus consentimentos para as empresas.

A questão central a ser respondida é: como, no Brasil, as empresas transformarão esse marco legal em diferencial competitivo?

O Brasil, a partir da década de 1950, optando por priorizar o transporte de pessoas e mercadorias por rodovias dentro do plano de metas do governo de Juscelino Kubitschek (JK), incentivou a vinda e a instalação da indústria automobilística no País, de acordo com Drucker (1946, p. 149), chamando-a de *the industry of industries*.

Em 1979, as redes de distribuição de veículos lideradas pela Federação Nacional dos Distribuidores de Veículos Automotores (Fenabrave), em trabalho conjunto com a Associação Nacional dos Fabricantes de Veículos Automotores (Anfavea), desenvolveram e obtiveram aprovação do governo federal, do Presidente da República, João Baptista de Oliveira Figueiredo, para edição da Lei Federal Renato Ferrari 6.729, de 28 de novembro de 1979, que dispõe e regulamenta a concessão comercial entre produtores e distribuidores de veículos automotores de via terrestre (automóveis, caminhões, ônibus, tratores, motocicletas e similares). De acordo com a lei, intitula-se o produtor de concedente e o distribuidor de concessionário. Promulgada há mais de 40 anos, a lei não contemplava a digitalização de dados, nem as novas tecnologias de *marketing* com utilização de técnicas digitais e não previa a mudança do comportamento do mercado consumidor com o advento da internet, disponível no século XXI. No Brasil, existem cerca de 7.270 concessionárias, vinculadas a 52 associações de marcas associadas à Fenabrave, as quais operam sob contratos de concessão, celebrados entre concedentes (montadoras) e distribuidores (concessionárias) (FENABRAVE, 2019), conforme a lei descrita.

Recentemente, em março de 2020, a Fenabrave editou o "Guia das Melhores Práticas para Aplicação da Lei Geral de Proteção de Dados – LGPD", que visa orientar as redes de distribuidores sobre como elaborar um plano de ações que estabeleça a conformidade abordando os três aspectos fundamentais da legislação: Transparência, Privacidade e Segurança.

1.1. Situação – A LGPD aplicada na estrutura de distribuição de veículos no Brasil

As concessionárias são empresas subordinadas a grupos econômicos cujos proprietários investidores podem representar mais de uma marca com mais de uma loja. Esses grupos, sob os contratos de concessão regulamentados pela lei, formam as redes de distribuição, recebem os produtos dessas produtoras, também conhecidas como montadoras, e os comercializam no mercado consumidor (Figura 1).

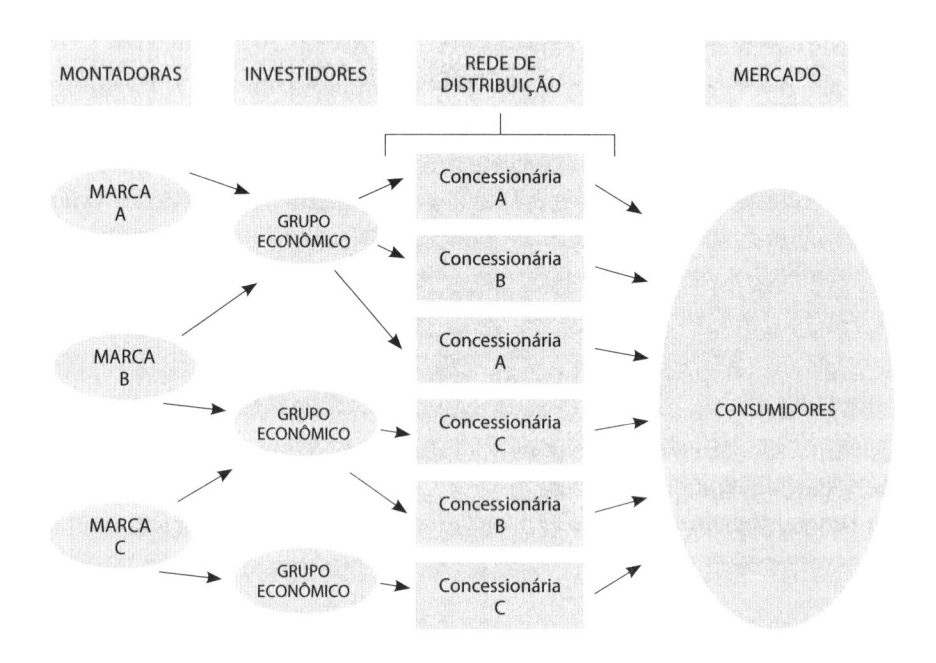

Figura 1. Estrutura de Distribuição das Montadoras
Fonte: Elaborado pelo Autor (2018)

Os grupos econômicos, por atuarem com várias marcas, praticam o *cross e up – selling* – técnicas de vendas utilizada para o cliente comprar mais produtos do que havia planejado –, ou seja, os clientes são constantemente estimulados pelas marcas representadas para adquirirem mais produtos, mais serviços, buscando elevar o *ticket* médio e fidelizar o cliente, prioritariamente, no grupo econômico distribuidor.

Sob a ótica da recente LGPD, esse processo precisará do consentimento prévio do cliente ou dos consumidores, além de um sistema de governança de dados eficiente por parte das concessionárias que assegure a conformidade com a LGPD. Atualmente, para oferta de serviços de uma empresa, é possível a integração de sistemas digitais nas redes de computadores (*World Wide Web*), entre a rede e a montadora, por meio de um conjunto de rotinas e padrões de programação para acesso a aplicativos de sistemas de processamento de dados (*software*) chamado de *Application Programming Interface* (API), que permitem interações entre sistemas distintos (DOERRFELD *et al.*, 2016). Aliando essas tecnologias aos conhecimentos em *marketing* e gestão digital de dados, as empresas utilizam a internet, a telefonia celular e outros meios digitais com o intuito de divulgar e comercializar seus produtos, conquistando e relacionando-se com clientes, surgindo, para tanto, o que se denomina de comércio eletrônico. Além disso, as redes digitais, chamadas de redes sociais, também possibilitam a contratação de pessoas, de serviços, transações financeiras, transmissão e recepção de documentos, formulários, fotos, imagens, entre outros. Aqui, de acordo com a LGPD no art. 16, o controlador dos dados pode se basear em exceções para manutenção dos dados mesmo após o término da finalidade inicial ou pedido de apagamento de dados por parte do titular (FENABRAVE, 2020), porém são situações bem específicas, por exemplo, cumprimento de obrigação legal ou pesquisa quando feita por órgãos de pesquisa. Ademais, não quer dizer que o controlador não poderá usá-las para novas finalidades, mas nesse caso deve-se atentar para legitimar esse tratamento que não havia sido previsto no momento da coleta, sendo preciso verificar o correto enquadramento em uma das bases legais, considerando inclusive a necessidade de coleta do consentimento e sempre antes de colocar em prática o novo tratamento.

É importante destacar que a LGPD se aplica aos dados pessoais independentemente do meio de armazenamento, ou seja, podem estar em repositórios digitais ou analógicos, por exemplo: fichas, registros manuais como anotações em cadernos, *post-it*, documentos impressos, fotos impressas, analógicas, mas também as digitais, assim como aqueles armazenados em celulares e qualquer informação lançada em sistemas, entre outros.

1.2. A distribuição de veículos no Brasil – Cultura em transição para o século XXI

Diante desse novo comportamento dos consumidores, as montadoras e suas redes de distribuição de veículos têm desenvolvido ações de alinhamento dessa oportunidade de relacionamento social para oferta de produtos e de serviços em ambientes virtuais (*on-line*). Para tanto, procura integrar as buscas dos consumidores nos sistemas digitais, os quais são chamados de *leads*, a partir do momento que manifestam interesse em desenvolver relacionamentos mais próximos com as empresas nas lojas físicas tradicionais (*off-line*). Dessa forma, os *leads* deixam seus dados pessoais em formulários próprios, disponíveis no *site* das empresas em que fazem as ofertas, no campo virtual. Os *leads*, gerados e captados nos *sites* da montadora, ou das próprias concessionárias, são direcionados, com base na escolha dos consumidores, seja pela localização geográfica ou pelas ofertas comerciais oferecidas, que possam tê-los atraídos, para a força de vendas ou serviços das concessionárias escolhidas, onde possam estabelecer os contatos.

Nesse sentido, encontramos um enorme desafio para o setor automobilístico, pois essas ações não poderão mais ser feitas de forma indiscriminada, sendo necessário identificar o fluxo desses dados e legitimar toda a base. Percebam que nesse aspecto existe uma análise dos dados coletados de modo que possa direcionar ações de *marketing*.

As primeiras perguntas a serem feitas seriam quais dados são coletados, por quem e em qual momento, afinal, podemos ter cenários diferentes dependendo de quem coletou. Outras informações serão necessárias, mas estas são básicas para identificar os papéis dos agentes (controlador e operador), portanto suas responsabilidades, incluindo pela coleta do consentimento. O fluxo de dados permite também reconhecer quais dados são realmente voltados para essa finalidade, assim como os devidos controles para protegê-los.

Portanto, para que se estabeleça uma relação segura entre as empresas que fazem parte desse ecossistema, identificar as responsabilidades e legitimar a base de dados são imprescindíveis.

A proposta de valor entregue ao mercado e aos clientes não é estável e perene, pois os ciclos de aproveitamento são curtos, exigindo que a empresa se mantenha constantemente conectada ao surgimento de novas oportunidades (ROGERS, 2017). A vantagem competitiva é volátil. O capital investido em inovações move-se na mesma velocidade em que a carteira de investimentos em títulos financeiros é gerida no mercado de capitais (SAMPAIO, 2018).

Assim, com essas considerações mercadológicas atuais, o novo fator regulatório introduzido pela LGPD promoverá uma nova dinâmica nos processos relacionais entre consumidores, varejistas, prestadores de serviços, fabricantes e as estruturas organizacionais internas das empresas, anteriormente aculturadas por livre movimentação e transferência de dados pessoais e sensíveis.

Logo, será exigida uma ampla e profunda revisão dos processos, da cultura das pessoas e da tecnologia empregada, pois, além da importância de as empresas estarem em conformidade com a lei, deve ser compreendido que os dados de legítimo interesse serão os mais valiosos e perseguidos pelas empresas.

2. CADEIA DE VALOR – A GESTÃO DE DADOS COMO VANTAGEM COMPETITIVA

Para a construção da vantagem competitiva e preservação do valor do cliente, o presente artigo oferece uma visão da cadeia de valor ou sistema de atividades de uma concessionária representativa do setor de distribuição (Figura 2).

Essa visão das estruturas da rede de distribuição de veículos, por serem homogêneas, permite que, em uma análise ampla e abrangente, a cadeia de valor seja definida pelo sequenciamento das atividades realizadas por uma empresa para projetar, produzir, vender, financiar, garantir, prover seguro, documentos, entregar e prestar assistência técnica aos produtos vendidos (MAGRETTA, 2012).

Esse sequenciamento de atividades é a trilha por onde os dados de clientes e fornecedores circulam e devem ser identificados e mapeados. A vantagem competitiva deve ser compreendida pelas inúmeras atividades que uma empresa executa. Entendem-se por atividades as funções ou os processos que os gestores podem controlar, enquanto competem. São dessas funções ou processos que os gestores devem extrair aquilo que melhor executam.

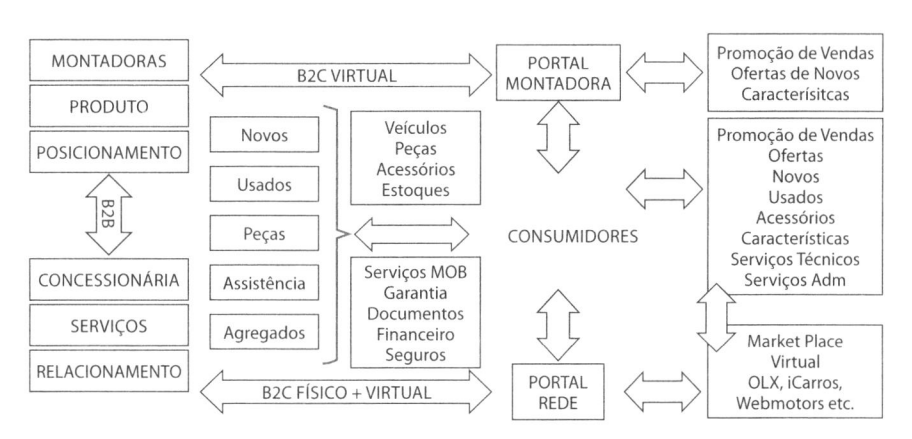

Figura 2. Pontos de Contato da Concessionária – Virtual e Físico
Fonte: Elaborado pelo Autor (2018)

Essas atividades devem ser mapeadas para acompanhamento dos caminhos dos dados, sejam eles digitais ou analógicos. Esse mapeamento, além de atender aos princípios da LGPD, também precisa assegurar que os conceitos que norteiam a construção da vantagem competitiva sejam preservados e adequados em linha aos princípios da lei.

Assim, para ganhar vantagem competitiva, além de executar as atividades estratégicas de forma mais econômica, ou melhor que os concorrentes, ao observarem as fontes da vantagem competitiva e compreenderem o comportamento dos custos e as fontes potenciais de diferenciação, a preservação da privacidade dos dados e a manifesta e transparente preocupação com esse valor, pode ser mais um item de elevação do conceito do cliente e de sua fidelização.

Como exemplo prático, imagine um cliente que se apresenta com o seu veículo para uma revisão de manutenção de rotina, sendo atendido pelo consultor de pós-vendas que preenche um longo formulário com perguntas sobre a escolaridade, salário e outros dados pessoais e sensíveis ao cliente que nada tenham a ver com eventuais problemas técnicos do veículo. Provavelmente, ambos ficarão constrangidos com aquela situação.

Consequentemente, a cadeia de valor é a base de um sistema de valor maior, ou "o conjunto mais amplo de atividades envolvidas na criação de valor ao usuário final" (MAGRETTA, 2012).

2.1. O novo paradigma da indústria e da rede de distribuição

A Figura 2 ilustra, entre outros aspectos a serem abordados, um paradigma em dinâmica transformação, que trata da alteração de conceitos de abordagem do mercado pela montadora e pela rede de distribuição. As montadoras originalmente atuam em duas vias de negócios: (1) B2B – *Business to Business*, praticado entre empresas, e (2) B2C – *Business to Customer*, praticado pela montadora no mercado consumidor e praticado pela rede de distribuidores.

As concessionárias originalmente atuam na relação B2C, mais próximas ao comportamento do consumidor, quanto às aspirações e às restrições pessoais, com vários pontos de contato direto, reunindo aspectos fisiológicos, de segurança; sociais (pertencimento); de autoestima (egocentrismo), e de autorrealização (SOLOMON, 2016), os quais compreendem: (1) reconhecer as necessidades dos consumidores, buscando reduzir a distância que existe entre o estado real em que o consumidor se encontra e o estado desejado por ele; (2) entender as necessidades do consumidor e os desejos não satisfeitos, e (3) identificar as oportunidades de satisfazê-lo.

No diagrama da Figura 2, o atendimento a essas expectativas ocorre, basicamente, em cinco departamentos, Vendas de Novos, Usados, Serviços, Peças e Agregados, em que são captados os dados de clientes, em diversas fases e razões de contato, *on-line* ou *off-line*, sendo:

1.1 Recepção – Lojas físicas; Centrais de Atendimento de *Leads* e 0800; agendamento; *Sites*; e-mail; CPF; nome; endereço; procedência, documentos.

1.2 *Test-drive* – CNH; CPF; Comprovante de Endereço; Celular; Placa do veículo próprio; WhatsApp; Telegram; entre outros.

1.3 Pedido – idem 1.1 e 1.2; CNPJ; Estado Civil; Escolaridade.

1.4 Negociação – perfil do comprador se pessoa física, jurídica, produtor rural, portador de deficiência física, atuação no governo, autarquia, associação etc.

1.5 Serviços financeiros – banco; Imposto de Renda; Holerite; idem.

1.6 Serviços técnicos – dados sobre utilização do veículo; placa; seguro; bancos; certificado de garantia; parceiros de instalação de acessórios; lavagem; assistência 24 horas; guincho; *recall*.

1.7 Carros usados – laudo pericial; cautelar (DEKRA).

1.8 Outros – despachantes; seguros; para prestação de serviços na emissão de documentos, objetivando a regularização do veículo nos órgãos de trânsito.

1.9 Estrutura Interna e *BackOffice* – setores e processos.

1.10 Colaboradores: Departamento de Recursos Humanos, Departamento de Pessoal e Segurança do Trabalho.

1.11 Fornecedores: Departamento de Compras e Financeiro.

1.12 Tecnologia da Informação – incorporar rotinas de gestão de dados pessoais e sistemas que assegurem a qualidade dos dados. Dados Únicos. CRM atualizado.

Com advento da Internet e dos *Application Programming Interface* (APIs), relativos ao *marketing* digital, a montadora passa a ter acesso e comunicação direta, *on-line*, durante toda a jornada virtual do mercado consumidor em suas buscas e pesquisas.

No entanto, a LGPD impactará as empresas automobilísticas que há décadas acumulam dados de clientes, de forma analógica e digital. As empresas deverão tratar de revalidar, com cada um dos titulares dos dados, o consentimento para manutenção, utilização e compartilhamento desses dados.

Os novos requisitos de negócios exigem (PINHEIRO, 2018): (1) atualização constante e necessidade de possuir uma base de dados, em conformidade com a lei, com clientes consentidos em deixar seus dados pessoais e sensíveis; (2) necessidade de outra base em que constem os clientes que não consentiram ou que solicitaram anonimização; (3) atendimento à premissa de tempo e de correção dos processos de qualidade, segurança e governança de dados; e (4) permissão e monitoramento dos acessos dos titulares dos dados como contato das empresas em qualquer plataforma de comunicação, a qualquer tempo.

De acordo com a ABPMP (2013), é fato que os gestores podem estar seguros dos processos existentes pela familiaridade de atuação com eles, porém, apesar de o processo parecer adequado para um dado tempo e momento, o impacto externo da lei pode gerar novas inquietações, alterando o desempenho da organização. Assim, os processos e os fluxos existentes precisam ser revistos e adaptados sob a luz do novo fator regulatório.

Do nosso ponto de vista, pensando na base de dados existente, o controlador teria legítimo interesse em uma nova comunicação, mas que deverá ser (por um entendimento mais seguro e restrito) legitimado, portanto coletado o consentimento para continuidade de suas ações e, caso o titular não aceite e não consinta, os dados em excesso e que eram mantidos para fins de *marketing* deverão ser apagados. Todavia, tenha muita atenção a esse ponto, pois, mesmo que solicitado seu apagamento, o controlador deverá identificar a existência de dados que podem e devem ser mantidos, por exemplo, por uma obrigação legal ou qualquer outra base legal excludente do consentimento para outra finalidade, ainda que tenha sido aproveitado para uma ação de *marketing* antes da chegada da LGPD. Felix Gaehtgens, diretor de pesquisas da consultoria Gartner, afirma que "dados pessoais não consentidos precisarão ser tratados como lixo tóxico" (RAFAEL, 2018).

2.2. Como estruturar a LGPD nas concessionárias?

Considerando que os processos tratados anteriormente captam os dados e deveriam fornecer insumos para gerar informações de qualidade, é necessário analisar a qualidade dos dados nos cadastros legados das concessionárias.

2.2.1. *Tecnologia – Governança de dados*

Assim, um passo em busca do consentimento dos clientes, para atender a conformidade dos processos com relação à LGPD, será aplicar metodologias específicas para assegurar a qualidade dos dados. A *Total Data Quality Management* – TDQM (Gerenciamento Total da Qualidade de Dados) pode ser uma das metodologias empregadas para qualificação dos dados. A centralização do controle e administração do banco de dados também deverá ser priorizada com a adoção de técnicas de carga e guarda em bancos de dados como *Master Data Management* (MDM) e *Data Warehouse* (DW). Trata-se de técnicas conhecidas pelas equipes de TI, porém sua utilização exige um trabalho detalhado de mapeamento do fluxo e de formato dos dados. Sobre os dados que serão solicitados para obtenção do consentimento dos clientes, o artigo 5.º da Lei classifica-os em (PINHEIRO, 2018):

- Dados pessoais: informações que tornam possível a identificação da pessoa, como endereço, CPF, nome, endereço de IP, fotos, placa de carro etc.;
- Dados sensíveis: informações acerca da individualidade da pessoa, como informações genéticas, de saúde, sua visão política, orientação religiosa ou expressão de sexualidade, dados sindicais, biometria etc.;
- Dado anonimizado: quando o dado relativo a um titular não puder ser identificado, por meios técnicos razoáveis, destinando-os na utilização estatística, pesquisas e estudos;
- Banco de dados: conjunto estruturado de dados pessoais, estabelecido em um ou em vários locais, em suporte eletrônico ou físico; os dados não estruturados, como fotos, textos, imagens etc. também devem ser tratados e são compostos por dados sensíveis.

A automação do contato, como o *chatbot*, pode ser uma das portas de entrada da interação entre o usuário e o banco de dados, viabilizando a automatização do processo de captação, conferência, armazenamento e uso dos dados consentidos (*opt-in*), ou não consentidos (*opt-out*) pelos clientes, com ganhos em escalabilidade.

Para assegurar-se da conformidade do banco de dados, os sistemas de rastreamento, quanto ao controle da origem e destino dos dados, preconizados pela legislação, podem ser de variadas técnicas. Como exemplo, uma das ferramentas homologadas para proteger e sanear os dados poderia ser o *Data Catalog* (Catálogo de Dados), instalado na base de conhecimento para consultas do *Bot*.

A Figura 3 ilustra o processo para governança dos dados consentidos em conformidade com a lei, que pode ser liberado para uso dos departamentos de *marketing*, vendas, pós-vendas, recursos humanos, cobrança etc., e, dos dados não consentidos, considerados por alguns especialistas como lixo tóxico (RAFAEL, 2018), que não podem se misturar em hipótese alguma com os dados consentidos.

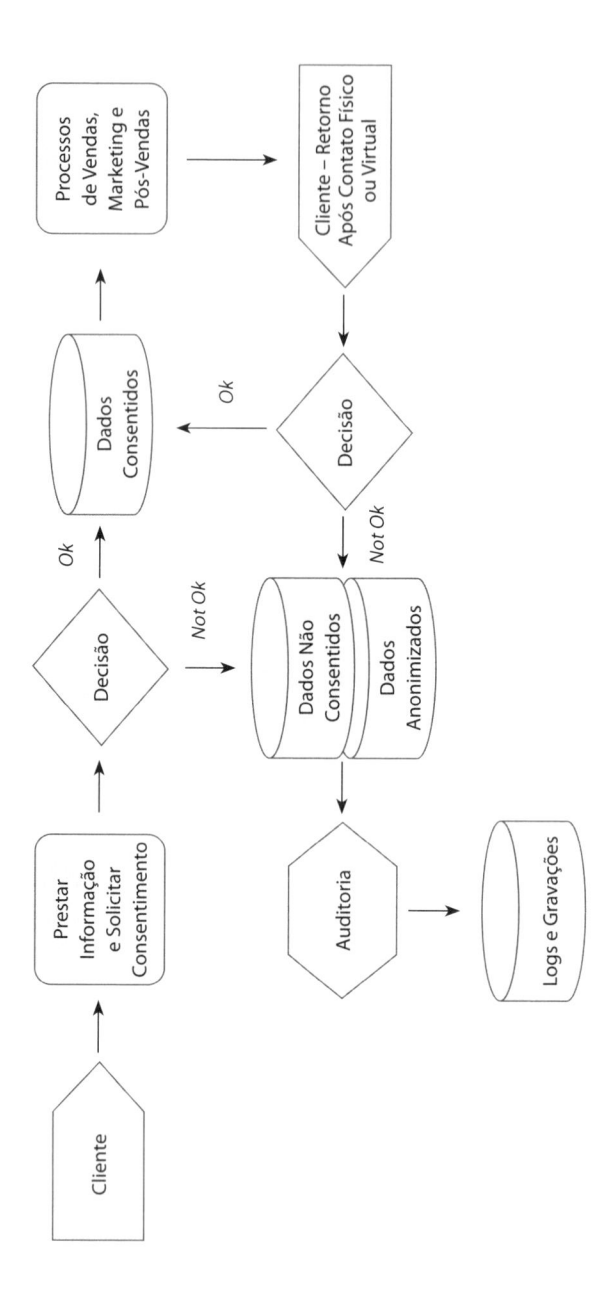

Figura 3. Fluxo para governança de dados
Fonte: Elaborado pelo Autor (2019)

Todos os diálogos devem ser gravados e registrados em *logs* (registros) de acesso e ter a rastreabilidade assegurada para permitir as trilhas de auditoria. Também devem ser incorporados ao processo e registrados os contatos físicos no módulo de CRM, além dos virtuais. De acordo com ABPMP (2013), fatores-chave de sucesso – em processos de mudanças organizacionais – devem incluir o envolvimento da liderança executiva, dos donos de processos e de equipes interfuncionais. Assim, contribuirão – de forma aberta e franca – na mudança de cultura com relação à importância da formalização dos contatos e correto cadastro dos dados dos clientes.

Conforme a ABPMP (2013), em meados dos anos 1990, durante as experiências de implantações de *Enterprise Resource Planning* (ERP), observou-se que as transformações impostas por essa tecnologia estavam nos processos, e não na tecnologia. As organizações mais bem-sucedidas na implantação foram aquelas que adotaram uma abordagem orientada aos processos (ABPMP, 2013).

2.2.2. Pessoas – Gestão do novo conhecimento

Para encaminhamento das soluções de propostas, será necessário capacitar as pessoas para aprimorar o tratamento dos *leads* e manter a conformidade com os processos, segundo a LGPD. De acordo com Christensen (2012), o dilema da inovação passa pelos bons gerentes que, além de serem hábeis em escolher, treinar e motivar as pessoas certas para os trabalhos certos, precisam escolher, criar e preparar a organização certa para o trabalho. Afirma ainda que encontrar as pessoas certas não é garantia de que a organização será bem-sucedida na tarefa, pois as organizações têm suas próprias capacidades, independentemente das pessoas que trabalham dentro delas. Um dos fatores que capacitam uma organização são seus valores, os quais são adotados pelos gerentes e funcionários quando necessitam decidir sobre as prioridades (CHRISTENSEN, 2012). Valores que fazem com que funcionários priorizem relacionamentos informais e o conhecimento tácito, contudo não podem simultaneamente assegurar prioridade na formalização dos relacionamentos e na explicitação de conhecimentos. Dessa maneira, pondera-se que processos e valores não são flexíveis (CHRISTENSEN, 2012).

A LGPD, no art. 41, exige a indicação de um representante legal de proteção de dados na empresa – *Data Protection Officer* (DPO) – que "deverá assegurar, de acordo com o § 2.º do art. 41, a conformidade dos processos, dar orientação às pessoas sobre as práticas a serem tomadas aos que recebem e se relacionam com os dados dos clientes": (1) tratando das reclamações e comunicações dos titulares e da autoridade nacional; (2) prestando esclarecimentos e adotando providências (PINHEIRO, 2018).

Ainda não está clara para as organizações do setor de distribuição de veículos qual a posição estabelecida para o DPO no organograma. A abrangência de suas obrigações afetará todas as gerências e o corpo estratégico da empresa, que vai além da atividade de uma única pessoa (PINHEIRO, 2018). A lei impacta todos os departamentos da empresa, no plano físico ou virtual, não só o TI ou o jurídico, mas principalmente todos os pontos de contato em que os clientes e *leads* tenham com as organizações de vendas, pós-vendas, *marketing* etc. A implantação dos novos processos, em conformidade com a lei, com os recursos tecnológicos propostos neste trabalho, acrescenta complexidade na gestão de pessoas. Para serem bem-sucedidas, as organizações dependerão do grau de engajamento das pessoas no entendimento das novas práticas de relacionamento com os titulares de dados. Será necessário promover a prática da cultura de proteção de dados pessoais, dialogando com as equipes, em reuniões, nos projetos, além de estender as recomendações para os parceiros, terceirizadas e fornecedores (PINHEIRO, 2018).

Portanto, a gestão de pessoas deve disseminar o conceito de que se está construindo conhecimento novo, seja pelos processos decorrentes do novo comportamento do consumidor e pela tecnologia proposta, ou pela lei que define um novo marco regulatório das relações com os clientes. Assim, de acordo com Nonaka e Takeuchi (2008), o conhecimento é criado pelas pessoas, pois uma organização não cria conhecimento por si mesmo sem as pessoas. Portanto, fortalece-se a ideia de que, de acordo com Nolan e Croson (1996), as organizações, que entendem os seus clientes, podem estar mais próximas de uma das etapas da "destruição criativa", de acordo com Schumpeter (1957), pois, por aceitarem a orientação do mercado, "percebem e respondem" a este, em vez da orientação interna da organização de "fabricar e vender". Conforme Christensen (2012), o dilema da inovação é presente em organizações que relutam em aceitar que são os clientes que norteiam os rumos das empresas e organizações, e não o contrário.

A implantação do sistema de plataforma digital em concessionárias acostumadas a lidarem com processos manuais, que envolvem conhecimentos tácitos, exige protagonismo e liderança da alta administração. Dar suporte à mudança de cultura exige dos agentes envolvidos o cumprimento de diversas etapas para tornar explícitos os conhecimentos tácitos adquiridos ao longo dos anos.

REFERÊNCIAS

ABPMP BPM CBOK V3. *Guia para o gerenciamento de processos de negócio corpo comum de conhecimento.* – Association of Business Process Management Professionals – 1ª edição – Brasil, 2013. Disponível em: https://www.abpmp-br.org/. Acesso em: 4 nov. 2019.

BRASIL. Lei nº 6729 de 28 de novembro de 1979. Dispõe sobre a concessão comercial entre produtores e distribuidores de veículos automotores de via terrestre. Disponível em: https://presrepublica.jusbrasil.com.br/legislacao/109263/lei-6729-79. Acesso em: 21 de out. de 2019.

CHRISTENSEN, Clayton M. *O dilema da inovação: quando as novas tecnologias levam empresas ao fracasso.* São Paulo: M. Brooks do Brasil, 2012.

DAVENPORT, Thomas H.; PRUSAK, Laurence. *Conhecimento Empresarial: como as organizações gerenciam o seu capital intelectual.* Rio de Janeiro: Campus, 1998.

DERDERIAN, Philip M. *Inovação na gestão de vendas para clientes de automóveis – Brasil.* Dissertação Mestrado Profissional em Administração do Desenvolvimento de Negócios. São Paulo: Universidade Presbiteriana Mackenzie, 2019.

DERDERIAN, Philip M.; FRANKLIN M. A. *Liberdade e Privacidade Lei Geral de Proteção de Dados (LGPD) – Oportunidade ou Ameaça?* – Texto site – Centro Mackenzie de Liberdade Econômica. Disponível em: https://www.mackenzie.br/es/noticias/artigo/n/a/i/liberdade-e-privacidade. Acesso em: 28 de ago. de 2019.

DOERRFELD, Bill et al. *How to Successful Market an API – Fine-Tuning Developer Relations & Platform Advocacy* – Leanpub.com, 2019. Disponível em: http://leanpub.com/how-to-market-an-API>. Acesso em: 1 de nov. 2019.

DRUCKER, Peter F. *Concept of the corporation.* Edition, 2. Publisher, John Day Company. Original from, the University of California. Originally published in 1946 by John Day Company. Published 1993. New York: Routledge, 2017.

FENABRAVE. *Anuário do Setor de Distribuição de Veículos Automotores no Brasil/2019.* São Paulo: Fenabrave, 2019.

FENABRAVE. *Guia de Melhores Práticas para Aplicação da LGPD – Lei Geral de Proteção de Dados.* São Paulo: Fenabrave, 2020.

GARTNER GROUP. *CRM strategies and technologies to understand, grow and manage customer experiences. Gartner customer 360 summit: JW Marriot at live Los Angeles Live Gartner, Inc. (march 30th to April, 1st)* – Gartner.com, 2011 Disponível em: https://www.gartner.com/en/search?keywords=summit%20marriott. Acesso em: 9 de nov. 2019.

MAGRETTA, Joan. *Entendendo Michael Porter*: o guia essencial da competição e estratégia. São Paulo: HSM editora, 2012.

MICROSOFT DATA CATALOG. Catálogo de Dados: Obtenha mais valor de seus ativos de dados corporativos – Disponível em: https://azure.microsoft.com/pt-br/services/data-catalog/. Acesso em: 27 de ago.de 2019.

NOLAN, Richard L.; CROSON, David C. *Destruição Criativa: Um Processo de Seis Etapas para Transformar Sua Organização.* Brasil: Editora Campus, 1996.

NONAKA, Ikujiro; TAKEUSHI, Hirotaka. *Gestão do Conhecimento.* São Paulo: Editora Bookman, 2008.

PINHEIRO, Patricia Peck. *Proteção de dados pessoais: comentários a Lei nº 13.709/2018 (LGPD).* São Paulo: Saraiva, 2018.

PORTER, Michael E. *Estratégia competitiva*. Rio de Janeiro: Campus, 2005.

RAFAEL, F. (2018). *Dados pessoais precisarão ser tratados com lixo tóxico com a nova lei*. Época Negócios, 2018. Publicado em 14/08/2018 – 19h24. Disponível em: https://epocanegocios.globo.com/Tecnologia/noticia/2018/08/dados-pessoais-precisarao-ser-tratados-como-lixo-toxico-com-nova-lei-diz-diretor-do-gartner.html. Acesso em: 8 de nov. de 2019.

ROGERS, David L. *Transformação digital: Repensando seu negócio para a era digital*. São Paulo: Editora Autentica Business, 2017.

SAMPAIO, Rafael. *Vantagem digital: um guia prático para a transformação digital*. Rio de Janeiro: Alta Books, 2018.

SCHUMPETER, Joseph A. *The theory of economic development*. Reprint. Originally published: Cambridge, Mass.: Harvard University, 1934.

SENGE, Peter M. *A Quinta Disciplina: arte, teoria e prática da organização da aprendizagem*. São Paulo: Best Seller, 1990.

SOLOMON, Michael R. *O comportamento do consumidor: comprando, possuindo e sendo*. 11. ed. Porto Alegre: Bookman, 2016.

17

DADOS EM AUTOMÁTICO, *CROSSCHECK* E CONFIRMAR: A LGPD NO SETOR DA AVIAÇÃO CIVIL

FELIPE PALHARES

1. INTRODUÇÃO

Sem o tratamento de dados pessoais, nenhum avião levanta voo. Diferentemente de outros meios de transporte interurbano ou internacional, como trens e ônibus, nos quais, em determinados locais, ainda é possível adquirir passagens sem a necessidade de identificação de quem será o passageiro, o transporte por meio de aeronaves, seja na aviação comercial, seja na aviação executiva, impõe que o passageiro seja claramente identificado, não permitindo que outra pessoa utilize um bilhete aéreo em nome de terceiro para se locomover.

Todo o resto da operação comercial também requer o constante tratamento de dados pessoais. Desde a compra das passagens, seja pelo *site* das companhias aéreas ou por seus telefones, por *sites* de passagens ou mesmo por meio de agentes de viagens, até a verificação da identidade do passageiro no momento do *check-in* e do embarque, tornaria impossível cogitar o adequado funcionamento do setor sem que dados pessoais fossem tratados.

Este artigo tem como objetivo abordar, ainda que não exaustivamente, algumas das regulamentações específicas que guiam o setor da aviação civil no que tange ao tratamento de dados pessoais, sua correlação com a Lei Geral de Proteção de Dados Pessoais (LGPD), os desafios da implementação da LGPD em tais organizações e o estudo de um caso prático relacionado à aplicação de leis de proteção de dados para companhias aéreas.

2. REGULAMENTAÇÃO ESPECÍFICA

O setor aéreo, por razões óbvias que envolvem a segurança nacional, dos passageiros e tripulantes, é um segmento altamente regulado, tendo passado por restrições ainda maiores após o atentado do 11 de setembro de 2001, quando as torres gêmeas do World Trade Center foram derrubadas por dois aviões.

No que tange ao tratamento de dados pessoais, existem diversos atos normativos específicos que determinam a obrigatoriedade de respectivas operações, especialmente com relação à identificação dos passageiros e tripulantes, dos itinerários das viagens e das bagagens despachadas.

Entre os atos normativos nacionais do setor aéreo que merecem destaque, por trazerem reflexos em operações de tratamento de dados pessoais, estão a Lei 7.565/1986, o Decreto 97.464/1989 (posteriormente revogado pelo Decreto nº 10.512/2020) e as Resoluções da Agência Nacional de Aviação Civil (ANAC) 255/2012, 400/2016 e 515/2019.

O primeiro deles, intitulado de Código Brasileiro da Aeronáutica, estabelece regras gerais sobre a aviação civil no Brasil. Em seu art. 20, há a previsão de que nenhuma aeronave, salvo em caso de permissão especial, poderá voar sem o Diário de Bordo e sem a lista de passageiros presentes no voo. O Diário de Bordo, inclusive, deve obrigatoriamente trazer outras informações relevantes, como o nome do comandante e dos tripulantes, o nome do proprietário e do explorador da aeronave, a data e natureza de cada voo, bem como o lugar e hora de saída e chegada (BRASIL, 1986).

Por sua vez, vale mencionar o Decreto 97.464/1989, que foi revogado pelo Decreto 10.512/2020, mas que estabelecia procedimentos para a entrada no Brasil ou o sobrevoo de seu território por aeronaves civis estrangeiras, que não estivessem em serviço aéreo internacional regular, e dispunha que o proprietário da aeronave ou o seu comandante deveriam comunicar, com antecedência mínima de 24 horas, o local de pouso ou sobrevoo da aeronave, bem como indicar o dia e horário prováveis do voo, a rota e ponto de entrada no território brasileiro e a lista de passageiros transportados (BRASIL, 1989).

Percebe-se que, em ambos os casos, há uma obrigação cogente de serem identificados os passageiros presentes em cada voo, medida de segurança que visa a permitir que os órgãos nacionais com poder de polícia e responsabilidade de aferir a regularidade da imigração no território nacional possam, com antecedência, conhecer as pessoas que pretendem ingressar no país ou que estão se movimentando por seu espaço aéreo.

Embora a mera menção à lista de passageiros seja pouco descritiva em relação aos dados pessoais que necessariamente serão tratados dessas pessoas, a Resolução 255/2012 é bem mais detalhada nesse quesito, ao disciplinar sobre o *Advanced Passenger Information* (API) e sobre o *Passenger Name Record* (PNR). Tratam-se, ambos, de padrões adotados internacionalmente para o compartilhamento de informações sobre os passageiros transportados por aeronaves civis (BRASIL, 2012).

Enquanto o API é um sistema que garante a coleta e transmissão de dados antes da partida ou chegada de um voo, que são colocados à disposição dos agentes de fiscalização dos aeroportos no Brasil e no exterior, o PNR é um registro de dados criado para cada reserva realizada por um passageiro, instituído pelas companhias aéreas ou por seus agentes autorizados, cujas informações também são compartilhadas com terceiros.

De acordo com o art. 3.º da Resolução 255/2012, as informações de passageiros e tripulantes em voos internacionais com destino, origem, escala ou conexão em território nacional devem ser disponibilizadas antes da decolagem dos voos pelas empresas que exploram o transporte aéreo público, com exceção das empresas de táxi aéreo. Por seu turno, os arts. 4.º e 5.º preveem a obrigação de as respectivas empresas disponibilizarem em seus sistemas de reservas os dados de PNR dos passageiros, que devem ser transmitidos com 72 horas de antecedência do horário previsto da partida do voo, com a necessidade de as informações serem atualizadas com 24 horas de antecedência, com seis horas de antecedência e no momento de fechamento do voo (BRASIL, 2012).

Entre os dados que devem constar no sistema de API estão: número do passaporte ou do documento oficial; nome do país expedidor do documento; data e validade do documento; nome e sobrenome do titular do documento; nacionalidade, data de nascimento e gênero do titular do documento; designação de assento; número de malas despachadas; número das etiquetas e peso das malas despachadas; número do visto emitido; data de emissão e local de emissão do visto; dados de endereço residencial do titular do documento, entre outros.

Já o PNR deve conter dados como: nome e sobrenome do passageiro; endereço residencial e de cobrança; *e-mail*; dados de contatos de emergência; telefone para contato; dados de API coletados no processo de reserva; número e categoria do programa de fidelidade (milhagem); número do localizador da reserva; data de reserva; data de compra; data prevista de chegada; data de cada trecho da viagem; data da última modificação da reserva; informações sobre o itinerário do passageiro; informações sobre a forma de pagamento das passagens; informações sobre o *check-in*, como seu horário e o atendente que realizou o processo; informações sobre solicitações de serviço especial (como refeições específicas), entre outros.

Como se observa, há uma enormidade de dados pessoais que são coletados, armazenados e compartilhados pelas companhias aéreas para cumprirem com as obrigações legais no que diz respeito ao sistema de API e ao registro de PNR, incluindo potenciais dados sensíveis relativos a eventuais restrições alimentares ou demais condições de saúde que porventura requeiram, por parte do passageiro, uma solicitação de serviço especial.

Embora tais dados possam ser regularmente tratados sob o manto da LGPD com base na obrigação legal ou regulatória à qual estão sujeitas as companhias aéreas, é certo que tais tratamentos devem continuar atendendo aos princípios dispostos pela legislação, mormente da especificação de propósitos, da limitação do tratamento, da transparência, da qualidade dos dados, da segurança da informação e da não discriminação, bem como devem ser respeitados os direitos dos titulares, previstos na LGPD.

Indo além, a Resolução 400/2016, que estabelece as condições gerais de transporte aéreo, também disciplina a obrigatoriedade da adoção de operações de tratamento de dados pessoais por parte das companhias aéreas, ao definir, em seu art. 16, que o passageiro está obrigado a apresentar documento de identificação civil válido para embarque em voo doméstico e internacional, que será conferido pelo agente da companhia no ato do embarque. Sem essa apresentação e sem o tratamento desses dados pessoais, o passageiro não será admitido para embarque na aeronave (BRASIL, 2016).

Por fim, vale também salientar as previsões contidas na Resolução 515/2019, que estabelece procedimentos de inspeção de segurança da aviação civil contra atos de interferência ilícita nos aeroportos, e que dispõe, em seu art. 8º, que o operador do aeródromo deve elaborar uma lista com a relação dos agentes públicos que estão autorizados a serem inspecionados de modo randômico, contendo dados como o nome do agente e o número de sua credencial. A lista atualizada deve ser compartilhada com a Polícia Federal ou com outro órgão de segurança pública responsável pelas atividades de polícia do aeródromo (BRASIL, 2019).

Todo esse arcabouço regulatório específico garante uma permissividade maior às companhias aéreas no que diz respeito ao tratamento de dados pessoais de seus clientes, uma vez que diversas informações precisam ser efetivamente tratadas pelas organizações, sob pena de violação dos ditames das respectivas leis e resoluções.

Contudo, não se pode olvidar que os dados pessoais tratados para o cumprimento de uma obrigação legal, no caso do setor da aviação civil, têm claramente uma finalidade de resguardar a segurança de todos os envolvidos em tal forma de transporte, tanto o próprio Estado quanto os demais passageiros, tripulantes e profissionais que trabalham em aeródromos.

Essa finalidade precípua é específica e não deve ser confundida com outros propósitos que eventualmente as companhias aéreas tenham para tratar dados pessoais de seus clientes, a exemplo da condução de campanhas de *marketing* ou do compartilhamento dos dados com outras empresas, que não tenham qualquer correlação com as autoridades públicas e órgãos governamentais que precisam dessas informações para fins de segurança.

Como se verá no item a seguir, a preexistência de um volume tão elevado de dados pessoais acarreta algumas dificuldades na implementação da LGPD nas organizações do setor da aviação civil, especialmente as grandes companhias aéreas.

3. DESAFIOS DA IMPLEMENTAÇÃO DA LGPD

A miríade de dados pessoais que precisam ser armazenados pelas companhias aéreas traz desafios concretos e complexos à implementação de programas de governança em privacidade para tais organizações, a começar pelo processo de *data mapping*, de inventariar todos os dados pessoais tratados por respectivas empresas.

Em razão do seu volume, da quantidade de atividades de tratamento de dados, dos mais variados locais nos quais os dados são armazenados, da necessidade de serem compartilhados com terceiros e das inevitáveis transferências internacionais que ocorrem frequentemente, o processo de identificar todos os fluxos de dados pessoais, de criar um registro para cada uma dessas atividades de tratamento e de compreender como minimizar os dados que precisam ser guardados tende a levar um período de tempo razoável, bem como demanda o claro envolvimento e atuação de vários setores dentro das organizações.

A própria observação aos princípios norteadores da LGPD pode ser complexa e requerer esforços da organização em prol da conscientização de seus colaboradores. Com uma vastidão de dados à sua disposição, coletados em razão das obrigações legais existentes, é imprescindível que todos dentro da organização entendam que tais informações somente devem ser tratadas para as finalidades para as quais foram obtidas, não sendo possível ultrapassar esses propósitos e utilizar tais dados para finalidades distintas.

Exemplifica-se: o fato de uma companhia aérea precisar armazenar informações sobre restrições alimentares de um passageiro, a serem incluídas no PNR, e que também são coletadas com a finalidade de que a refeição recebida pelo passageiro não cause nenhum dano à sua saúde, não pode ser posteriormente utilizada para fins de uma campanha publicitária segmentada para atingir pessoas com determinadas restrições alimentares.

Vale lembrar que tais dados, bem como outros que potencialmente podem ser ou que são obtidos pelas companhias aéreas, quando revelarem uma condição de saúde do passageiro serão inegavelmente dados pessoais sensíveis, que demandam maiores cuidados por parte do controlador, especialmente em razão do maior prejuízo que podem causar ao titular caso sejam acessados por terceiros não autorizados.

Outro aspecto delicado em companhias aéreas é a necessidade de implementação de medidas técnicas e organizacionais elevadas, aptas a garantir a segurança das informações por elas detidas, em respeito aos princípios da prevenção e da segurança, bem como os ditames impostos pelos arts. 46 e seguintes da LGPD. Considerando o grande número de dados pessoais tratados por respectivas empresas, um eventual incidente de segurança pode trazer consequências extremamente danosas, tanto para os titulares de dados, que poderão ter diversas informações relevantes vazadas, quanto para as próprias empresas, que sofrerão com os prejuízos materiais e reputacionais advindos de tal incidente.

As transferências internacionais de dados realizadas por companhias aéreas também merecem atenção redobrada em projetos de adequação à LGPD. Por sua natureza, o negócio principal de companhias aéreas transnacionais implica inevitáveis transferências de dados para fora do Brasil. Boa parte dessas transferências possui uma condição de existência mais facilitada, já que o art. 33, IX, da LGPD estabelece que as transferências internacionais são admitidas quando forem necessárias para cumprir com obrigações legais ou regulatórias, o que seria aplicável no que tange aos dados existentes no sistema de API e no registro e PNR, que são transferidos para fora do Brasil nessas bases.

Por outro lado, deve-se ter cuidado para que as organizações não confundam a possibilidade de transferir dados internacionalmente por conta de uma obrigação legal com transferências que eventualmente sejam efetuadas não em razão de um comando legal ou regulatório, mas tão somente por um benefício à organização, a exemplo do armazenamento de dados em serviços de nuvem mantidos no exterior por motivos de economia financeira.

Nesse segundo cenário, caberá à organização identificar uma base legal que lhe permita continuar realizando essas transferências internacionais, aspecto que é extremamente complexo não só no setor aéreo, mas também em todas as outras áreas, considerando que as formas mais apropriadas para viabilizar a transferência internacional de dados em alguns casos são pautadas por instrumentos contratuais, como normas corporativas globais e cláusulas contratuais-padrão, que precisam ser aprovados pela Autoridade Nacional de Proteção de Dados.

Sobre as transferências internacionais pautadas por uma obrigação legal, Chaves (2019, p. 304) argumenta sobre a avaliação de se uma transferência se encaixa na hipótese de efetivamente necessária:

> Dessa maneira, pode-se entender que a transferência somente será necessária para o cumprimento de obrigação legal ou regulatória pelo controlador quando o dispositivo em referência de fato exigir aquele tipo de tratamento de dados pessoais que estiver sendo levado a efeito (CHAVES, 2019, p. 304).

A natureza internacional da maioria das companhias aéreas demanda também uma avaliação da eventual necessidade de adequação de suas práticas a legislações estrangeiras aplicáveis, a exemplo do *General Data Protection Regulation* (GDPR), da União Europeia. Em muitos casos, a amplitude de leis de proteção de dados que precisam ser observadas pelas companhias aéreas trará desafios procedimentais de conseguir adotar rotinas e processos distintos para cada uma das jurisdições aplicáveis, mormente quando as legislações possuem diferenças relevantes, o que ocorre inclusive entre normas que são razoavelmente semelhantes, a exemplo da LGPD e do GDPR.

Talvez um dos desafios mais complexos nos processos de adequação à LGPD por parte de empresas do setor aéreo esteja relacionado a uma combinação de conscientização de seus colaboradores e dos meios para o exercício dos direitos dos titulares previstos no art. 18 da LGPD.

Isso porque a LGPD é manifestamente vaga quando dispõe, por exemplo, sobre o exercício do direito de acesso por parte do titular de dados. De acordo com o art. 19 da legislação, o acesso aos dados pessoais deve ser providenciado pelo controlador mediante requisição do titular, devendo ser cumprido ou imediatamente, em formato simplificado, ou no prazo máximo de 15 dias, contados a partir da data de requerimento do titular, com a entrega de uma declaração clara e completa.

Em nenhum momento a legislação prevê qual será a forma ou o meio para o exercício desse direito, deixando esse aspecto em aberto, a permitir a interpretação de que o titular poderá exercer o direito de acesso como bem entender, seja por escrito, mediante o envio de uma carta ou *e-mail* a um estabelecimento do controlador, ou mesmo por envio de uma mensagem pelas redes sociais do controlador, seja pessoalmente, mediante solicitação feita a qualquer funcionário do controlador.

No caso de companhias aéreas, essa possibilidade adquire contornos difíceis. Num cenário hipotético, seria possível ao titular de dados realizar uma solicitação de acesso tanto para o atendente da companhia no balcão do *check-in* quanto para o atendente da companhia no portão de embarque, ou mesmo para qualquer tripulante de seu voo, uma vez que todos esses funcionários representam a companhia, ao menos em certa medida.

E, ainda que se imagine que tais funcionários poderiam ser treinados para indicar ao titular de dados um canal específico para que este realizasse sua solicitação, na ausência de uma especificação legal sobre estar o titular obrigado a exercer seu direito pelos meios ou canais normalmente indicados pelo controlador, parece inquestionável que a sua solicitação oral, feita a um tripulante, é válida e lícita, inexistindo imposição ao titular de atender ao pleito do tripulante de encaminhar sua solicitação por escrito.

Nesse sentido, o prazo para atendimento da solicitação começaria a contar a partir do momento em que fosse realizada para o tripulante, demandando que a organização já tivesse procedimentos claros, que fossem previamente transmitidos aos seus colaboradores, sobre como agir diante de tal situação, especialmente como registrar as informações necessárias sobre o titular e o escopo de seu pedido de acesso, e como encaminhar a respectiva solicitação para quem tomará frente em respondê-la.

Considerando o escasso prazo de resposta previsto pela nossa legislação, muito inferior ao prazo conferido em jurisdições que já possuem uma cultura de privacidade de longa data, o treinamento e a conscientização dos funcionários a respeito da essencialidade de que as solicitações de exercício de direitos do titular sejam encaminhadas rapidamente por quem as receba são vitais, haja vista que pode fazer a diferença entre conseguir atender ou não ao prazo de 15 dias para a resposta.

Veja-se que o treinamento precisa abordar como todos os funcionários devem se portar diante de uma solicitação de acesso em situações distintas. Voltando ao exemplo do titular que realiza a solicitação durante um voo, para um tripulante, mesmo que a companhia tenha criado um formulário impresso para que o tripulante entregue ao titular, para que este registre por escrito a sua solicitação, novamente não existe obrigação de o titular fazê-lo. Na ausência de previsão legal de que a solicitação precisa ser por escrito, poderia o titular recusar-se a proceder ao seu registro no formulário entregue pelo tripulante e, ainda assim, sua solicitação de acesso precisaria ser cumprida, cabendo ao tripulante recebê-la oralmente e, posteriormente, registrá-la internamente conforme os procedimentos estabelecidos pela companhia.

A interação física e pessoal que existe entre passageiros e funcionários de companhias aéreas, que dificilmente se verifica entre um titular e uma *big tech company*, que somente se comunicam por meios eletrônicos e com registros escritos, torna esses desafios mais complexos, haja vista a imensa possibilidade de cenários nos quais o exercício dos direitos do titular pode ser realizado oralmente. A situação hipotética supramencionada, inclusive, pode ser muito mais fácil de lidar do que quando o titular resolve exercer sua solicitação para o atendente que está presente no momento do embarque, com várias outras responsabilidades relacionadas a garantir que as pessoas que embarquem tenham sido identificadas, e que terá maiores dificuldades até para registrar a solicitação por escrito.

Por fim, os desafios de implementação tendem a aumentar cada vez mais, mormente por conta do momento atual e das alterações que a realidade social vem impondo a todas as organizações públicas e privadas, sendo certo que o setor da aviação civil já está sendo e certamente continuará como um dos mais afetados por essas mudanças.

O alastramento da pandemia da Covid-19 ao redor do mundo fez com que certas condutas, como a medição de temperatura de pessoas, inclusive por meio de dispositivos avançados, de identificação termal a distância, fossem adotadas em várias situações, especialmente em aeroportos. Em razão dessas novas orientações, grande parte das companhias aéreas também vem realizando procedimentos específicos para aferir se seus clientes potencialmente estão infectados com a doença ou demonstram sintomas relacionados ao novo vírus.

Por se tratar de dados relativos à saúde do titular, considerados pela legislação como dados sensíveis, cuidados maiores devem ser envolvidos nas operações de tratamento e na conservação e posterior exclusão desses dados, por meio de processos seguros e que garantam que a informação não poderá ser acessada indevidamente por terceiros.

A mesma lógica também é aplicável aos dados biométricos que possivelmente passarão a ser tratados por companhias aéreas e aeroportos em procedimentos de *check-in* e embarque mediados pela tecnologia, por meio de sistemas de reconhecimento biométrico, que dispensarão o uso e apresentação de documentos para comprovação da identidade do passageiro. O sistema passará a fazer a autenticação do passageiro pela comparação de uma *selfie* com as fotos existentes em documentos de identidade nacionais que estejam armazenados nas bases de dados de órgãos federais (PUPO, 2020).

Essas mudanças nos processos de *check-in* e embarque, embora relevantes para tentar evitar a propagação da Covid-19, ao diminuírem a proximidade e o contato interpessoal, bem como o manuseio de documentos físicos por diferentes pessoas, como antes era necessário durante o ato prévio ao embarque nas aeronaves, requerem maiores cuidados e expõem as companhias aéreas a riscos exponenciais.

Se hoje já são tratados diversos dados pessoais por conta de obrigações legais, a adição da biometria dos passageiros a essas bases de dados é no mínimo preocupante, considerando a extensão do dano de um eventual incidente de vazamento de dados pessoais. Com acesso à sua biometria, todos os seus dados de identificação, como RG, CPF, passaporte, endereços, entre outros, criminosos passariam a deter todas as informações necessárias para praticar uma série de atos altamente prejudiciais, como a abertura de contas e de cartões de crédito em seu nome.

Com efeito, os desafios da implementação da LGPD no setor da aviação civil são diversos, e, em muitos casos, mais acentuados do que em outros setores da economia, especialmente em razão das regras existentes que demandam um acúmulo de um número expressivo de informações de passageiros e tripulantes, de modo que os projetos de adequação realizados em companhias aéreas devem ser altamente customizados para que atendam aos problemas específicos desse ramo.

4. CASE: O INCIDENTE DE SEGURANÇA DA BRITISH AIRWAYS

Para exemplificar alguns dos desafios e problemas que podem surgir no tratamento de dados pessoais de empresas do setor aéreo, vale estudar o caso recente envolvendo a British Airways, companhia aérea do Reino Unido, com atuação global, que sofreu um incidente de segurança em setembro de 2018, que culminou com o comprometimento de dados pessoais de aproximadamente 500 mil passageiros (SWENEY, 2019).

Na ocasião, criminosos conseguiram roubar dados financeiros de passageiros que compraram suas passagens pelo *website* da companhia, por seu aplicativo, ou quando as transações envolviam pontos do programa de milhagem da British Airways, intitulado Avios. Os dados acessados indevidamente incluíam nome e sobrenome dos passageiros, seus itinerários de viagem, endereço de cobrança, endereço de *e-mail*, dados de pagamento, incluindo o número dos cartões de crédito e o código de segurança de três dígitos, que normalmente se encontra no verso do cartão (CALDER, 2019).

O incidente ocorreu pela ausência da adoção de medidas técnicas adequadas por parte da British Airways, especialmente em razão da falta de proteção apropriada ao processamento dos pagamentos realizados pelos passageiros em seu *website* e aplicativo. Uma vulnerabilidade no código de Javascript utilizado no *site* permitiu que os atacantes incluíssem 22 linhas de código, que faziam com que informações digitadas pelos usuários fossem enviadas para um *site* que não era o oficial da companhia, mas cujo domínio era similar aos domínios utilizados pela British Airways. Aparentemente, a vulnerabilidade já existia desde 2012, de modo que a companhia aérea falhou em vários quesitos técnicos, como ao deixar de atualizar os *scripts* utilizados em suas páginas, que deram margem ao vazamento de dados (STOKEL--WALKER, 2019).

O incidente cibernético, que resultou em violações ao GDPR, levou o *Information Commissioner's Office*, autoridade supervisora do Reino Unido, a comunicar a sua intenção de multar a British Airways em £ 183 milhões, o equivalente a 1,5% do seu faturamento global no ano anterior (SWEENEY, 2019).

Após avaliar as representações feitas pela companhia, o ICO decidiu reduzir substancialmente a sanção pecuniária a ser aplicada à British Airways, que foi fixada em £ 20 milhões (ICO, 2020).

Embora a multa tenha sofrido uma redução significativa, não há como negar a relevância de serem adotadas medidas técnicas e organizacionais adequadas para o cumprimento da legislação de proteção de dados por companhias aéreas, mormente em razão da possível extensão de qualquer vazamento de dados.

No caso específico da British Airways, há um claro ensinamento que pode ser obtido da análise do seu respectivo vazamento de dados: segurança da informação é um tema que não pode ser menosprezado e que deve ser constantemente revisto a fim de garantir que as proteções inicialmente implementadas permaneçam aptas a assegurar a confidencialidade, a integridade e a disponibilidade dos dados.

Além disso, é de rigor que os sistemas de proteção adotados e o programa de governança estabelecido sejam monitorados ciclicamente para que se possa aferir se ele de fato está funcionando como intentado e se não existem melhorias que podem ser implementadas para fortalecer as proteções existentes.

Uma eventual falha, por menor que possa parecer, pode acarretar incidentes de larga escala e sanções elevadas, além da inegável perda reputacional advinda de episódios de vazamentos de dados, quando a situação poderia ter sido controlada de modo muito menos custoso por meio de investimentos em conscientização e na criação ou aperfeiçoamento de medidas técnicas e organizacionais para a proteção dos dados pessoais.

5. CONSIDERAÇÕES FINAIS

É inegável que a LGPD ocasionará uma enorme mudança no mercado, tamanho o seu alcance e seu impacto em todas as organizações, sejam públicas ou privadas, em todos os setores da economia. Alguns mercados tendem a ser mais afetados do que outros, a exemplo do que deve acontecer com o setor da aviação civil, em razão de suas características peculiares e específicas.

Tanto o elevado volume de dados pessoais que as companhias aéreas são obrigadas a tratar por conta de seus deveres legais (e que precisam ser armazenados por longos períodos de tempo) quanto pelo fato de suas operações serem, em sua maioria, internacionais, tornando transferências internacionais de dados rotineiras, fazem com que as empresas do setor aéreo sejam alvos constantes de ataques cibernéticos e de fiscalização por parte dos reguladores.

Inclusive, ao longo dos últimos anos, várias companhias aéreas sofreram vazamentos de dados pessoais além da British Airways, a exemplo da EasyJet, Delta Airlines, Air Canada e Cathay Pacific, o que demonstra que as medidas técnicas e organizacionais adotadas por empresas desse setor precisam ser repensadas e aprimoradas constantemente, sob pena de novos incidentes acontecerem cada vez com mais frequência.

Considerando que os desafios relacionados ao tratamento de dados pessoais sensíveis nesse setor devem se acentuar em razão da pandemia, é imprescindível que as companhias aéreas que eventualmente ainda não se adequaram à LGPD saiam voando para alcançar esse propósito o quanto antes.

REFERÊNCIAS

BRASIL. Lei n.º 7.565, de 19 de dezembro de 1986, que dispõe sobre o Código Brasileiro de Aeronáutica. Disponível em: http://www.planalto.gov.br/ccivil_03/leis/l7565compilado.htm. Acesso em: 12 fev. 2022.

BRASIL. Decreto n.º 97.464, de 20 de janeiro de 1989, que estabelece procedimentos para a entrada no Brasil e o sobrevoo de seu território por aeronaves civis estrangeiras, que não estejam em serviço aéreo internacional regular. Disponível em: http://www.planalto.gov.br/ccivil_03/decreto/1980-1989/d97464.htm. Acesso em: 12 fev. 2022.

BRASIL. Agência Nacional de Aviação Civil. Resolução n.º 255, de 13 de novembro de 2012. Disponível em: https://www.anac.gov.br/assuntos/legislacao/legislacao-1/resolucoes/resolucoes-2012/resolucao-no-255-de-13-11-2012/@@display-file/arquivo_norma/RA2012-0255%20consolidado%20até%20RA2014-328.pdf. Acesso em: 12 fev. 2022.

BRASIL. Agência Nacional de Aviação Civil. Resolução n.º 400, de 13 de dezembro de 2016. Disponível em: https://www.anac.gov.br/assuntos/legislacao/legislacao-1/

resolucoes/resolucoes-2016/resolucao-no-400-13-12-2016/@@display-file/arquivo_norma/RA2016-0400%20-%20Retificada.pdf. Acesso em: 12 fev. 2022.

BRASIL. Agência Nacional de Aviação Civil. Resolução n.º 515, de 8 de maio de 2019. Disponível em: https://www.anac.gov.br/assuntos/legislacao/legislacao-1/resolucoes/2019/resolucao-no-515-08-05-2019/@@display-file/arquivo_norma/RA2019-0515%20-%20Compilado%20até%20RA2020-0553.pdf. Acesso em: 12 fev. 2022.

CALDER, Simon. What is the British Airways data breach and how does it affect passenger? *Independent*, 8 jul. 2019. Disponível em: https://www.independent.co.uk/travel/news-and-advice/british-airways-data-breach-privacy-details-leak-iag-cathay-pacific-information-commissioner-a8993331.html. Acesso em: 12 fev. 2022.

CHAVES, Luis Fernando Prado. Capítulo V – Da Transferência Internacional de Dados. *In*: MALDONADO, Viviane Nóbrega; BLUM, Renato Ópice. *LGPD*: Lei Geral de Proteção de Dados comentada. 2. ed. São Paulo: Thomson Reuters Brasil, 2019. p. 291-308.

ICO – INFORMATION COMMISSIONER'S OFFICE. Penalty Notice. Case ref: COM0783542. British Airways plc. Disponível em: https://ico.org.uk/media/action-weve-taken/mpns/2618421/ba-penalty-20201016.pdf. Acesso em: 12 fev. 2022.

PUPO, Amanda. Governo começa a testar em setembro embarque com 'selfie' em vez de documentos. *O Estado de S. Paulo*, 24 jul. 2020. Disponível em: https://economia.estadao.com.br/noticias/geral,governo-comeca-a-testar-em-setembro-embarque-com-selfie-em-vez-de-documentos,70003375070. Acesso em: 12 fev. 2022.

STOKEL-WALKER, Chris. A simple fix could have saved British Airways from its £183m fine. *Wired*, 8 jul. 2019. Disponível em: https://www.wired.co.uk/article/british-airways-data-breach-gdpr-fine. Acesso em: 12 fev. 2022.

SWENEY, Mark. BA faces £183m fine over passenger data breach. *The Guardian*, 8 jul. 2019. Disponível em: https://www.theguardian.com/business/2019/jul/08/ba-fine-customer-data-breach-british-airways. Acesso em: 12 fev. 2022.

18

LGPD APLICADA AO SETOR DE ENERGIA

Luiza Sato

INTRODUÇÃO

Os diferentes setores da economia apresentam particularidades importantes que fazem com que a Lei Geral de Proteção de Dados (LGPD)[1] tenha repercussões diferentes em cada um deles.

Apesar de hoje ainda serem pouco explorados os impactos da proteção de dados no setor da energia, não há como duvidar que a LGPD o afetará enormemente, uma vez ser tratado um imenso volume de dados pessoais pelos diferentes agentes atuantes dentro de toda a sua cadeia.

Os serviços essenciais são aqueles que sustentam o bom funcionamento da sociedade moderna e servem como a espinha dorsal das atividades econômicas. Tais serviços incluem, entre outros, a distribuição de energia, assistência médica, telecomunicações e compensações bancárias[2]. A infraestrutura de energia é indiscutivelmente uma das mais complexas e críticas, uma vez que todos os outros prestadores dependem dela para fornecer seus serviços essenciais. Assim, a indisponibilidade no suprimento de energia tem um alto impacto na economia e no bom funcionamento da sociedade civil, que pode,

---

[1] BRASIL. Lei n.º 13.709, de 14 de agosto de 2018. Lei Geral de Proteção de Dados Pessoais (LGPD). Disponível em: http://www.planalto.gov.br/ccivil_03/_ato2015-2018/2018/lei/L13709.htm. Acesso em: 10 jul. 2020.

[2] BRASIL. Lei n.º 7.783, de 28 de junho de 1989 (art. 10). Dispõe sobre o exercício do direito de greve, define as atividades essenciais, regula o atendimento das necessidades inadiáveis da comunidade, e dá outras providências. Disponível em: http://www.planalto.gov.br/ccivil_03/leis/l7783.HTM. Acesso em: 24 jul. 2020.

inclusive, gerar efeitos que perduram por mais tempo do que o incidente em si, podendo até afetar o produto interno bruto (PIB) do país.

Com o aumento da digitalização do setor de energia, surgiram avanços e tendências tecnológicas relevantes para a presente discussão. Como exemplo, temos a integração da Internet das Coisas (IoT) em dispositivos, como os eletrodomésticos, cujo funcionamento pode ser acompanhado pela Internet; os serviços em nuvem com operação 24/7, que geram relatórios e respostas automatizadas; uso do *data analytics* para gerenciar efetivamente dispositivos digitais utilizando tecnologias de *big data*; infraestruturas de telecomunicações expandidas com o aumento do emprego de dispositivos móveis; novas aplicações com estreita integração de demanda e resposta, como usinas virtuais, microrredes ou serviços de gerenciamento em nuvem para automação solar, predial e residencial[3]; e os sistemas inteligentes de *net metering*, que viabilizam a leitura bidirecional do consumo e geração de energia.

Nesse sentido, o aumento da eficiência nos serviços de fornecimento de energia tem seu preço, qual seja, a maior exposição a incidentes de segurança da informação, incluindo ataques cibernéticos. De maneira intersetorial, as ameaças aplicam-se a todas as tecnologias decorrentes de processos e serviços de geração, transmissão e distribuição do mercado de energia. A digitalização do setor de energia também levanta a questão de como enfrentar os riscos e ameaças a dados pessoais, que são cruciais para a segurança do fornecimento de energia.

Uma grande tendência do setor de energia é centrar seus esforços no atendimento do consumidor final, gerando a prestação de serviços customizados, tornando a LGPD cada vez mais relevante nessa indústria. Hoje, é calorosa a discussão sobre o tratamento de informações pelos *smart meters*, ou seja, os medidores inteligentes para gerenciamento de energia, cuja condução indevida pode provocar o uso indevido de dados pessoais, incluindo a invasão da privacidade dos indivíduos.

No Brasil, vivemos um período de transição de abertura do mercado livre para residências e pequenos consumidores, o que envolverá cada vez mais transações de compra e venda de energia com o tratamento de dados de pessoas físicas.

---

[3] Cyber Security in the Energy Sector – Recommendations for the European Commission on a European Strategic Framework and Potential Future Legislative Acts for the Energy Sector. *EECSP Report*, p. 23, Feb. 2017. Disponível em: https://ec.europa.eu/energy/sites/ener/files/documents/eecsp_report_final.pdf. Acesso em: 26 jul. 2020.

Conforme Clovis Alberto Volpe Filho e Maria A. Figueiredo Pereira Alvarenga[4], "sendo a energia elétrica um serviço público essencial, deve existir um maior respaldo jurídico nessa relação consumidor-fornecedor, e, como é uma relação ampla, lacunas existem para serem apuradas e consertadas". Assim sendo, os agentes do setor devem buscar a conformidade à LGPD, além de utilizar o momento como uma oportunidade para a revisão de sua visão holística empresarial, a fim de realizar o tratamento de dados pessoais da forma correta e ganhar vantagem competitiva.

O SETOR DE ENERGIA NO BRASIL E APLICAÇÃO DA LGPD

A energia é uma mercadoria negociável que possui natureza única, uma vez que: (i) é completamente fungível – 1 *megawatt* de energia, seja ela produzida por água, biomassa, carvão, gás ou qualquer outro recurso[5] contém exatamente a mesma quantidade de energia; (ii) precisa ser produzida, transmitida e utilizada simultaneamente, uma vez ser inviável o estoque de grandes volumes; e (iii) seu armazenamento por bateria em escala industrial é ainda proibitivamente caro, devendo o seu fornecimento corresponder à exata demanda na rede.

Conforme Gabriel Nasser Doyle de Doile[6], devido à incapacidade de prover de maneira adequada todas as necessidades da população, com as devidas modernizações para fazer frente às constantes mudanças ocorridas no mercado econômico, o Estado optou por transferir essa responsabilidade ao setor privado, que se tem mostrado competente para realização dessas tarefas. Por conseguinte, veio a necessidade de criação das agências reguladoras para regular e fiscalizar as atividades públicas a serem desempenhadas pela iniciativa privada. O principal objetivo é conter os abusos do poder econômico e manter a qualidade e os preços dos serviços prestados.

O Sistema Elétrico Brasileiro é muito bem estruturado, contando com importantes instituições que trabalham de forma complementar.

---

[4] VOLPE FILHO, Clovis Alberto; ALVARENGA, Maria A. Figueiredo Pereira. *Setor elétrico*. Curitiba: Juruá, 2008. p. 18.

[5] A matriz energética brasileira é uma das mais renováveis do mundo. Aqui predominam as hidrelétricas, mas também temos eólica, biomassa, nucleares, solares e termoelétricas de gás e óleo.

[6] DOILE, Gabriel Nasser Doyle de. Regulação do setor elétrico: histórico, agência reguladora, atualidades e perspectivas futuras. *In*: NERY, Eduardo. *Mercados e regulação de energia elétrica*. Rio de Janeiro: Interciência, 2012. p. 477.

Entre os órgãos públicos, temos o Ministério de Minas e Energia (MME), responsável pela política energética brasileira; a Empresa de Pesquisa Energética (EPE), que realiza estudos e projeções para subsidiar o MME no planejamento da expansão do sistema energético, estabelecendo os planos decenais; a Agência Nacional de Energia Elétrica (ANEEL), que regula e fiscaliza a produção, transmissão, distribuição e comercialização da energia, buscando o equilíbrio do mercado; o Conselho Nacional de Política Energética (CNPE), que assessora a Presidência da República; o Comitê de Monitoramento do Setor Energético (CMSE), que garante a segurança no fornecimento de energia; e o Operador Nacional do Sistema Elétrico (ONS), que realiza a operação física, coordenando a operação do sistema interligado nacional, estabelecendo o despacho das usinas.

Relevante mencionar também a Câmara de Comercialização de Energia Elétrica (CCEE), sociedade civil de direito privado e sem fins lucrativos, mantida pelo conjunto de agentes que atuam no mercado de compra e venda de energia e responsável por viabilizar as atividades de compra e venda de energia em todo o País, inclusive monitorando os agentes e aplicando penalidades caso haja descumprimento de obrigações. O grande propósito da CCEE é manter o bom funcionamento de energia elétrica e garantir o desenvolvimento do Brasil.

A LGPD aplica-se tanto ao setor privado como ao público, o que significa que os órgãos governamentais também possuem obrigações relacionadas às suas atividades de proteção de dados.

Com relação à aplicabilidade da LGPD ao setor de energia, tem-se que, de acordo com o art. 55-K da Lei e seu parágrafo único, a Autoridade Nacional de Proteção de Dados (ANPD) é o órgão central de interpretação dessa Lei e do estabelecimento de normas e diretrizes para a sua implementação, e suas competências prevalecerão, quanto à proteção de dados pessoais, sobre as competências correlatas de outras entidades ou órgãos da administração pública. De qualquer forma, deve a ANPD articular sua atuação com outros órgãos e entidades com competências sancionatórias e normativas afetas ao tema de proteção de dados pessoais.

Desse modo, a ANPD deverá dialogar com os órgãos supracitados, inclusive com a ANEEL e mesmo com a CCEE, para delinear de forma técnica as adequações para as políticas de privacidade e tratamento dos dados conduzido pelos agentes do setor elétrico.

Dentro do tema, a ANEEL publicou a Resolução Normativa 964, de 14/12/2021[7] ("Resolução 964"), que dispõe sobre a política de segurança

---

[7] BRASIL. Resolução Normativa ANEEL n.º 964, de 14 de dezembro de 2021. Disponível em: https://www.in.gov.br/en/web/dou/-/resolucao-normativa-aneel-n-964-de-14-de-dezembro-de-2021-369359262. Acesso em: 08 fev. 2022.

cibernética a ser adotada pelos agentes do setor de energia elétrica. Apesar de não mencionar expressamente a possibilidade da combinação de ações entre órgãos, considerando que a segurança cibernética, muitas vezes, envolverá a proteção de dados pessoais, será interessante que a ANEEL atue em conjunto com a ANPD em determinadas situações envolvendo incidentes de segurança no setor elétrico.

Pela natureza singular, a cadeia produtiva do mercado de energia elétrica engloba uma série de agentes. Conforme ensinamento de Walter T. Álvares[8],

> [...] como tempo e espaço, considerada a velocidade da eletricidade, são praticamente anulados, então verifica-se que, no mesmo instante em que acionamos o interruptor de nossos aparelhos, deixando passar a corrente, neste mesmo instante aquela fração de eletricidade está seno produzida no gerador [...] e neste mesmo instante, esta eletricidade foi gerada, transformada, transportada e distribuída até aquele local de consumo.

Dessa forma, o processo inicia-se em um ponto com a geração transformando um produto em energia, que então está propício ao transporte, e em seguida torna possível a distribuição e, por fim, é consumida na última ponta.

Dentro da cadeia produtiva brasileira, temos então os agentes de geração, agentes de transmissão, agentes de distribuição, agentes de comercialização e agentes de consumo[9].

Os agentes de geração são os responsáveis pela produção de energia elétrica por meio das mais diversas fontes, não importa sua origem. Podem ser produtores independentes de energia elétrica, concessionários de serviço público e autoprodutores.

Por sua vez, os agentes de transmissão por meio de contrato de concessão para prestação de serviço público possuem a outorga para construir, operar e realizar a manutenção das instalações de transmissão que transportam a energia elétrica produzida das usinas para as regiões do País interligadas, constituindo o chamado Sistema Interligado Nacional (SIN).

Já os agentes de distribuição difundem em suas redes a energia recebida, após sua conversão em baixa tensão para viabilizar o consumo residencial, ou

---

[8] ÁLVARES, Walter T. *Curso de direito da energia*. Rio de Janeiro: Forense, 1978. p. 144.

[9] BRASIL. Lei n.º 9.427, de 26 de dezembro de 1996. Institui a ANEEL e disciplina o regime das concessões de serviços de energia elétrica. Disponível em: http://www.planalto.gov.br/ccivil_03/leis/l9427cons.htm. Acesso em: 08 fev. 2022.

gerada na sua própria área de atuação por terceiros. São eles que, dentro de suas áreas de monopólio, entregam a energia à maior parte dos consumidores finais, comprando essa energia dos mais diversos geradores por meio de leilões públicos. Também é papel das distribuidoras investir na instalação, manutenção e modernização da rede elétrica, bem como manter o relacionamento com o cliente cativo, atendendo aos pedidos e solicitações dos consumidores.

Os agentes de comercialização (*brokers*) compram energia dos geradores e a revendem preferencialmente para consumidores livres, negociando o melhor valor, prazo e forma de pagamento para as partes, além de excepcionalmente participarem de leilões regulados para vender energia para distribuidoras. Como especialistas, auxiliam grandes consumidores que querem migrar para o mercado livre em análises de viabilidade.

Por fim, os agentes de consumo[10] são aqueles que utilizam a eletricidade efetivamente, configurando o final da cadeia de suprimento de energia elétrica.

APLICAÇÃO DA LGPD

Erroneamente, parece existir a ideia de que as normas de proteção de dados afetam entidades que tratam grandes volumes de dados pessoais, ou que prestam serviços diretamente a pessoas físicas, ou que possuem atuação primordialmente *on-line*. Entretanto, todos os agentes do setor elétrico devem entender que, assim como entidades de qualquer outro setor, eles operam em algum grau atividades de tratamento de dados pessoais e estão sujeitos à LGPD e a outras normas de proteção de dados. Apenas pelo fato de terem empregados e indivíduos prestadores de serviços e lidarem com representantes pessoas físicas de clientes e fornecedores, tratam dados pessoais e devem adequar-se às normas aplicáveis.

É necessário que os empregados e prestadores de serviços sejam sempre bem informados quanto às formas de tratamento de seus dados pessoais, por meio de políticas e treinamentos de reciclagem. Ainda, deve haver atenção ao compartilhamento de dados pessoais com terceiros (como no caso de dados de empregados enviados a uma gestora de folha de pagamento ou a planos de saúde), uma vez que a LGPD estabelece a responsabilidade solidária do controlador em caso de danos causados ao titular pelos seus operadores.

---

[10] BRASIL. Decreto n.º 5.163, de 30 de julho de 2004. Regulamenta a comercialização de energia elétrica, o processo de outorga de concessões e de autorizações de geração de energia elétrica, e dá outras providências. Disponível em: http://www.planalto.gov.br/ccivil_03/_ato2004-2006/2004/decreto/D5163.htm. Acesso em: 28 jul. 2020.

Os agentes deverão implementar medidas para conseguir atender aos pedidos dos titulares de dados previstos no art. 18 da LGPD. Como exemplo, devem conseguir, em até 15 dias, indicar aos titulares que assim solicitarem a origem dos dados, a inexistência de registro, os critérios utilizados e a finalidade do tratamento de seus dados pessoais.

Também deverão os agentes manter o registro das operações de tratamento de dados pessoais que realizarem e conseguir cumprir com a determinação da ANPD de apresentação de relatório de impacto à proteção de dados pessoais (RIPD), que é o documento que contém a descrição dos processos de tratamento de dados pessoais que podem gerar riscos às liberdades civis e aos direitos fundamentais, bem como medidas, salvaguardas e mecanismos de mitigação de risco. Uma situação em que a elaboração de um RIPD seria recomendável é aquela em que um agente de distribuição desenvolva parceria comercial sob a qual compartilhará a base de dados de consumidores com maior consumo de energia, para a oferta por tal parceiro de produtos eletrônicos direcionada ao público comprador.

Cuidados deverão ser tomados também por todos os agentes quanto à retenção e eliminação de dados pessoais. É recomendável que seja elaborada uma política determinando o prazo mínimo pelo qual certos dados pessoais devem ser mantidos, bem como prazo após o qual tais dados deverão ser eliminados. Uma circunstância comum é a de um ex-empregado requerendo a um agente de geração para o qual trabalhou a eliminação de seus dados pessoais após o prazo prescricional de uma ação trabalhista, devendo o agente proceder à eliminação, caso não haja qualquer propósito em sua manutenção.

Ainda, todos os agentes do setor elétrico estão sujeitos à obrigação de comunicar à ANPD e aos titulares a ocorrência de incidentes de segurança que possam acarretar risco ou dano relevante aos titulares. Além disso, a Resolução 964 também estabelece a obrigação dos agentes de notificar a equipe de coordenação setorial designada dos incidentes cibernéticos de maior impacto que afetem de maneira substancial a segurança das instalações, a operação ou os serviços aos usuários ou de dados.

Por conta do valor existente em suas bases de dados, o setor elétrico é um grande foco de ataques cibernéticos. Em 2015, na Ucrânia, aconteceu um dos mais famosos incidentes de segurança da informação envolvendo o setor elétrico. *Hackers* conseguiram comprometer os sistemas de informações de três empresas de distribuição de energia do País, interrompendo o fornecimento de eletricidade.

Também estão sujeitos os agentes do setor elétrico à obrigação de indicar encarregado pelo tratamento de dados pessoais, independentemente do volume de dados que tratam ou do setor em que estejam inseridas. Tal encarregado será o canal com os titulares de dados e a ANPD, e terá a responsabilidade por orientar os colaboradores da empresa quanto às melhores práticas para garantir a proteção de dados pessoais.

Todos os agentes deverão preocupar-se com seus contratados com quem compartilharão dados pessoais que estão sob seu controle, considerando a responsabilidade solidária estabelecida pela LGPD em caso de danos ao titular dos dados. Exemplos aqui envolvem a terceirização de medição e a consequente transmissão da informação entre os agentes (empresa de leitura e concessionária de transmissão); o compartilhamento de dados pessoais com agentes de serviço que fazem manutenção em residências; e tratamento de dados por empresas terceiras que fazem a geração, impressão e envio de boletos. Os agentes deverão preocupar-se com seus operadores de dados, devendo adotar cuidados como avaliação de fornecedores (desde adoção de questionários até condução de auditorias) e inserção de cláusulas contendo instruções quanto ao tratamento de dados pessoais e estipulação de responsabilidades em seus contratos.

Violações à LGPD podem ocasionar sanções administrativas impostas pela ANPD, que vão desde advertência, passando pela multa de 2% do faturamento do conglomerado no Brasil no último exercício, com a limitação de R$ 50 milhões por infração, até a proibição parcial ou total do exercício de operações relacionadas a tratamento de dados, sanção que pode inviabilizar a manutenção das atividades de uma empresa. Deve-se salientar que, além de tais sanções administrativas, nada impede que outros órgãos, inclusive os pertencentes ao Judiciário, apliquem outras penalidades que entendam cabíveis em caso de infrações às normas de proteção de dados pessoais.

De qualquer forma, para todos os agentes do setor elétrico, estar em conformidade com as normas de proteção de dados representa mais do que evitar ou reduzir penalidades; significa a melhora na imagem e reputação de uma empresa, a maior eficiência de seus processos, a vantagem competitiva perante os concorrentes que não estão em *compliance* e a redução de custos e riscos. Ainda, as operações de fusões e aquisições levarão em conta a maturidade na proteção de dados das empresas sendo compradas e vendidas, para estipular preço e outras condições de negócio.

Especificamente para os agentes de distribuição, deve haver uma maior preocupação para o cumprimento das normas de proteção de dados, uma vez que eles lidam diretamente com os consumidores pessoas físicas e possuem, assim, um conjunto adicional de titulares de dados pessoais com o qual lidar. Os agentes de distribuição dispõem de volumosas bases de dados de consumidores pessoas físicas, com dados de identificação, localização e aspectos de consumo de energia elétrica, que são extremamente valiosas. Com esses dados, empresas podem direcionar a publicidade de seus produtos, identificar hábitos de indivíduos para desenvolver novas soluções, saber os horários em que as pessoas estão em casa para que o *telemarketing* as acesse, entre uma série de outras ações.

Por fim, considerando a abertura do mercado livre no Brasil dentro de alguns anos, existirá a possibilidade de pessoas físicas negociarem diretamente com geradoras e comercializadoras o preço, a quantidade, o prazo de fornecimento e até a fonte da energia, e, então, a atenção com as regras para o tratamento de dados pessoais deverá ser ainda mais amplificada por todos os agentes do setor elétrico.

SEGURANÇA CIBERNÉTICA

De acordo com o relatório preparado pelo Energy Expert Cyber Security Platform (EECSP) para a Comissão Europeia[11-12], os desafios em cibersegurança específicos do setor de energia são a estabilidade da rede em uma rede de energia interconectada transfronteiriça; os conceitos de proteção que refletem ameaças e riscos atuais; a ausência de preparação para o correto tratamento de ataques cibernéticos; os efeitos de ataques cibernéticos não totalmente considerados nas regras de projeto de uma rede elétrica ou instalação existente; a introdução de novas tecnologias e serviços altamente interconectados; a terceirização de infraestruturas e serviços; a integridade dos componentes utilizados em sistemas de energia; a grande interdependência entre os participantes do mercado; a disponibilidade de recursos humanos e suas competências; e as restrições impostas por medidas de segurança cibernética, em contraste com os requisitos de disponibilidade e tempo real.

Por conta da interconectividade do sistema elétrico, se qualquer ponto for alvo de ataque, isso pode impactar não só a distribuição, mas também todas as instalações de geração de energia.

---

[11] A Comissão Europeia é a instituição politicamente independente e que representa e defende os interesses da União Europeia na sua globalidade. Propõe, além da legislação, política e programas de ação e é responsável por aplicar as decisões do Parlamento Europeu e o Conselho da União Europeia. A missão do EECSP é fornecer orientações à Comissão sobre orientações políticas e regulatórias, abordando os principais pontos do setor de energia, incluindo questões de infraestrutura, segurança do suprimento, tecnologias de redes inteligentes e nuclear.

[12] EECSP Report, p. 18.

É largamente estudada hoje a possibilidade de a próxima guerra mundial ocorrer no ciberespaço. Um ataque cibernético que ocasiona a interrupção do fornecimento de energia envolve menos custos e pode gerar maiores prejuízos para a população do que o lançamento de um míssil. Sem energia por determinado tempo, os danos envolverão morte de pessoas que imediatamente dependem de energia para viver (como pessoas que usam aparelhos respiratórios), impossibilidade de comunicação entre agentes de segurança de um país, paralisação da produtividade de fábricas, entre outros graves impactos.

Com relação a esse assunto, a ANEEL publicou, no final de 2021, a Resolução 964, que abrirá espaço para que os órgãos da Coordenação Setorial implementem ações para estimular a conscientização da importância de se adotarem melhores práticas para fomentar a segurança cibernética e, assim, garantir a proteção e continuidade dos serviços prestados no setor elétrico. Entre as diretrizes a serem seguidas por tais órgãos, estão a orientação de empresas e instituições do setor elétrico a implementarem ações de gerenciamento de riscos e ameaças cibernéticas com objetivo de garantir a continuidade do negócio, a proteção dos dados e a segurança operacional; o estabelecimento de requisitos e controles mínimos de segurança cibernética para o setor visando reduzir riscos e vulnerabilidades a incidentes cibernéticos; e o estabelecimento de procedimento para identificação continuada de serviços e instalações estratégicas, consideradas infraestruturas críticas, que requeiram atenção em termos de segurança cibernética.

De acordo com o estudo "Impactos econômicos dos ataques cibernéticos no setor elétrico brasileiro e alternativas de mitigação", elaborado do pelo Centro de Pesquisa e Desenvolvimento em Telecomunicações (CPqD), cada minuto de interrupção no fornecimento de energia gera uma perda ao Brasil de R$ 5 milhões por minuto, ou R$ 303,8 milhões por hora e R$ 7,29 bilhões por um dia.

Considerando a relevância do assunto e a interseção entre as atividades da ANPD e ANEEL no tema, a ANPD poderá fazer uso de tal substrato para estabelecer, na ANEEL, os requisitos técnicos para a segurança cibernética de agentes no setor de energia.

INTELIGÊNCIA ARTIFICIAL E O SETOR ELÉTRICO

De forma ampla, inteligência artificial (IA) é a capacidade de um computador digital ou robô controlado por computador de executar tarefas comumente associadas a seres inteligentes. Por sua vez, *machine learning*, um subgrupo da IA, significa a aquisição de conhecimentos por máquinas pela experiência (uso de dados) sem programação direta por seres humanos, ou seja, os aplicativos aprendem, crescem, mudam e se desenvolvem sozinhos.

A maior parte dos métodos de *machine learning* existe para atacar dois tipos de problemas, quais sejam os de previsão, diminuindo, tempo e custos de paralisação e manutenção (*e.g.*, previsão de quando dado equipamento apresentará falhas, com base em uma série de sensores em diferentes unidades); e os problemas de classificação, tanto de bens como de processos, com o propósito de garantir e aprimorar o funcionamento das operações (*e.g.*, determinação do comportamento futuro de consumidores, com base em dados que eles compartilham).

No setor de energia, há uma série de exemplos interessantes de uso de *machine learning*. Há aplicativos que identificam os equipamentos que a pessoa tem em casa, fazendo uma previsão de falhas e criando alertas para quando equipamento estiver ligado por tempo excessivo; sistemas que promovem a eficiência de energia em *datacenters*; empresas que, na comercialização de energia, utilizam o *machine learning* para prever a disponibilidade de recursos e valores praticados no mercado quase em tempo real; estudos que preveem o comportamento do consumidor para fins de atração e retenção de cliente e previsão do pagamento e inadimplemento de contas, auxiliando atividades de *call centers*; e dispositivos inteligentes que gerenciam o consumo de energia dentro das residências.

A busca pela eficiência energética nas cidades passa pela implementação das *smart grids*, ou seja, as redes inteligentes para a distribuição de energia. Uma forma de exploração de *smart grids* pode ser exemplificada como a utilização da produção sobressalente de energia solar por determinada residência por outra residência. As *smart grids* utilizam os *smart meters*, que são os equipamentos eletrônicos de medição inteligente, que podem mensurar o balanço (geração – consumo) de energia, adicionando, assim, mais informações do que um medidor convencional.

Os *smart meters* podem, além de coletar dados de consumo de energia, fazer projeções de valor de fatura, identificar áreas da residência em que ocorre uso exagerado de energia, especificar energia utilizada por diferentes eletrodomésticos, gerenciar dispositivos a distância (*e.g.*, temperatura do ar-condicionado desejada quando se voltar para casa) etc. Assim, muitos dados trafegados pelos *smart meters* serão utilizados tanto para a eficiência do sistema elétrico como para aprimorar a experiência do usuário com o serviço.

A perspectiva desejada é a de um consumo mais inteligente de energia, com os consumidores conseguindo controlar e ativamente gerir o consumo e melhorar o seu conforto, mas sem que, para tanto, tenham os seus dados pessoais indevidamente utilizados.

Considerando que determinados dados circulados pelos *smart meters* podem identificar uma pessoa física, eles serão considerados dados pessoais. Além disso, pela combinação dos padrões de utilização de dispositivos de uma residência que usam energia para funcionar, um observador pode identificar o comportamento dos ocupantes de uma casa ao longo de um período de tempo.

Os consumidores de energia devem ter informações claras quanto à forma de tratamento de seus dados pessoais, a fim de cumprir com o requisito da transparência previsto na LGPD[13], podendo exercer, perante as distribuidoras e outros agentes da cadeia de Energia, conforme aplicável, todos os seus direitos previstos sob a LGPD[14], inclusive acesso e correção de seus dados pessoais e informações sobre as entidades com os quais seus dados foram compartilhados. As empresas devem ter se preparado para atender a tais requisições, estando sujeitas não só às mencionadas penalidades previstas pela lei, mas também abalos reputacionais e queda de valor de mercado.

Podemos vislumbrar alguns usos abusivos dos dados pessoais coletados pelos *smart meters*, justificando a aplicação de preceitos da LGPD para evitá-los ou punir seus causadores. Como exemplos, temos o uso discriminatório de dados sensíveis como os de convicção religiosa, a partir da verificação do não uso de energia elétrica no *Shabbat* por judeus e identificar, pelo uso da energia, quando as pessoas estão em casa e promover ações desde o *marketing* massivo por meio ligações telefônicas, até furtos de residências.

É importante a atual discussão desse tema porque no Brasil estamos ainda na fase embrionária tanto da implementação da LGPD como das *smart grids*. Considerando a vulnerabilidade em que as *smart grids* podem colocar os usuários de energia pelo uso de seus dados pessoais, faz-se de extrema valia a aplicação das disposições da LGPD.

ESTUDO DE CASO[15]

No caso *Naperville Smart Meter Awareness v. City of Naperville*, decidido em 16 de agosto de 2018, pela *United States Court of Appeals for the Seventh Circuit*, discutiu-se a razoabilidade do uso de medidores inteligentes digitais

---

[13] Art. 6.º, VI, da LGPD.
[14] Art. 18 da LGPD.
[15] Caso Naperville Smart Meter Awareness v. City of Naperville, Appeal from the United States District Court fort the Northern District of Illinois, Eastern Division, n. 11 C 9299 – John Z. Lee, Judge. Disponível em: https://www.govinfo.gov/app/details/USCOURTS-ca7-16-03766/summary. Acesso em: 30 jul. 2020.

pela cidade de Naperville, no estado de Illinois, levando em consideração aspectos de privacidade.

Sob o *American Recovery and Reinvestment Act* de 2009, norma que visava modernizar a rede elétrica dos Estados Unidos, Naperville foi eleita a receber US$ 11 milhões para atualizar sua própria rede e substituiu os medidores analógicos instalados nas residências de todos os seus cidadãos pelos digitais. Os medidores de energia tradicionais normalmente coletam o consumo mensal de energia uma vez por mês. Os medidores inteligentes geralmente coletam milhares de leituras todos os meses, mostrando a quantidade de eletricidade utilizada e o horário de uso. Esses dados evidenciam os acontecimentos dentro de uma casa, uma vez que os aparelhos têm padrões distintos de consumo de energia e técnicos podem prever os dispositivos presentes em uma casa e quando são usados.

Enquanto algumas cidades permitiram que os residentes decidissem adotar medidores inteligentes, os residentes de Naperville não puderam optar por não participarem do programa de medidores inteligentes. Os dados seriam coletados a cada quinze minutos e armazenados por até três anos.

Um grupo de habitantes de Naperville ajuizou ação contra a cidade, alegando que os medidores inteligentes revelavam detalhes pessoais íntimos dos usuários de energia elétrica, tais como quando as pessoas estão em casa ou fora de casa, rotinas de dormir, rotinas de comer, tipos de aparelhos específicos na casa, dados sobre veículos elétricos que poderiam identificar rotinas de viagem e histórico, configurando uma invasão desmedida de privacidade.

O *Seventh Circuit* acabou decidindo em favor da cidade de Naperville, ao sopesar interesse público e privacidade. Considerou tanto que os *smart meters* possibilitavam a redução de custos do setor elétrico, a conta de energia mais barata para o consumidor, a eficiência do uso da energia e a estabilidade da rede elétrica como que não haveria o compartilhamento de dados com terceiros, exceto se mediante ordem judicial, sendo, assim, sua utilização razoável. Entretanto, foi levantada a relevância da proteção de dados, tendo sido ponderado que os *smart meters* deveriam ser modernizados a fim de manter os dados em segurança, e que a decisão poderia ser modificada caso verificado o tratamento de dados em desacordo com a finalidade de uso dos dispositivos.

CONSIDERAÇÕES FINAIS

A energia constitui um dos principais alicerces da sociedade moderna. O futuro exige que a energia elétrica seja melhor e mais largamente utilizada com base em dados e em tecnologias disruptivas, a fim de entregar com eficiência a eletricidade a todas as pessoas (hoje, 13% da população global, ou 940 milhões de indivíduos, não têm acesso a ela[16]) e promover atividades inovativas que impulsionarão a economia global.

A análise de dados no setor de energia nunca foi tão relevante, possibilitando a prevenção de falhas na linha de transmissão, a previsão sobre momento da manutenção, a detecção de perdas técnicas e não técnicas (*e.g.*, furtos de energia), a melhoria na eficiência do consumo, diminuição de custos e segmentação de consumidores para melhor oferta de produtos e serviços.

O desafio que a presente exposição quis evidenciar foi o alcance do equilíbrio entre o uso de dados decorrente do consumo de energia para a tomada de medidas de interesse público e a proteção de dados dos usuários de energia e demais indivíduos envolvidos na cadeia do setor elétrico.

A fim de evitar usos indevidos de dados pessoais, incluindo a ocorrência de incidentes de segurança da informação, os diferentes *players* do setor elétrico devem estar atentos aos preceitos da legislação aplicável de proteção de dados, especialmente a LGPD e as diretrizes da ANPD (inclusive com outros órgãos competentes dentro do setor de Energia). Entre tais cuidados estão a restrição de acesso a dados somente àqueles que devem tratá-los para cumprir com as finalidades legítimas, a anonimização de dados para usos estatísticos e o armazenamento de informações em servidores seguros. Ainda, os titulares de dados pessoais devem estar plenamente informados sobre todas as formas de tratamento de seus dados pessoais por toda a cadeia.

Os fatores-chave de sucesso para alcançar tal propósito são a capacidade e a vontade dos agentes da cadeia de energia de cooperar para a promoção da proteção de dados dentro do setor, entendendo ser a correta exploração de dados pessoais um elemento crucial para sua própria existência e evolução. Ainda, os próprios titulares de dados deverão conscientizar-se sobre as normas de proteção de dados, a fim de exercer seus direitos com o propósito de resguardar seus direitos fundamentais.

REFERÊNCIAS

AGENDA REGULATÓRIA 2020/2021. Disponível em: https://www.aneel.gov.br/sala-de-imprensa-exibicao-2/-/asset_publisher/zXQREz8EVlZ6/content/aneel-abre-tomada-de-subsidios-que-trata-de-seguranca-cibernetica/656877. Acesso em: 28 jul. 2020.

ÁLVARES, Walter T. *Curso de direito da energia*. Rio de Janeiro: Forense, 1978.

---

[16] Dados da Our World in Data. Disponível em: https://ourworldindata.org/energy-access. Acesso em: 7 ago. 2020.

BRASIL. Decreto n.º 5.163, de 30 de julho de 2004. Regulamenta a comercialização de energia elétrica, o processo de outorga de concessões e de autorizações de geração de energia elétrica, e dá outras providências. Disponível em: http://www.planalto.gov.br/ccivil_03/_ato2004-2006/2004/decreto/D5163.htm. Acesso em: 28 jul. 2020.

BRASIL. Lei n.º 9.427, de 26 de dezembro de 1996. Institui a ANEEL e disciplina o regime das concessões de serviços de energia elétrica. Disponível em: http://www.planalto.gov.br/ccivil_03/leis/l9427cons.htm. Acesso em: 28 fev. 2020.

BRASIL. Lei n.º 7.783, de 28 de junho de 1989 (art. 10). Dispõe sobre o exercício do direito de greve, define as atividades essenciais, regula o atendimento das necessidades inadiáveis da comunidade, e dá outras providências. Disponível em: http://www.planalto.gov.br/ccivil_03/leis/l7783.HTM. Acesso em: 24 jul. 2020.

BRASIL. Lei n.º 13.709, de 14 de agosto de 2018. Lei Geral de Proteção de Dados Pessoais (LGPD). Disponível em: http://www.planalto.gov.br/ccivil_03/_ato2015-2018/2018/lei/L13709.htm. Acesso em: 10 jul. 2020.

CASO Naperville Smart Meter Awareness v. City of Naperville, Appeal from the United States District Court fort the Northern District of Illinois, Eastern Division, n. 11 C 9299 – John Z. Lee, Judge. Disponível em: https://www.govinfo.gov/app/details/USCOURTS-ca7-16-03766/summary. Acesso em: 30 jul. 2020.

CYBER Security in the Energy Sector – Recommendations for the European Commission on a European Strategic Framework and Potential Future Legislative Acts for the Energy Sector. *EECSP Report*, Feb. 2017. Disponível em: https://ec.europa.eu/energy/sites/ener/files/documents/eecsp_report_final.pdf. Acesso em: 26 jul. 2020.

DOILE, Gabriel Nasser Doyle de. Regulação do setor elétrico: histórico, agência reguladora, atualidades e perspectivas futuras. *In*: NERY, Eduardo. *Mercados e regulação de energia elétrica*. Rio de Janeiro: Interciência, 2012. p. 469-481.

OUR World in Data. Disponível em: https://ourworldindata.org/energy-access. Acesso em: 7 ago. 2020.

VOLPE FILHO, Clovis Alberto; ALVARENGA, Maria A. Figueiredo Pereira. *Setor elétrico*. Curitiba: Juruá, 2008.

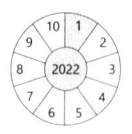